U0520149

新马路12号

从义乌走向世界

张乐天 著

文汇出版社

图书在版编目（CIP）数据

新马路 12 号：从义乌走向世界 / 张乐天著. -- 上海：文汇出版社，2023.8
ISBN 978-7-5496-4071-3

Ⅰ.①新… Ⅱ.①张… Ⅲ.①商业经济－经济发展－研究－义乌 Ⅳ.① F727.553

中国国家版本馆 CIP 数据核字 (2023) 第 116634 号

新马路 12 号：从义乌走向世界
张乐天　著

出 品 人　周伯军

项目策划　孙　晶
责任编辑　陈　屹
审读编辑　徐海清
装帧设计　今亮后声·赵晓冉

出版发行　文汇出版社
　　　　　上海市威海路 755 号（邮政编码 200041）
经　　销　全国新华书店
印刷装订　浙江天地海印刷有限公司
版　　次　2023 年 8 月第 1 版
印　　次　2023 年 8 月第 1 次印刷
开　　本　890×1240　1/32
印　　张　11.5
字　　数　210 千
ISBN 978-7-5496-4071-3
定　　价　58.00 元

图书版权所有，侵权必究。
如发现图书印装质量问题，影响阅读，请寄回本社市场部调换。

> 代 序

小商品，大世界

这十年，他们创造着辉煌

义乌[1]本是浙江中部一片相对贫瘠的土地，一个普通的地方；改革开放以来，义乌却出人意料地崛起，成为全球关注的小商品集散地。

变化是渐进的，有几个节点却格外值得关注。

1982年9月5日，在义乌县委县政府的默许下，义乌县稠城街道在湖清门道路两侧搭起了上可遮雨、下可摆摊的简陋市场，取名

---

[1] 义乌：浙江省辖县级市。1988年，撤县设市，由金华市代管。

"湖清门市场",俗称"草帽市场"。义乌政府亲手打开了小商品市场交易的闸门。

贫困农民中长期积聚着的"求生存、图发展"的能量一下子迸发出来,湖清门市场一百多个固定摊位很快就难以满足人们"快速增长着的需求"。一年多以后,义乌政府开始在新马路建设占地1.35万平方米、1849个摊位的市场。严格地说,湖清门市场仍是传统意义上的乡村集市,新马路市场则实现了"以场为市"的转变,成为正式的"小商品市场"。

1984年12月6日,位于新马路12号的义乌小商品市场正式开业。从那一天起,新马路12号成为义乌小商品市场发展的永久标志。

义乌小商品市场是这片土地上开天辟地的新事物;探索的道路是曲折的,前行的困难在所难免。政府的励精图治,经营者们的砥砺前行,义乌小商品市场创造着一个又一个奇迹,引起了各级领导的高度关注。

2006年6月8日,时任浙江省委书记的习近平同志来到义乌。在城西街道横塘村召开的"如何学习义乌发展经验"座谈会上,他称赞义乌的发展是过硬的,是"无中生有"的发展、"点石成金"的发展;强调学习义乌经验,必须把发挥政府这只"有形的手"的作用与发挥市场这只"无形的手"的作用有机结合起来。

2011年,国务院批复《浙江省义乌市国际贸易综合改革试点总体方案》,义乌成为中国首个由国务院批准的县级市综合改革试点,成为浙江省第一个国家级综合改革试点。国家的政策支持,义乌市委、市政府的保驾护航，为义乌小商品市场与工商业发展带来了春风雨露。本书呈现给大家的八位义乌工商业经营者大多来自义乌农村，在经历了令人感叹的生命历程以后，与义乌无数工商业经营者们一起创造了新的辉煌。出生于 1937 年的冯爱倩后来虽然工作重心改变，但她始终心系义乌小商品市场的繁荣。

2010 年，初中毕业却不断求知的俞巧仙稳稳地站上了"科技新浙商"的领奖台。经过近十年的努力，她把森宇集团打造成名副其实的科技企业，领衔培育的铁皮枫斗有了"科技护航"，具备了更强大的抵御风险的能力，胜利前行。

2011 年，曾经获得多项世界跳远冠军的周洋霞自主创业，注册成立了义乌禅心阁珠宝商店。带着一个世界冠军的劲头，怀着传播中华文化的信仰，她一步步走向辉煌。2018 年，周洋霞设计的"黄金宫锁"入选国家博物馆中国当代工艺美术双年展。

2012 年，双童集团董事长楼仲平收到来自瑞士的喜讯，集团向瑞士 ISO 国际标准化组织提交的《聚丙烯饮用吸管规范》国际标准的起草申请获得该组织三分之二成员国投票通过！整整四年，自从提交申请以后，楼仲平一直等待着回音，此时此刻终于"尘埃落定"！根据相关国际条款，此后，双童集团将取代日本，成为吸管国际标准起草的主席国。

2012 年以来，义乌的文具礼品实现了外贸的重大突破。2015 年，以诚信闻名的黄昌潮担任了义乌文具礼品商会会长。在他的推动下，2017 年 6 月 4 日到 6 日，义乌创办了义乌文具礼品展览会，当场成交达 2.12 亿人民币。他主持的 5000 人共同参与的"全球文具人之夜"晚宴带来了轰动效应,这场自义乌小商品市场开张以来第一次由行业协会举办的展会,成为义乌小商品市场发展史上的重要事件。

十多年来,在国家与地方政府共同的支持、鼓励下,楼仲平等一批义乌工商业经营者协同努力,成就了义乌小商品与全球市场的"无缝对接",把义乌这个"小地方"变成与全球每一个角落都密切关联的"大世界"。

这是了不起的伟大成就,义乌也因此成为解读中国改革开放的"重要窗口"。

平凡之人:缺点、挫折与应对

因为骄人的业绩与成就,无数镁光灯聚焦于他们身上,从他们身上寻找优点,挖掘他们的"非凡之处"。但是,当我们走近他们,聆听他们的创业故事,捕捉他们从童年开始的生命历程,我们发现,他们其实就像这个世界绝大多数平凡的人一样,身上也存在着每一个普通人都可能有的缺点,在生活、经营中也同样会遇到难以预料的挫折与困境。

但是,他们又的确有不凡的"过人之处"。究其根本,重要的问题不在于缺点错误、挫折困境本身,而在于他们应对的心态。

楼仲平没有认真读完中学就开始"谋生活",但是,在几年里,他的心思实在"太活了",以至于有的人觉得他"很难做成事"。1982年初春,他开始从义乌进货,在景德镇一个菜市场摆摊。不久,看到有人专卖牙刷生意好做,就转而卖牙刷;看到有人卖气球,也学着做氢气球卖;看到同伴做葵花籽有奖销售,又依样画葫芦;看到市场上出现电子手表,似乎好卖,就立即远赴福建漳州进货,吆喝着卖电子表;如此等等。父亲"看清了他的缺点",坚决反对他这样折腾,为此楼仲平竟然与父母分家!

"金无足赤,人无完人"。人都有这样或那样的缺点,犯这样或那样的错误。在日常生活中,很多人会因自身存在的缺点而自卑,因自身所犯的错误而后悔,而楼仲平他们恰恰相反。面对缺点,他们没有自卑;面对大多数人眼中的所谓错误,他们没有后悔。他们善于从所谓的缺点、错误中发现问题,把缺点、错误转化成激励自己努力、奋进的动力。

不自卑、不后悔,发现正能量,这就是他们应对缺点、修正错误的心态。

我们再进一步看看楼仲平他们遇到的挫折与困境。

2012年,楼仲平"悲喜交加"。那一年,双童集团迎来了国内外最佳外部发展机会,为了把握住这个机会,双童集团启动了"再造经理人"的内部改制进程。令楼仲平始料未及的是,企业改制遭遇了几乎全部最初参与创业的家人、亲戚、朋友的强烈反对,楼仲平不得不面对亲情、人情、感情的巨大压力,不得不面对企业短期间生产不正常、利润下滑的严峻挑战,经历了办企业25年来"人生最黑暗的时刻"。

创业之路从来都不是康庄大道上的悠闲散步，而是在荒芜凋敝、山穷水恶的原野上披荆斩棘；困难在所难免，挫折本是常态。即使知道了这个道理，我们在听楼仲平他们讲创业经历的时候，心中仍无比感叹：捧着"铁饭碗"容易，创业却充满风险！

周洋霞入行较晚，创业之初，她遭遇了部分同行的"恶性竞争"。她去进货，到义乌，别人不给，说"有人关照，不能供你货"。她转而到金华，同样吃了"闭门羹"。她到杭州、温州，甚至到山西等外地，都被"拒之门外"。她设计制作的珠宝饰品想去销售，也遭"同样冷遇"。令她难以想象的是，有些商人还真是神通广大，她做到哪里，他们追到哪里。面对"四面围猎"，周洋霞陷入"八面楚歌"……

看看楼仲平他们遭遇的挫折、面临的困境，我们很多人平时所碰到的困难简直就是"小儿科"！周洋霞说："我父母，我特别是我父亲从小教育我，因为他把我当个男孩子养，他一直强调说，你虽然是个女孩子，但爸爸对你的要求是流血不流泪。""不流泪"而奋起，挫折、困境反而唤醒了他们身体中潜在的力量，以及从困境中脱胎换骨、涅槃重生的心态与勇气，让他们变得更加强大，让他们更加坚忍不拔。

不气馁，不"躺平"，寻找新机会；这就是他们应对挫折困境的心态。

成功之路：品格、精神与超越

　　正反相生，相辅相成。劳筋骨、苦心志，本身难说是"好生活"，但如能够正确应对，却能助人"成大事""担大任"。义乌的创业者们从小大多生活在贫困的村落里，吃尽苦，受够累。他们出来闯天下，带着缺点，也难免犯错误，甚至遭遇挫折，身陷绝境。但义乌这片土地养育了他们的良好心态，使他们能正确应对，不断锤炼自己的品格与精神，实现超越。由此，他们超越了平凡，实现了成功，为义乌今天的辉煌添砖加瓦。

　　一方面，楼仲平他们的奋斗与成功反映了无数浙江人所具有的普遍精神。2000 年，浙江省委提出的"自强不息、坚忍不拔、勇于创新、讲究实效"是浙江精神的最初表达；2006 年，时任浙江省委书记的习近平同志高屋建瓴，概括出浙江精神"求真务实、诚信和谐、开放图强"的重要内涵。

　　另一方面，楼仲平他们各有别具一格的奋斗之路，各有迥然不同的心灵激荡。他们的故事充满细节，翔实、生动、具体，或曲折离奇，或匪夷所思，或令人叹为观止。我们反复阅读，蓦然发现故事的细节犹如肥沃的土壤，孕育出朵朵精神之花争奇斗艳。

　　冯爱倩的奉献精神让人深思。与其他义乌成功的工商业者不同，她最初是冒着风险"拦截县委书记"，好说歹说，终于获得了义乌县委谢高华书记的一句话"你暂时去摆（摊）"。不久，义乌小商品市场在湖清门开张，冯爱倩成为第一批领取经营证的工商业者。在常人看来，她赶上了发财致富的好时机，可以大展身手，成为义乌最早"富起来的人"。但令人想不通的是，她进入湖清门不久，就开始义务帮助维持市场秩序。在新马路小商品市场开张以后，她竟然放弃了自己的一大半生意，当起了小商品市场的治保主任，成了新马路市场的"阿庆嫂"。在"让一部分人先富起来"的年代，人人争相赚钱，冯爱倩却在赚取了满足基本家庭生活的钱以后，就放弃自己赚钱，服务于她眼中的"政府的事业"。她的奉献精神来自何处？

楼仲平的专注精神耐人寻味。经历了各种诱惑与考验之后，他痛下决心，专注于"一根小小的吸管"，专注精神成了他的"定心法宝"，也成就了"世界吸管大王"的美称。

王斌的极致精神教人感叹。王斌的故事曲折离奇、惊心动魄，其中有许多充满正能量的精神值得概括，例如，他要求把相框全部生产链的每一个环节都"做得最好"，因此牢牢站稳了欧美市场。

周洋霞的信仰精神使人动容。2011年，她下海创业，最初几年，同行们对她"围追堵截"，几乎把她"逼到墙角"，但是，她"流血不流泪"，硬是扛了下来。是什么给了她那么大的勇气？她回答说，"是信仰的力量"。2020年，她成为义乌非遗传承人，在国内外赢得很大的名声，她仍然说，"是信仰的力量"。

或许，信仰本身就具有超越性。周洋霞的所谓信仰，就是"凡事都做到极致"的想象、荣誉，就是平凡的超越。以此观之，本书里的每一个人都有着他们各自的信仰，都实现着人生的超越。盛亚芳说，"我梦想着，让世界上每个人都有一双舒适的鞋垫"。俞巧仙想象着她所经营的森山小镇"一定是一个让世界微笑的地方"。朱智慧小时候没好好读书,但却充满着理想,他说:"我想象着艺术生活化、生活艺术化;或者艺术工作化,工作艺术化。我想象着未来的工作、生活、艺术是相互渗透、相互融合的,未来的社会是工作、生活与艺术浑然一体的。"这本书里工商业经营者们超越常人的想象让人震惊,教人用新的视角看待新时代的农民。

问渠那得清如许,为有源头活水来。改革开放以来,义乌小商品市场展开的工商业实践不断锤炼着楼仲平们的精神,而精神的力量反过来又推动他们走向成功,推动了楼仲平他们的"小商品"走向了"大世界"。

义乌的工商业实践在继续着,楼仲平们的品格、精神以及对于超越的追求,已经并将继续给后来者以想象,以启迪……

义乌实践:为人类命运共同体奠基、铺路

工商业企业缺乏村落的血缘地缘基础,源自村落的共同体价值观必须转型,以适应市场经济的行为准则。这是一个痛苦的过程,楼仲平、王斌等人的经历让人胆战心惊。幸好有惊而无险,他们渡过了难关,超越了村落共同体中"情"的局限,成就了适合市场经济的"经济结义"。我们从楼仲平的双童集团、王斌的王斌集团

中都可以看到村落共同体的影子；与此同时，我们也能从中体验到平等与尊重、诚信与合作，看到严格遵循的契约精神。楼仲平他们把企业建设成命运共同体，一种人类命运共同体的地方性样板。

楼仲平他们在义乌生产吸管、相框、鞋垫，在义乌搭建文具、礼品展销平台，每月每日，每时每刻把无数琳琅满目的小商品输送到世界的每一个角落。就一个小地方而言，义乌与全球各地的物流一定是世界上"密度最高"的地方。全世界数十亿人在用着来自义乌的商品，义乌的小商品编织出大世界，义乌就是大世界！

义乌的小商品是物件，更闪烁着优秀中华文化的光辉。每一天，当全世界不同地方的人们欣赏着那些设计新颖、风格别致的鞋垫的时候，他们正受着中华文化的熏陶，体会着创新精神，更有机会体察到中国人的仁爱。当全球各地的父母亲给孩子们购买式样繁多、造型可爱的吸管的时候，他们可能正感悟着中国所倡导的绿色、共享等人类命运共同体的核心理念，想象着人与人间相互关爱的美好愿景。

此时无声胜有声！作为"无声的使者"，小商品在全世界数十亿人中悄然传递着中华文化的信息。

楼仲平他们把义乌的小商品销往全世界，人的交流、互动、合作与共享是题中之义。义乌成功的秘密在于，楼仲平等一众义乌工商业者，在从事小商品生产、销售的过程中，在与国内外人们的交往中，主动或者被迫扬弃了传统农民身上某些自私、狭窄的旧价值，把自己打造成虚怀若谷、诚信守约、开明大义、与时俱进的人。所以，他们就能够与不同信仰、习俗、价值观的人们建立起良性互动的共生关系，创造和谐的共同体秩序。

2019年6月1日到5日，黄昌潮举办义乌文具礼品嘉年华，一万两千多名来自中国与世界各地的商人共聚一堂。平日里，迈步在义乌的大街小巷，时而可以遇见来自世界各地、肤色各异的商人；走进义乌鸡鸣山国际社区，真让人感觉自己置身于异国他乡。义乌地方政府与工商业经营者、普通市民协同合作，近十年来，义乌已经成为人类命运共同体的微型窗口。

1984年，义乌新马路12号小商品市场的大门轰然打开。出乎所有人预料的是，2012年以后，义乌的"小商品"竟然创造了一个"大世界"。

这史无前例的伟大成就何以可能？请打开这本小书吧！让我们从一个个故事的细节中，去找寻打开历史之谜的钥匙，去求索，去发现……

张乐天　写于上海阳光新景寓所，2022年秋

目录 contents

第一章

"芝麻开门"

- 生命的痕迹 ……………………003
- 那些难忘的日子 …………………011
- "芝麻开门" ……………………019
- 敢为天下先 ……………………028
- "小人物"的"大作用" …………035
- "她在丛中笑" …………………042

第二章

小吸管，大格局

- 贫穷中折腾的日子 ………………049
- "鸡毛换糖"的启迪 ………………056
- 吸管！吸管！ …………………065
- 归一而追求极致 …………………073
- 追求无极限 ……………………082
- "双童"的中国梦 ………………092

第三章

鞋垫也创造辉煌

村里,那个女孩 097
鞋垫的旅程 102
鞋垫与世界 111
通情达理的现代价值 118
市场,也塑造优雅 123

第四章

相框、人情与世界

童年记忆 131
抓蛇少年 135
"第一桶金" 144
三十而立,转行办厂 152
成也情,败也情 158
人情的重建 165
身体的经济学 172
极致:相框走向世界的秘密 ...177

第五章
帽子工厂的艺术想象

义乌福田乡的家与学校生活 ...189
军人与企业家 195
外贸：生意节节高 202
"运气"：偶然中的必然.........209
艺术工厂 218

第六章
文具：以诚信走向世界

一个农民家庭的基因 227
初入商场 233
以诚信走向世界 238
义乌文具礼品展览会 243
会长的情怀 251

第七章
饰品，梦中的美丽

奥运火炬手，那个义乌女孩 ...261
夺冠以后 270
退役与选择 278
"流血不流泪"..........................284
坚守梦中的美丽......................293

第八章
汲取大地养料的生命之花

大地、母亲 301
穷人的孩子早"出道"..............307
一波三折的创业之路 316
让民间智慧插上科技的翅膀 ...323
小草里的辉煌 334
仙草：扎根于大地的慈爱........339

后记 345

第一章

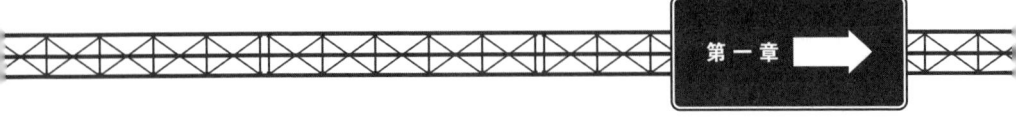

"芝麻开门"

为大家做事，我开心。

冯爱倩

2020年1月12日上午，我们一行前往原义乌新马路小商品市场旧址，访问大名鼎鼎的冯爱倩。市场早已搬迁，这里按原市场风格装修一新，供人们参观访问、喝茶聊天。走进大门，一个个子矮小、穿着大红滑雪衫的老人跃然出现在我们面前。她，就是冯爱倩！

几句寒暄，几句交代，大家很快"进入角色"。

访谈在亲切而热情的气氛中展开，话语在狭小的空间跳跃、传递，时而激烈，时而平缓；时而给人惊讶，时而让人醒悟。

当讲起拿到义乌工商所001号经营许可证时，冯爱倩激动地举起右手，前后挥动着，说："我敲开了小百货经营的大门。"当讲起义乌县委书记谢高华同意暂时去摆摊时，冯爱倩更跃身站在长凳上说："小商品市场从此合法了。"

我聆听着，朦胧觉得，面前这位八十多岁、却精神矍铄的老人，就像阿拉伯民间故事里的阿里巴巴，机智地叩开了计划经济的大门……看着人们生活日益富裕，她露出了欣慰的微笑。

生命的痕迹

在20世纪七八十年代,工业产品、重要农副业产品大都只能是国营,国家全面实行计划经济,个体的自由经营活动受到排斥。

不过,为了谋生,为了生存,许多义乌农民"冒着风险"走乡串户"鸡毛换糖",想方设法买卖小百货。那个时代,多少人被紧闭的大门撞得头破血流,多少人试图敲开市场经济的大门。为什么,冯爱倩——这个身高仅1.55米,体重才90斤左右,矮小、瘦弱的农村妇女——会成为当代的阿里巴巴,成为那个叩开市场经济大门的人?

冯爱倩的故事,还得从她婴儿时代开始讲起。

"如果没有那场变故,就没有今天的冯爱倩。"

冯爱倩的生父叫徐有发，是义乌佛堂镇人。十多岁时，他到兰溪拜著名的铁匠为师学习打铁。他机敏聪慧，到20岁的时候，就可以独当一面。

兰溪自古就被称为"三江之汇""六水之腰""七省通衢"。20世纪20年代，兰溪经济繁荣，有"小上海"之称；发达的交通如虎添翼，给兰溪的商人们难得的机遇。年轻的徐有发"机头灵活"，在开明的师父支持下，在兰江边开起了"徐荣昌铁店"。

1928年，兰溪街上张灯结彩，"徐荣昌铁店"更是锣鼓喧天、鞭炮齐鸣，一派欢天喜地。"店老板徐有发讨娘子了。"

新娘子余兰英，芳龄十八，如出水芙蓉，楚楚动人。那天，一顶华丽的花轿抬着新娘子，从兰溪城三里外一个村落徐徐走来。乡土气息浓郁的鼓乐声荡漾着，引来无数好奇的目光。

余兰英是平静的。一个贫困家庭的女孩没有什么可以多想。人随大势走，就像她的脚缠到一半时，流行不缠脚了，家里人就把她的缠脚布扯掉。但她仍暗暗庆幸着，一个农村姑娘嫁给了城镇的有钱人。

徐有发与余兰英结婚以后，徐家的生意兴隆发达，兰溪人都称赞兰英有"帮夫运"。结婚六年以后，徐有发出任兰溪义乌商会会长。与外面的风光形成极大反差的是，余兰英几次流产，结婚近八年，还没有给徐家"一个子孙"。

1937年，余兰英又怀孕了。一年后，女儿出生，徐家十分高兴。但令人唏嘘的是，徐家人还在欢乐之中，徐有发竟然于1938年秋天突然病逝！

怎么回事？太让人疑惑、纳闷了！既然违背常规、无法解释，那一定与某种神秘的东西相关。徐家人把徐有发的不幸归罪于余兰英，说余兰英是一个"克夫"的女人，是余兰英"克死"了徐有发。徐有发弟弟赶到兰溪，帮助做丧事。在"做七"❶以后，他出面找余兰英，说："徐家宽容，不追究什么，带着女儿净身离开。"

丈夫尸骨未寒，他的同胞兄弟就上门夺取全部家产，把余兰英赶出家门。服丧期间，余兰英早已哭肿了双眼；突然的变故如晴天霹雳，让余兰英晕头转向，几近昏厥。在邻居的帮助下，余兰英带着女儿暂时居住到丈夫的好朋友冯某家中。

冯某也在兰溪做生意，他热情接待了余兰英母女俩。余兰英感激万分，让女儿认他为干爹。根据兰溪的风俗，认了冯某干爹，就改姓为冯，取名冯爱倩。

余兰英向冯某一五一十讲了自己在徐家的遭遇。冯某觉得，

---

❶ 浙江古来一直流传着人去世后"做七"的习俗。所谓"做七"，就是每七天祭一次，一直做到最后一个七天。最后一个"做七"叫"做断七"，做完这个仪式，就彻底告别死者，大家可以把白花、黑纱等烧掉，把悲伤的情绪排遣掉，回到正常的生活当中来。

徐家"做得太过分了",帮助余兰英打了一场官司。据说官司还打赢了,要求夫家每月支付给余兰英母女一个大洋的生活费。

但是,那个时代,在兰溪这样的小地方,民间的"风言风语"远胜于高悬的法院判决。由于徐有发原是商会会长,加上打官司,兰溪街上关于余兰英"克夫"的传闻越传越邪乎,越传"越像真的"。民间的天平倾向于徐有发家族一方,余兰英不仅拿不到钱,还每天都生活在冷言冷语戳脊梁骨的煎熬中。她甚至想到过自杀,但看着怀里这个刚刚降生、"没有什么罪过的女儿",她不得不坚强。

"克夫"的冷眼冷脸让余兰英的心在颤抖,冯某的热情犹如凛冽寒风里的暖流,温暖着余兰英那颤抖的心。但余兰英才28岁,冯某比她大不了多少,更何况他还有年轻的妻子、年幼的儿子。余兰英非常清楚,她不可能长期住在冯家。

去哪里呢?只有一条路:回娘家。

几经坚持,几经劝告,冯某答应了余兰英回娘家的要求。他找了一个有空的时间,送余兰英母女俩回到村里。余兰英一路走着,蓦然想起十年前出嫁时的荣光,她的心在流泪。为了活下去,她不得不"吃回头草"。

娘家已经不是十年前的模样。父亲走了,妹妹嫁了,弟弟不久前被国民党抓了壮丁,杳无音信。家里只有三间祖上留下的破房子,整天病恹恹的母亲,一点点土地。

三代女人，一贫如洗，苦度光阴，这样的日子在冯爱倩生命的年轮里打下了深深的印记。冯爱倩从小就没有吃过一顿饱饭。

讲起小时候的日子，她记得最清楚的是外出挑野菜。家里缺粮，她从记事起就"想办法到外面去找吃的"。一年四季，赤着双脚，漫无边际地跑到外面去，搜寻着可以吃的野菜。冬天，野菜很少，她得冒着寒冷到处寻找；夏天，赤日炎炎，她得顶着太阳各地去挖。家里没有什么土地，妈妈时而去打短工，她就随妈妈一起去，从小就"吃百家饭"。在那个动乱的年代，"大家都难"，她从小"营养不良"，经常要饿肚子，所以，她"长得瘦小"。但她"命很硬，硬是活了下来"。她像石头下顽强地生长着的草，勇敢、坚强、刚毅、不屈不挠，她说："我天不怕地不怕，苦到头了，死都不怕，还怕什么？！"

整整80年过去了，"死都不怕，还怕什么？"竟然成了冯爱倩的口头禅，在给我们讲述自己的故事的时候，她不止一次地说着这句话。

俗话说，"嫁出的女儿，泼出的水"。回娘家是一件不光彩的事。余兰英的娘家总体上还不错，那些叔叔伯伯、堂兄堂妹对她还算和善。但即使如此，冯爱倩，当年那个小女孩敏感的心灵深处，仍感受着莫名其妙、无可名状的隐隐的痛。她从婴儿时代起就没有了爸爸，她的脑海里没有任何父亲的印象。随着心智慢慢成熟，她独处的时候，总会感到"命中的缺憾"；她看着妈妈，时而升腾起难言的悲伤。家里没有男人，尽管村里人嘴上没有多说什么，但村里很多重要活动，她家永远被排斥在外。她从来没有，也从来不敢走进祠堂，那是一个男人的天下。

村里人是和善的，但和善生活中也有隐痛。日积月累，隐痛慢慢改变着爱倩这个小女孩的人格。她越来越不像女孩，大大咧咧，风风火火，敢作敢为，勇往直前。严酷的生活塑造了她刚毅的性格：果敢、大胆，她常常自信满满地说："我像一个男人！"

1949年春天，兰溪解放了。但村人还是容不下余兰英母女俩："嫁出去的女人不能算村里人，不能参加村里的土地改革。"余兰英母女俩是被丈夫家"扫地出门"的，现在又不得不迁到丈夫的老家义乌县佛堂镇。1950年春，余兰英带着12岁的女儿冯爱倩回到义乌县佛堂镇。根据相关政策，她丈夫原是佛堂镇上的人，新中国成立后应当归属居民户口。所以，她们回佛堂以后，由刚刚成立的镇人民政府安排，租了一间房子，并到镇上一家洗衣作坊工作。余兰英从此成了一名洗衣女工，冯爱倩成了妈妈的好帮手。

洗衣工作十分艰苦。每天早晨，冯爱倩穿梭于佛堂镇的各个角落，尽可能收集要洗的衣服，多收点衣服，才可维持基本的收入。余兰英和几个洗衣工先在洗衣店里浸透衣服，擦肥皂，双手搓衣领、袖口；用手在洗衣板上反复搓，搓好，放入木桶里。然后，她们搬着木桶到东阳江边，用打衣棒敲打部分衣服，并在河水里漂洗干净。最后，晾衣，晒干，折叠好，送回各家。整天洗衣，有时手特别难受。有几年冬天，余兰英的双手生了冻疮，几乎溃烂了，但仍不得不坚持，为了糊口，为了吃饭呀！

到佛堂镇后不久，一天，佛堂镇小学一位老师看到冯爱倩奔忙着，招呼着问："要不要读书？"爱倩说："我看到这里一些女孩都去读书了，很想去，但是，家里没有钱。"老师说："你到佛堂镇农民协会去开一个证明，可以把读书的费用免掉。"

冯爱倩听老师这么说，看到了希望，高兴极了。她每天都在佛堂镇收集衣服，很快就打听到农会主任的情况。当天晚上，她直接跑到农会主任的家里，请农会主任开证明。

农会主任打开家门，看到眼前站着一个瘦小的女孩，一愣，问："你是谁？做什么？"冯爱倩丝毫没有怯场，详细说明家里的情况，反复强调读书的渴望，几乎是求着请农会主任写个证明，她说："学校的老师说了，只要拿证明，就可以到学校去读书了。我真的想读书，你给个机会吧！"农会主任被感动了，也同情孤女寡母过日子不容易，就给冯爱倩写了个证明，签字画押。

冯爱倩高兴极了，拿着这张证明，手无意识地有点儿抖动。在冯爱倩心中，这可不是一张普通的证明，而是带来命运转折的神符。以前，冯爱倩与母亲相依为命，不时遭遇恶语与冷脸。

现在，冯爱倩生命中第一次感受到被作为一个人对待。所以，讲起这张证明，冯爱倩总要反复强调这是她生命中所接受的共产党的恩惠，"我忘不了共产党的好，我要感谢共产党。"

冯爱倩上学读书了，她年纪偏大，但曾经的经历塑造了一个别具一格的女学生。她感恩，更把感恩之情化成学习的动力。她一直是班里学习成绩最好的学生，长期担任学习委员。更让人惊讶的是，她只用了五年多时间，就拿到了初中毕业文凭！她绝不是温文的女生，而像一个有领袖魅力的男生。她回忆说："在学校里的时候，我说一句话，同学们都服我；我挥一挥手，要做什么，大家都会自觉去做好。"

那些难忘的日子

1955年夏天,冯爱倩初中毕业。

十多年来,她们母女俩从来都被人"看低"几等,从偶尔听到的"克夫"风传中,从母亲谦卑、懦弱的举止中,从他人的"不正常"的眼光里,她一直感受着生活的苦涩。现在,大多数同学都不得不回农村家中参加劳动,她却由国家安排到了义乌刚刚创办的国营农林牧高级农业社,一开始就能拿每月14元工资!她的内心充满了感恩之情。

农场离佛堂镇有十多里,职工住集体宿舍,不能带家属。她不得不离开朝夕相处17年的母亲。依依不舍,双眼含泪。此前,她一直帮着妈妈收、发衣服,她走了,妈妈少了帮手,收入可能减少。冯爱倩告诉妈妈,工作以后,除了自己吃饭,钱全部给她。她对妈妈说:"不要太辛苦,女儿工作了,生活会更好。"

冯爱倩去国营农场了。

她只开心了两三天,很快,她就不得不忍受艰苦的农业劳动的磨砺。义乌地处浙江中部金衢盆地东侧,是典型的丘陵地区。部分地方杂树点缀,荆棘丛生,常年荒芜。国营农场的主要任务是开荒整地,用铁耙翻掉荒地里的树木、荆棘、杂草,再挑土整平土地。冯爱倩从小劳动,可她的双手从来没有握过铁耙,她的双肩难得挑一两次担子。她手握铁耙翻垦,不到一个小时,双手就感觉有点痛了。才半天下来,手上就起了血泡。

劳动不能停止,倔强的她不会放弃。她用手帕把手包起来,继续翻垦。晚上收工回来,她发现有血泡破了,跑到农场卫生室,上点儿红药水,用纱布包一下。第二天,她"像没事人一样"上工,咬着牙奋力挥着铁耙。十来天以后,双手起了老茧,她,一个身材瘦小的女孩,干活一点没落在别人后面。

三个月以后,挑土劳动又一次考验着冯爱倩。荒地里树木等清除以后,要把地挑平,才能种庄稼。冯爱倩已经胜任用铁耙,可"换一种活,换一身骨头"。挑担对体力的挑战与铁耙完全不同。试想一下,冯爱倩只有不到 90 斤体重,可是,她不得不挑起近百斤的泥担子。而且,不是挑一担、两担,而是挑一天,连续挑几天!冯爱倩,凭着她"像一个男人"的犟劲,硬是练出了挑担的功夫。后来,冯爱倩的精神感动了农场场长,场长安排她做农场记工员。每天下午吃过点心以后,她为农场的每个职工记录工作情况。她不怕苦,反而少吃苦!

话分两头。

1954年,冯爱倩母女俩在佛堂镇苦度光阴的日子里,镇上有一个人"牵线搭桥",把冯爱倩与佛堂镇下面一个村里的青年农民联系了起来。他叫杨兴贵,1935年出生在义乌杨街。家境贫困,四兄弟才三间房,小时候从来没有吃过一顿饱饭,12岁随出嫁在城里开食品店的姐姐做学徒。他积极参加土地改革,土地改革结束后不久,被安排在供销社工作,户口随之迁到"城里"。但他的家境让他很难找一个真正的城里人为妻,正如冯爱倩的家境很难嫁一个真正的城里人一样。这也算是"门当户对"了。那时,冯爱倩还在佛堂初中读书。在朋友兼介绍人的陪同下,那个下午,杨兴贵悄悄来到冯爱倩读书的学校门口,焦急地等待着,望眼欲穿。

来了!朋友指着那个穿着淡色花衣服的女孩。

看见了,杨兴贵的心跳加快,兴奋、激动还是紧张,他说不上来。反正,他似乎有点儿喜欢这个矮小、机灵、清秀的女孩。

没有花前月下的谈情说爱,没有斤斤计较的讨价还价,简单几次交往,"两人的事就定下来了"。

1957年年初,冯爱倩刚刚步入19岁,他们举行了简单的婚礼。几天以后，杨兴贵回到城里供销社，冯爱倩仍住着国营农场的集体宿舍。

半年以后，义乌农林牧高级农业社解散。组织上照顾冯爱倩夫妻关系，安排她到义乌饮食服务公司义乌饭店工作。他们租了一间房子，最让冯爱倩欣慰的是，她时时"放在心上"的妈妈也可以过来了，与他们共同生活。当年年底，冯爱倩生下头生儿子；一年以后，她又生了一个女儿。妈妈帮助她照顾小孩，料理家务，成为持家的好帮手。

冯爱倩被分配在供销社下属的饭店里，拜一个老师傅学厨艺。在义乌，女人在家"下厨房"，"上得了台面的厨师都是男人"。冯爱倩走进饭店的厨房，从一开始就面临着挑战。此时，冯爱倩又以"像一个男人"的豪气开始了厨师的生涯。她手脚利索，脑子机灵，配菜、刀工也都没有问题。但她生得比较矮小，翻锅炒菜略显困难。难，就反复练，不久，她的翻锅技术"与师傅不相上下"。一两年以后，冯爱倩还烧出了自己的拿手好菜，如糖醋排骨、鸡蛋松、红烧扣肉，等等。那时候，无论城里还是农村，婚丧宴席都要请厨师上门，少则几桌，多则几十桌。一般情况下，师傅领衔，徒弟随从。后来，冯爱倩出山了，有时师傅身体吃不消，她就作为主要厨师出去烧酒席。

当时正值"三年困难时期"，与饥肠辘辘的农民相比，冯爱倩家还算是幸运的。他们全家都是居民户口，国家每个月都供应城市居民口粮。尽管鱼肉鸡鸭等荤菜几乎没有，尽管蔬菜的价格"高得根本买不起"，家里大米还是有的。说起冯爱倩在饭店里工作，在普遍饥饿的年代，是否可"近水楼台"？冯爱倩说："再难，不会拿一粒米、一棵菜回家。公家的就是公家的，公私一定分明。"冯爱倩就是这样的"硬气"。

1962年，政府号召城市职工"减轻国家负担"，下放到农村劳动生活。杨兴贵是共产党员，他主动响应国家号召，回到老家杨街。冯爱倩二话没说，把户口迁到乡下。那一天，冯爱倩让妈妈帮着管两个小孩，自己一个人下乡了。

现实的困难却超出了爱倩的想象。

杨兴贵有四个兄弟，家境贫困，住房拥挤，根本腾不出房子给冯爱倩他们居住；冯爱倩他们在乡下没有一口锅、一个碗，吃饭问题怎么办？生产队本来就十分困难，人口多，土地产出少，生产队里的农民自己都吃不饱饭。因为"没地住，没法做饭"，生产队希望最好把冯爱倩他们"退回城里"。

这时大队出面，想办法找了一间公房，简单打扫一下，让冯爱倩他们住。大队长还临时给冯爱倩拿来几斤米，请人帮助"糊了一个单口小灶"。供销社大队"下伸店"给爱倩添置了一个锅、几只碗。冯爱倩还记得第一次在"乡下"做饭的狼狈样：小灶刚糊好，四壁草泥还没干；小灶没有出气的烟囱；点起火，满屋子烟，炝得"眼泪、鼻涕一大把"。

回乡就得干农活。冯爱倩曾经开荒，农活从来没有干过；一切从头学起。她没有农具，每天都向邻居借不同的农具下田。她汰田、开沟；她除草、削地；她施肥、放水……生产队里的妇女做什么，她也跟着做。她每天干得精疲力竭，回来还要"熏出满眼泪水"，从不叫苦。

半个月以后，生产队会计告诉冯爱倩，根据生产队规矩，初参加农业生产劳动，每天只能给2分工。每天2分工是什么概念？当时，生产队每10分工可以分配两毛钱，两分工只能拿四分钱。这意味着什么？当时，国家大米牌价是每斤大米0.138元。冯爱倩在生产队劳动一天，劳动所得只能买三两多大米。

这日子没法过了，冯爱倩"逃"回义乌城里。

丈夫杨兴贵此时是供销社党支部书记、经理，妻子的行为让他"没有面子"。他批评冯爱倩，话还没说完，冯爱倩立刻顶了回去："每天四分钱，怎么活？！"杨兴贵也无话可说。

当时镇供销社职工主要负责买卖，此外可以雇一些临时工做商品搬运等活。为了糊口，杨兴贵为冯爱倩在供销社找了一份临时工的工作。冯爱倩回来以后，就开始了在供销社临时工的生涯。

临时工的工资一般比正式工低，辛苦干一天也就几角钱。在供销社系统，大多数临时工干的都是运送货物的重体力活，冯爱倩生得瘦小，难以胜任，但"为了活命，咬紧牙关也得干"。

冯爱倩至今仍记得供销社里挑石灰的活儿。石灰船装满石灰从外地运到义乌,七吨或者十吨,临时工的任务是把石灰挑上岸,放进供销社的仓库里。石灰沉得很,挑着石灰从跳板上走,心里抖颤颤的。石灰呛人,一天干下来,人搞得灰头土脸,连吸口气都感觉难受。"挑十天石灰,才能赚五元钱。"

冯爱倩想尽一切办法多赚些钱。她会烧菜,由于自己没有帮手,只能跟着其他师傅一起上门烧酒宴。相对来说,这算是不错的活儿,费用按桌数计算,可以拿钱,更难得的是可以"放开肚子大吃"。她还曾到火车站外的饭店去打临时工,早上三点多上工,做得十分辛苦。

她回城以后,又先后于1963年、1966年、1971年生了二女一男。户口随母亲,所有小孩都是农村户口,导致家里粮食十分紧张。为了能到生产队里拿些粮食,她在农忙里回到生产队,参加农业劳动。后来,她还带着大儿子、女儿下乡帮助干活。他们不求报酬,只希望生产队能分配些粮食。

那时候,住的房子是租来的,面积只有50平方米左右。家里人多,只能几个人挤在一张床上睡觉。身上穿的衣服是"大的替给小的,小的替给更小的。"女儿毛毛回忆说,"从我懂事的时候起,总是看见外婆补衣服。外婆爱干净,有时候,凌晨时刻,外婆还就着昏暗的灯光把旧的补丁拆下来,弄整齐了,再缝到新的地方去。衣服都是这样补丁打补丁。"

毛毛告诉我们说，生活是苦的，但爸爸妈妈都是乐观主义者，他们只要在家里，经常会唱歌，唱"没有共产党就没有新中国"，唱"雄赳赳，气昂昂，跨过鸭绿江"……现在想起那段时光，还充满着快乐，单纯而难忘。

同样的旋律在小屋里回荡，每个人心里的感受却各不相同。在这个屋子里，冯爱倩的心情可能是最复杂的。每一次，当欢乐的歌声渐渐远去，她总会陷入沉思：如何给自己找一个可靠的事做？如何给家庭一个安全的港湾？

她思索着。

她观察着。

第一章 "芝麻开门"

"芝麻开门"

变化悄悄地发生着。70年代后期，知识青年上山下乡的浪潮慢慢消退，下乡知识青年陆续返城。

在返城的潮流中，无数下乡知识青年主要关心两件事，一是户口迁回城里；二是要求政府安排工作。冯爱倩不同，她看到了其他人都没有注意的广阔天地。

十多年来，她一直在供销社做临时工，熟知供销社经营的每一件商品，清楚供销社如何盈利。那个年代实行计划经济，几乎所有商品都纳入国家计划之中，其中日用工业小商品由供销社统一销售，出价与进价之间有较大利差，比较容易赚钱。

十多年来，她经常在去集市买东西时，了解义乌人经商的情况。特别是70年代以后，大女儿与义乌著名"鸡毛换糖"发源地廿三里的一个青年"招对象"。一次，冯爱倩与女儿一起到廿三里，看到有人在摆地摊卖日用工业品，一问价格，她知道"赚大了"。她看到了机会。

冯爱倩琢磨着怎么做。有人给她出主意，"你老公是镇供销社经理，到老公那里开个后门，把东西拿到廿三里去卖，就可以了。"冯爱倩不想这样干。一方面，老杨是正直的共产党员，他不会同意；另一方面，这样偷偷摸摸、小打小闹也没有什么意思，"还不如做临时工呢"！她想，要干，就正大光明地大干一番。她非常清楚，日用工业品经营的大门紧闭着，想做，必须敲开大门。

于是，冯爱倩只身来到义乌县"知识青年上山下乡办公室"，"知青办"干部告诉她，她是"三年困难时期"的回乡职工家属，不属于上山下乡知识青年，不归他们管。

冯爱倩找到义乌县供销合作总社。丈夫老杨算是义乌供销社系统的"老人"，总社的领导热情接待了冯爱倩。泡茶、分烟，关心地询问小孩的情况，赔着笑脸，却无可奈何。总社领导不敢为一个干部家属提供经营工业品的特权。

冯爱倩不甘心。

1979年春，她鼓足勇气，怀着期待，一个人来到位于杭州的浙江省政府"知识青年上山下乡办公室"。她走进办公室，"知青办"的干部出来接待，一副公事公办的样子。冯爱倩一开口说话，全身细胞都被激活，脸部表情丰富，说到激动时不禁手舞足蹈，接待室出现了特殊的气场。她讲述自己是妈妈的独生女儿，母女两人相依为命、挣扎着过日子的苦难经历；讲述自己有五个儿女，生活在义乌城里，户口却都在农村，没有粮食。说着，说着，她把自己说哭了，满眼泪花。她动情地说："当年，我们响应党的号召'为国家挑重担'，十多年过去了，我们生活困难，我要吃饭，五个孩子要吃饭。现在是共产党领导，家有困难，我找谁？只有找你们了！"

"知青办"的干部被感动了。当听到冯爱倩有五个小孩的时候，他们惊奇地睁大了眼睛，问："你怎么会有五个小孩？"冯爱倩一愣，有点后悔说了自己有五个小孩；转而笑着说："你们要笑我了，自己苦得要命，怎么有五个小孩？你们看一看你们的妈妈、奶奶，就知道了。"

他们问："你到这里来，有什么要求呢？"

冯爱倩说："为了养活全家，我要求你们开个证明，去做生意。"

"你想做什么生意？"

冯爱倩说："你们给我开一张证明就可以了，同意我到供销社去批发七七八八的东西，到外面去卖。"

"知青办"干部有点为难，他们从来没有开过这样的证明，如何能办？冯爱倩一面叹苦经，使"知青办"干部同情她的境遇；一面讲道理，让"知青办"干部了解情况。她说："供销社仓库有许多积压的东西，我去帮着卖，还做了好事呢。"终于，"知青办"的干部同意了冯爱倩的要求，同意帮助她解决问题，还反过来问冯爱倩，"开个证明有用吗？"冯爱倩知道，近些年来，供销社开了不少"下伸店"，都通过批发商品的方式扩大经营，所以，冯爱倩说："只要能开，会有用的。"

省知青办给冯爱倩写了一个证明，说明她确实是知识青年，生活困难，希望义乌有关部门帮助解决。冯爱倩拿了证明找到义乌工商所领导，好说歹说，义乌工商所给冯爱倩开出了小商品经营许可证。这可是义乌工商所为私人经商开出的第一张许可证，编号001！

那一天，冯爱倩双手拿着义乌工商所编号001的许可证，喜出望外。她似乎看到，在她的大声呼唤中，市场经济的大门慢慢打开了；她清楚地知道，大门里琳琅满目的小百货，以前不能触碰，现在可以批发销售了。

批发的商品卖到哪里呢？去廿三里吗？那里是有名的集市，但路太远了，去一趟走廿三里，来回就要46里，时间、精力都花在路上了。此时，她优先想到了佛堂镇。她兴冲冲赶到佛堂镇，看看从供销社批来的货放在什么地方卖。但她的大婶说："你不能回来卖。这里全是熟人，拿了货都要欠账，连买一盒火柴都要欠。欠账容易讨账难，弄到最后，你肯定做不下去的。"

冯爱倩听了大婶一番话,想想有点道理,就放弃了到乡下去卖东西的念头。

不回佛堂镇,就只能在附近找市场。冯爱倩家租的房子在义乌县北门街上,家旁边有一个北门集市,每天都有乡下农民挑着菜担子来摆摊卖菜,偶尔还有人卖小百货。她决定"到北门集市去碰碰运气"。

那一天,她背着两个鼓鼓的塑料编织袋,里面装着供销社里批来的针、线、纽扣、发夹等小东西,赶早就到北门集市。集市摆摊,主要地段都"有主"。冯爱倩是新来的人,她只得到街尾找个地方设摊。她摊开两张塑料薄膜,把日用小百货一一摊开,有花式袜子、各种手帕、规格各异的缝衣针、顶圈、别针、不同颜色的线、鞋拔子、橡皮筋,等等,琳琅满目地展现在大家面前。她的摊位较偏,但她的日用小百货平时在集市上难得一见,因此很快吸引了大家的目光。她第一次卖东西,但泼辣的性格,"像男人一样的勇气",很快在人们心里留下了印象。她成功了,第一次"做生意"就赚了两元钱。她高兴极了,她说:"那时候两元钱,相当于现在的两万元呢!"

但是,冯爱倩高兴得太早了。

她拿到了编号001的经营许可证,有机会到供销社拿到批发价的小商品,却仍难为她提供在农村集市销售小商品的合法性。那时候,农村集市只允许买卖"不纳入国家统购范围"的农副产品，不准销售日用小百货等工业产品。冯爱倩摆摊卖小百货"不合法"，个人小商品市场交易的大门仍然紧闭着。

在北门集市，冯爱倩与"义乌县打击投机倒把办公室"（简称"打办"）的干部们玩起了"猫捉老鼠"的游戏。冯爱倩敏捷灵活，手脚利索，但北门的"打办"管得很紧，她"摆摊的时间少，逃跑的时间多"。

冯爱倩觉得在北门做生意太累，与几个同道商量着转移场地。大家又讲起义乌廿三里"鸡毛换糖"的故事，尽管路远，但那里的市场管制比较宽松，市场名气更大，外地来采购的人多。想来想去，大家决定到廿三里去摆摊。廿三里是农村集市，每月逢一、四、七开市。

在义乌，廿三里集市与其他农村集市不同，廿三里集市是义乌"鸡毛换糖"的集散地。义乌各地准备去外地"鸡毛换糖"的农民，事先都去廿三里采购货物，然后带着这些货物远走他乡。他们从全国各地回义乌以后，也把部分带回的东西在廿三里交易。这里是原始状态的"批发市场"。冯爱倩他们第一次到廿三里做生意就尝到了"批发"的甜头。在这里做生意，虽然也有一件、两件小商品的零卖，但更多的是"大批量吃货"，来几个买主，就把你的小商品全部收购了。到廿三里路太远，每个月只有九天生意可做，但生意做得爽快。

冯爱倩开始做小百货买卖初期，舍不得辞掉饭店的临时工。

只要不到市场,她凌晨3点起来,匆匆洗漱好就去饭店上班,一直干到下午三点下班。下班后,她赶着去进货。廿三里开市那天,她就向饭店请假。几次廿三里跑下来,冯爱倩发现,廿三里这个小地方,胃口大得很,可以"吃下"大量日用百货。

这是新的机会。

冯爱倩想抓住这个机会,但缺钱。她想到杨兴贵供销社里的一个朋友,他有空喜欢到老杨这里玩。一天晚上,这个朋友来了。冯爱倩直截了当提出借钱。朋友问:"借多少?"她说:"想借300元。"朋友说:"我身边最多只能摸出20元钱。"冯爱倩知道他与佛堂镇信用合作社主任关系很好,说:"你给写一个条子给佛堂信用社主任,我跑一趟,到佛堂信用社去借。"朋友说:"公家的钱,不是闹着玩的,你保证能及时还吗?"冯爱倩一五一十介绍了做小百货生意的情况。朋友听了,觉得挺靠谱的,答应了冯爱倩的事。冯爱倩高兴极了,第二天就跑到佛堂镇信用社借钱。

她借到钱了!当她从信用社柜台上拿到300元的时候,顿时有了不一样的感觉。300元人民币,超过自己辛苦劳动一年的收入,她从来没有一次性拿到那么多钱!有了这300元,她就可以大干一番。想着,想着,她的眼前浮现出一个充满希望的未来。

有了钱,她可以进更多货。那一次,她批了较多的小百货,挑了满满两袋东西到市场，一下子赚了六元人民币。她从来没有一次赚那么多钱，不由得心花怒放。

但新的问题出现了，义乌供销系统可能批发的小百货商品满足不了冯爱倩的需求。于是，冯爱倩带着一个小姐妹跑到兰溪、浦江、永康等周边地区的供销社进货，有一次，她们竟然把浦江一个供销社存了五年的"压仓货"全部拿走了。

为了节约，她们有时一早出门，晚上就回来，既可以省去住旅馆的钱❶，又可以第二天赶早市。可是，挑着小商品走夜路，认不认路？一片漆黑的，怕不怕？那时候，她们常常在苏溪下车，然后挑着担子走几十里夜路。她们沿着铁路走，两条黑黢黢的铁轨在昏暗的灯光下伸向黑暗的远方，引导着回义乌的路。偶尔有火车开过，她们不得不躲到一旁，以避开高速行驶的火车带来的气流。夜，格外宁静，她们肩上挑着担子，每人手里拿着一根木棒，一路挑着一路唱，排遣寂寞，给自己壮胆。

义乌的小商品交易在发展。1980年秋天以后，冯爱倩不再去廿三里，那里路途太远。她开始到新兴市场湖清门一带做生意。

生意兴隆，冯爱倩却心里烦躁。商品的大门打开了，市场的大门还紧闭着。冯爱倩从供销里批发到大量日常工业品，但

---

❶ 其实，当年的很多地方小旅馆的住宿费也就一元钱一个晚上。

是，她拿到市场上去卖，就是"走资本主义道路"。商品是合法途径获得的，商品的交易却是非法行为。这是什么逻辑?！在义乌市场上，"打办"的人、"市场管理所"的人、工商所以及派出所的人，随时可能出现。冯爱倩这样正在做买卖的小商人，随时可能被抓，轻则没收商品，重则罚款、关押。冯爱倩敏捷机灵，廿三里还有亲家相助，逃得快，躲得巧，从来没有被抓过。但是，这不是她要的生活；这不应该是她过的生活！

冯爱倩想不通，不偷不抢，不欺不诈，日用工业品商品交易明明可以更好满足老百姓的生活需求，为什么日用工业品买卖会是非法的？

她曾找过镇里的一位书记，想"问出个道理"。但书记给不出理由，只是强调说自己也有苦衷，他如果不管，可能连饭碗都保不住。书记没有"给出个道理"，冯爱倩受够了提心吊胆的日子。

她坚信自己走在"正道"上，她期待着，终有一天，自己的"正道"可以被国家"正名"……

敢为天下先

冯爱倩倔强、坚韧,"敢为天下先",她审视着,寻找着机会。

1982年初夏,冯爱倩就听说义乌来了个姓谢的新书记。据说,这个谢书记"经常穿件破旧的军大衣,皮鞋很少穿,总拖着一双洗得边都毛了的布鞋,裤脚管卷起,有时卷得一边高一边低"。冯爱倩开始注意这个"有点不一样"的谢书记,她说:"我站在县委门口看了好几次,都看到了。""我想,我一定要去找他。"

1982年5月下旬的一天,冯爱倩母亲身体不好,她到县委旁边的药店给母亲抓药。她在付药钱的时候,看见谢高华书记走出县委大院,去对面南门街小弄堂里的"菊芬理发店"理发。

冯爱倩立即意识到机会来了。她不走了，在药店柜台与营业员讲笑话。营业员问："怎么不走了？"冯爱倩说："刚刚谢高华去旁边理发，我要等着见谢高华。"营业员吃惊地说："你这个人要死，你自己作死。"冯爱倩说，"死就死，我怕什么？！我找死了，你给我拿牢饭。"

谢高华从理发店走出来，冯爱倩赶忙迎过去，情绪激动，不经意讲出一口义乌话，谢高华根本听不懂。

谢高华说："你讲什么？我听不懂。你跟我走。"冯爱倩说："走就走。"于是，冯爱倩跟着谢高华，进了他的办公室。

谢高华问："你在门口讲什么东西？"

冯爱倩猛然醒悟，自己讲了一口义乌话，书记根本听不懂。她立刻用普通话说，"谢书记，我要摆摊。"

谢高华说："什么，要摆摊，摆什么摊？"

冯爱倩说："我要摆摊，卖七七八八的小东西。我没有办法，我五个小孩，一个妈妈，要吃饭。我今天晚上米都没有了，昨天借了七家人家才借了两斤米。我借来米要还。"

谢高华说："这是资本主义，不能摆。"

冯爱倩说："你不要这么凶。你同意要摆，不同意也要摆。"说完，冯爱倩掉转头就朝外走。

谢高华说："不要走，我还没有问你叫什么名字呢。"

冯爱倩回来了，说了自己的名字。她告诉谢书记，自己本来是城市居民，带着五个小孩，下放到农村，一颗粮食都没有。她说："你是共产党派的父母官，我没有办法活了，只能找你们。我实在没有办法，只能到你这里吃饭。你在哪里吃，我们跟到哪里。你到食堂，我们也到食堂。"说着，说着，冯爱倩哭了，越哭越难过。

她很少抽烟，这时，却从口袋里拿出一包便宜的大重九香烟。

谢高华问："你还抽烟？"

冯爱倩说："我胃痛。"冯爱倩点着香烟，顺手递了一根给谢高华。谢高华没有犹豫，接过香烟，点火抽了起来。突然，冯爱倩觉得谢书记与自己的距离很近。她想，这个书记，连便宜的大重九香烟也抽。

谢高华进一步了解冯家的情况。冯爱倩一边哭，一边讲。她唠唠叨叨讲了很久，谢高华认真听着。

谢高华追问："爱倩，你真的没有办法？"

冯爱倩说："我借的米要还给人家，只有靠摆摊。"

谢高华陷入了沉思，他深深吸了几口香烟，凝视着冯爱倩，不紧不慢地说："照理说，摆摊是资本主义，我们没有接到中央的指示，不能允许你在义乌摆摊……这样，你暂时去摆好了。"

"暂时去摆。"自己有没有听错？冯爱倩看了看这位衣着朴素的县委书记,两人一个对视,她清楚知道,书记是认真的。她忍不住去握住谢书记的双手,说不尽的感激。

几十年过去了,说起此情此景,仍让冯爱倩激动万分。80岁出头的老人,竟然跃上长条凳,挥动着双手,感慨地说:"暂时去摆!就是这样一句话,打开了市场经营的大门!小商品市场从此合法了!"冯爱倩深深抽一口中华牌香烟,说:"这句话说出来是不容易的。这句话有了,我就可以去摆了。无论谁来管我,我都会说,谢书记说的,'暂时去摆'。我可以合法摆摊了。"

40年前,一个在生存线上挣扎、与"打办"玩"猫捉老鼠"疲倦了的义乌农村妇女冯爱倩,心血来潮找到了县委书记谢高华;谢高华被缠得无奈,也为她的生活处境所触动,说了一句"暂时去摆",竟然无意中打开了义乌发展历史的大门。

诸多复杂因素的相互作用,让冯爱倩这样一个普通的义乌人成为当代的阿里巴巴,而在"芝麻开门"这个历史场景里,不能忘记那个开门人——谢高华。

1980年前后,义乌小商品经营"姓社姓资"的争论初起波澜,"姓资"观点仍占上风,"姓社"的看法只能"私底下悄悄地说"。话语就是权力,意识形态制约着经济的发展。

冯爱倩的遭遇打动了谢高华。谢高华顶着压力做出决策,试探着前行,让小商品市场得以在义乌这片充满着生机的土地上发芽生根。1982年6月23日,谢高华主持召开义乌县党委会议，专题研究财贸工作。面对着干部们的各种质疑，谢高华第一次明确表示："义乌的市场是个很好的市场，很有发展前途。""从我们义乌实际出发，考虑商业、农业都可以搞。光搞粮食不够，义东等一带敲糖换鸡毛，解决了几万人就业，我们要发挥我们的优势，商业是个很好的优势。""义乌财贸，大有前途。"❶

在谢高华的支持下，1982年8月25日，义乌稠城镇在街道的墙上贴出一份《关于加强小百货市场管理的通告（第一号）》，正式宣布9月5日开放"稠城镇小商品市场"。通告的落款单位是稠城镇市场管理领导小组，一个名不见经传的临时小机构，通告的内容却触及了中国经济制度的核心，明确提出开放市场，自由交易，给予小商品市场合法地位。

义乌小商品市场正式开业那一天，没有鲜花，没有锣鼓，一切都是静悄悄的。于无声处，仍有历史车轮前行的隆隆声音。

谢高华继续努力着，召开一次次会议，采取一个个措施，想让市场经营的大门正大光明地打开，让小商品市场牢牢地锚定在

---

❶ 参见何恃坚、何建农著《义乌不能忘记谢高华》，上海社会科学院出版社2018年版，第67-69页。书中还写到二十多年后谢高华对于那一次重要会议的回忆。谢高华告诉该书作者，当时计划经济思想仍占主导地位，他是用自己的政治生命来赌义乌人民的未来，成功了梦想成真，失败了则身败名裂。他说："共产党连死都不怕，还怕风险？我时刻准备'戴帽子'，最坏打算就是回家种田。"（同上第69页）。

义乌这片生机蓬勃的土地上。

树欲静而风不止，义乌仍有不少人想关闭市场经营的大门。1983年冬日的某一天，全县开干部大会，县委领导在主席台上严肃地说："今天，稠城供销社主任杨兴贵来了没有？你们家里是两个世界，你是社会主义，你老婆是资本主义。你回去要好好开展阶级斗争。"杨兴贵被说得抬不起头了，但面对着强势的妻子，什么也说不了。其实，冯爱倩也面临着极大的压力。那一年，阶级斗争的风似乎越刮越厉害，眼看着靠做小商品买卖养家糊口越来越难。"打办"的人天天来抓，一个邻居对她说："爱倩，不要去摆了，被抓住要去劳改的。"怎么办？

冯爱倩却是要一条道走到黑。她不仅没有停下脚步，还策划着做大。

谢高华仍顶着压力，确保市场经营大门敞开。他走遍义乌搞调研，提出发展小商品市场是义乌的一大优势。

尽管有阻力，义乌小商品市场的发展态势仍远远超出人们的想象。很快，湖清门市场难以容下成千上万从四面八方涌来的生意人。1984年12月6日，位于新马路12号的第二代小商品市场开业，占地1.35万平方米，摊位1849个。市场中心建成四层服务大楼，实现了由"马路市场""草帽市场"向"以场为市"的转型。

令人遗憾的是，此前几天，打开小商品市场历史之门的谢高华在任期还没满的时候，调离了义乌，没能亲眼看到第二期小商品市场的开业。

再说几句冯爱倩。

县委书记谢高华一句"暂时去摆"为冯爱倩，也为义乌小商品交易打开了绿灯，冯爱倩大受鼓舞，生意兴隆发达。很快，供销社里的小商品难以满足全国各地"到义乌进货"的人们的需求，另一方面，冯爱倩经营的小商品也越来越集中于小五金产品。

冯爱倩必须开辟新的进货渠道。几年来，冯爱倩在市场摸爬滚打，练就了开拓新渠道的本领。她以义气、大气、爽快的风格，以讲规矩、诚信的品德，获得了一批企业老板的信任。冯爱倩与两个同道一起，在温州、瑞安"搞定了三个工厂，分别产出剪刀、缝纫机针与水果刀。其中，瑞安的温州剪刀厂是一个有着一千多工人的大厂"。他们把三个工厂的二等以下产品全部包销，运到义乌，批发给全国各地的客户。

冯爱倩的生意风生水起。

"小人物"的"大作用"

冯爱倩生意做得风生水起的时候,一件小事改变了她的人生。

那天,稠城派出所所长到市场处理失窃事件,冯爱倩忙里忙外参与其中。事情顺利解决以后,所长对冯爱倩说:"你来做市场的治保委员,负责管理市场,行不行?"冯爱倩有点儿惊讶,答应还是拒绝?

几年以前,冯爱倩找谢高华书记的时候,反复强调她所走的是"市场经营的正道",要求谢书记为其"正名"。谢书记"正名"的小商品市场走在什么样的"道"上呢?

湖清门,全国最早开放的小商品交易市场,开业不久,就吸引了周边地区无数梦想致富的农民,激活了义乌人数十年编织的

"鸡毛换糖"交易网络。一条短短的马路，很快成为全国小商品经营者聚集的中心，很多时候摩肩接踵，走一步，等三等。一个没有几家商店的狭小空间，很快成为大宗小商品流通、交易的平台，以此为中心，品种繁多的小商品沿着有限的交通线快速流动。一个贫困县城的小地方，竟然创造着全国每平方米财富积聚的新高度：1984年，湖清门市场交易额高达2321万元！❶

冯爱倩欣喜地看着小商品市场的繁荣，但是，小商品市场中出现的许多情况也让她忧心忡忡。义乌小商品市场横空出世，犹如希望之光，吸引了无数面朝黄土背朝天的农民。他们不畏劳苦，纷至沓来。但这里与农民传统生产、生活的熟人社会不同，这里是一个陌生人高度聚集的地方，个体隐身于大多数人都互不相识的世界里，个人行为很少受到周边人眼光的关注。于是，少数人身体内的欲望开始膨胀起来，他们把廉耻之心抛在脑后，为发财胡作非为，为肉体愉悦为所欲为。

冯爱倩说："最初的时候，经营的人都是农民，假冒伪劣多，不讲信用多，纠纷多，偷窃多，赌博多，吵架多，打架也不少。"小商品市场发展太快了，政府相关部门只根据常规的人口、商业配备干部。小商品市场开业以后，即使稠城工商所、派出所所有人员都投入市场管理，也是按下葫芦浮起了瓢，无济于事。

---

❶ 参见何恃坚、何建农著《义乌不能忘记谢高华》，上海社会科学院出版社2018年版，第190页。

一时间，市场乱象丛生，像飘浮着的乌云。

正是在这样的情况下，派出所所长请冯爱倩"出马"；而冯爱倩恰巧正为小商品市场的"走偏"操心。

当然，冯爱倩想得更多。她说："我只有一个想法，我爸爸生了我，在我不到一周岁就去世了。母女俩相依为命，生活一直很苦。如果我做人做不好，对不起爸爸、妈妈。共产党给我念书，我做人，要对得起共产党。"冯爱倩觉得，自己欠着爸爸、妈妈的情，更有共产党的情，只有为大家做好事，才尽了自己的义务。

另一方面，冯爱倩既然看到了义乌小商品市场"走偏"，她应该为"纠偏"做一些工作。她说："国家信任我，派出所所长叫我当治保主任，大家选我，我不能辜负大家的期望。整顿好市场，不是我一个人的问题，而是整个义乌的问题。义乌市场总要有人管，现在领导信任我，把帽子戴在我的头上，我拼了命也要出来管好。"

冯爱倩答应了。她决心贡献一份微小的力量，为义乌小商品市场创造一个井然有序的经营环境。

很快，义乌稠城镇派出所任命冯爱倩为义乌小商品市场治安保卫委员会主任，在市场进口处配备了一间办公室。这个矮小、精干的农村妇女走上了小商品市场管理的舞台。她的泼辣、豪爽、果敢、敏捷，赋予义乌小商品市场这个世界别样的风格。

她所领导的小商品市场治安保卫队最初只有三人，后来增加到九人，最后多达三十多人。

很快，冯爱倩把主要精力投入小商品市场治安保卫工作中。她到办公室上班，几乎每天都有工作记录，每月记满一本记录本。下面几个故事重现了冯爱倩治保工作的场景。

故事之一，处理打架那些事。

义乌小商品市场刚刚成立时，巨大的利益激发着人们的野心，规则的缺乏引发无数的争斗，用冯爱倩的话说，"打架是常有的事"。冯爱倩处理打架的方法别致却有效。有的时候，她握起拳头直接冲上去，几个大男人，看到一个矮小、精悍的女人迎面而来，没有不躲的。于是，打架的态势就改变了。有的时候，两个摊位的人打了起来，她当即派人把两个摊位的木板抬到治保办公室，并对着两人说："你们不想做生意了，就打吧。"

一次，两个人打架，她站在一边，用犀利的眼光看着，说："你们打架打累了，到我的办公室来喝茶。"打架的人不得不停下来，骂骂咧咧地进了治保办公室。她说："你们想想清楚，这里的市场是赚钱的地方，不是打架的地方。想好了，各自做检讨。否则，你们谁也别想走。"最初，两人一开口，就说对方的错。只要一说对方，冯爱倩立即阻止，"不准说"。双方僵持着，冯爱倩忽视他们的存在，自己大大咧咧说笑着。慢慢地，治保办公室的气氛开始扭转了。最后，冯爱倩严厉批评他们一顿，并在他们做出不再打架的承诺后，才让他们回去。

故事之二，禁止赌博。

义乌小商品市场成立不久，小商品交易很快从零售转向批发。批发生意每一笔量都比较大，一个摊位一天做成一两笔生意就可以了，其他的时间，无所事事的摊主就"玩起了牌"。赌博盛行是义乌小商品市场最初的顽疾，抓赌是冯爱倩作为治保主任坚持不懈的工作。

一次，冯爱倩上午七点多就来到小商品市场，一眼望去，稀稀落落几个人，三三两两打开的门，只有前方约几十米远的一个摊位入口处放着个一人多高的塑料袋。她没有多在意，拿出口袋里的钥匙，打开治保办公室，走了进去。

大约上午9点半，一个中年妇女走进治保办公室，说市场上有人在"打牌"。

冯爱倩走到办公室门口，放眼望去，没有看见。她想，是不是那个摊位门口的塑料袋背后"有花头"？她跳上办公室门口的一个凳子一看，果然，塑料袋后面有四个人在"打牌"。这是赌博，决不允许！冯爱倩带着两个人冲过去，拉开塑料袋，厉声说："小商品市场是做什么的？赚钱的，不是赌钱的！"四个人自觉理亏，收起了牌，跟着冯爱倩到治保办公室。冯爱倩责令他们写下检讨书，承认赌博错误，保证不再重犯，并每人罚款五元，才让他们离开。从此以后，他们再也没有赌过钱了。

故事之三，善待外地人。

有一天，冯爱倩已经下班回到家里，刚走进家门，传呼机响了。义乌工商局局长在电话里着急地说："有人在小商品市场发传单，你赶快过来。"她当时想，"你局长在，处理就行了，还叫我去？"想归想，她还是赶了过去。原来，两个石家庄人与一个义乌商人起了矛盾。

其中一个石家庄客户与义乌商人是老关系，一次带了一个石家庄新人进货，共约5000元的商品。不料那个新人进货以后，没有及时结货款。义乌商人就扣了那个老客户的钱，还不发货。老客户连续来了三次，义乌商人不依不饶。于是，老客户便四处发传单。

冯爱倩了解了情况，正巧，她包里放着5000元现金，就毫不犹豫地把自己的5000元送到义乌商人手里，说："给，钱拿去，这点钱，至于这样狠吗？石家庄人到这里做生意不容易，你立刻给他们发货。"这位老客户感谢不尽，满意地离开了。冯爱倩自己拿出5000元现金，解决了争端，维护了小商品市场秩序，更重要的是，给义乌的营商环境带来了荣誉。

冯爱倩做治保主任，管的范围很宽。摊位之间的纠纷、摊主与顾客之间的矛盾、缴纳税收的快与慢、市场内部的环境卫生，等等，她都喜欢"插一脚"。冯爱倩眼睛里容不得一粒沙子，力图在小商品市场中创造良好的文化气氛。

一天，义乌下骆宅信用社主任到冯爱倩这里来，说自己的老婆生孩子难产，儿子、媳妇却在市场摆摊，不愿意回家看看。

冯爱倩找到那个媳妇。媳妇说，"他们要钱？要钱就拿去。死不就死了么？"冯爱倩一听，啪地一拍桌子大声说："娘是天，你'孝敬'两个字都不讲了。你谁生的？你地上蹦出来的？天上掉下来的？你给我马上回去。"

义乌是幸运的，在这片古老的土地上，生命实践中世代积淀的精神依然是潜藏于大多数人心灵深处的自律文化。

义乌是幸运的，义乌地方政府总能因势利导，改革创新，使传统文明的优秀基因不断助力小商品走向大世界，创造新的辉煌。在这个过程中，冯爱倩这个"小人物"发挥了大作用，她是地方政府建设义乌小商品市场秩序的好帮手。

"她在丛中笑"

个人的选择充满偶然性，但偶然的选择最终落锤，却取决于个人生命史长期的文化积淀。这个人，一定会这么做！

当个人的选择付诸实践，就会被卷入到社会的、历史的潮流中。绝大多数人只是微不足道的水滴，顺潮流而动。只有极少数人因历史的机缘巧合，在不经意间成为弄潮儿。

冯爱倩就是这样的弄潮儿，她有幸成为打开市场经济之门的叩门人。

岁月匆匆，四十多年风雨，弹指一挥间。

2021年7月6日上午，我们一行前往义乌农贸城的杨兴贵书法工作室，重访冯爱倩。杨兴贵1993年创办全国农业龙头企业——义乌农贸公司并担任创始总经理，退休后在农贸城一间约二十平方米的房间里办了个人书法工作室。

我们下车后朝工作室走去，冯爱倩穿着一件地方色彩浓厚的白底蓝花大襟短袖，与丈夫热情地在门口迎接我们。冯爱倩把我们引进工作室，狭窄的空间里放满了东西，正面墙上挂着几幅照片，其中有冯爱倩与原义乌县委书记谢高华面对面交谈的画面，有冯爱倩向在义乌考察的朱镕基总理介绍小商品市场的场景。照片旁边的一张大红纸上，是一幅杨兴贵的书法作品，上面书写着："没有共产党就没有新中国，奋斗百年路，启航新征程。"

老朋友重逢，冯爱倩先说起前几天发生的事。她说，几天前，一位著名记者来访，记者说，"冯大姐，有个美国人在讲你，你现在全世界都知道。"冯爱倩说："全世界都知道，就是没有钱给我。"记者笑了起来："这句话有道理，没有钱。"记者停了一下，跷起大拇指说："钱再多，也买不来你的名气！"

说到这里，冯爱倩脸上是满满的幸福感，开心地微笑着。

冯爱倩的微笑是丰沛的，内含着她关于天、地、人的想象与追寻；冯爱倩的微笑是欢乐的，折射出她反观个人生命中的豁达与知足。

想当年，冯爱倩当上治保主任以后，整天忙于管理小商品市场，没有工夫去照顾家庭。她的几个小孩主要靠外婆管大。小孩渐渐长大，冯爱倩明确告诉孩子们："所有的事情你们自己管，不要拉到我这里来。我的工作很忙，没有办法来帮你们搞。为大家服务是我的工作，是党交代的工作。"

让冯爱倩开心的是，五个小孩个个都不错。大儿子继承了母亲的小商品生意，做了一段买卖以后，开了一家织袜厂，规模不算大，却比较稳定。二女儿与女婿从事影视服务行业。三女儿会裱画，师从父亲写得一手好字，还经营着商贸区的摊位。四女儿参军上了军校，军校毕业后赴上海空四军工作，现退休在家。小儿子与一个温州姑娘结婚以后，在温州生活。丈夫杨兴贵的成就更让冯爱倩感到骄傲。1957年，他们结婚的时候，杨兴贵几乎不识字，毛笔字比冯爱倩差多了。现在，杨兴贵成为全国书法家协会会员，还办了自己的画廊。

"小家"是心的港湾，"大家"赋予生命意义。

冯爱倩最初为"小家"而勇敢出击，叩开了市场经济的历史之门。不久，在多种因素的影响下，她牺牲"小家"的利益，担任小商品市场治保主任，为建设义乌小商品市场秩序奉献力量。出乎冯爱倩预料的是，几年以后，党和政府给了她"做梦也想不到的莫大荣誉"。1986年3月3日，冯爱倩作为义乌个体劳动者协会主席，被评为全国先进工作者，赴北京参加会议，受到中央领导的亲切接见。

这是冯爱倩一生中的高光时刻，是她不断回忆的美丽梦境。那一次，冯爱倩到了中南海，两次到人民大会堂参加会议，先后四次到天安门广场，参加过庄严的升国旗仪式。她无比自豪，"进过中南海，见过总书记，这辈子值了！"

荣誉，激起无可名状的巅峰体验，更成为冯爱倩无私奉献的激励因素。

北京回来以后，她更积极地投身于义乌小商品市场良好秩序的建设中，而她的努力也不断得到党和人民的认同。90年代，冯爱倩加入了中国共产党。

1995年，朱镕基总理到义乌考察，冯爱倩向朱镕基介绍义乌小商品市场。她给我们看着照片，心中充满了自豪感。2018年，中央表彰改革开放做出重要贡献的功臣，原义乌县委书记谢高华被选为授勋代表，去北京参加习近平总书记出席的表彰大会。冯爱倩说："组织上通知我也要去的，10月中旬，飞机票都买好了，临时有事没去成。"

人没去成，但这件事很重要。杨兴贵说："组织上认可冯爱倩是义乌小商品市场的创始人，这可是不简单的！"

冯爱倩听了这句话，开心地笑了；那样天真，那样可爱！

第二章

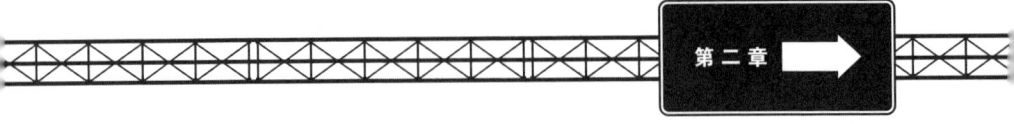

小吸管，大格局

以小搏大,成就另一种高度。

楼仲平

2021年10月初,楼仲平发给我一个自己拍的短视频,通栏标题是"美好的时光就应该浪费在太阳下"。在视频中,他手里拿着一本翻开的书,边朝阳台走,边说:"这么好的太阳,在太阳下看书,是很大的一个享受。今天上午,就坐在这里吧!"

这是义乌市双童日用品有限公司董事长、每天把20吨吸管递送到世界各个角落的"吸管大王"楼仲平的"日子"。

贫穷中折腾的日子

人的生命中总会遭遇挫折，智慧的人善于从挫折中汲取前行的力量，并不断创造美好新生活。今天，面对这位彬彬有礼、有着多个大学特聘教授头衔的楼仲平，很难想象他曾经有过贫困潦倒、日夜折腾的日子。

但，这是真实的故事。

楼仲平的家史是一部催人泪下的苦难史。他的爷爷常年靠捞从河道上顺流而下的柴火为生❶，年纪轻轻就得了鼓胀病❷去世，当时，他的父亲不到周岁。爷爷去世以后，奶

---

❶ 义乌一带把这种活称为"捞水柴"，捞起的柴可以出售，以换取勉强维持生活的费用。

❷ 义乌一带把血吸虫病称为鼓胀病，因得血吸虫病的人肚子胀得像鼓。

奶失去了生活来源，无以为生，被迫多次改嫁，最后落脚在江西弋阳。楼仲平的父亲不愿随母亲定居江西，回到义乌农村成了家。

义乌农村土地贫瘠，生产队的收入有限。每年秋收结束，父母就想办法熬制饴糖，准备行装。父亲从生产大队开一张外出证明，拿着拨浪鼓，挑着换糖担，走到义乌火车站上车。他一般都到浙江衢州或者江山下车，一方面省些车钱，另一方面可以防止在江西弋阳火车站被查处的风险。❶下车以后，他挑着担子，摇着拨浪鼓，喊着"鸡毛换糖啰，甜甜的糖啰，快快来换！"他翻山越岭，慢慢向自己母亲家走去。

这一带山多村少，有时走十多里山路都没有一个人，遇到刮风下雪，路途艰难，不得不找地方过夜。他到达弋阳母亲家后，在母亲家落脚，在弋阳周围农村"鸡毛换糖"。他一般春节前带着换来的鸡毛回义乌，把鸡毛交给生产队换工分，以获得生产队的粮食、柴草。

楼仲平出生于1965年，家中兄弟姐妹六人，他在三兄弟中的排行最小。楼仲平依稀记得，童年时代，他们每天都

---

❶ 生产大队开的证明，同意村民外出"鸡毛换糖"，可以在浙江省内，也可以到外省。但是，证明开具的单位级别较低，外省不一定认。一般火车站查得严，农村的干部们则会"眼开眼闭"。

煮野菜和烂番薯丝充饥。他上小学二年级的时候，有一天，放学回家，看到锅里有个搪瓷罐，罐边盛着一点白米饭。他突然想，是否父母偏爱哥哥、姐姐，有饭偷偷给他们吃？这一想可不得了，他一边绕着村子跑，一边哭喊："你们有白米饭吃，为什么我没有？"村里有人告诉父亲，父亲追出去，把楼仲平拖回家，狠狠抽打了一顿。后来他才知道，当时母亲去公社卫生院做结扎手术，公社补贴五斤大米，用来给母亲补身子。父亲专门做了米饭给母亲吃，怕母亲身体出毛病。

饥饿激活了生命的智慧，楼仲平13岁就发现了一次"商机"。

一次，他在村边稻田里捡到几个空的农药瓶，第二天与二哥一起跑了四十多里地到东阳农药厂，每个瓶子卖了五分钱。回家以后，哥俩跑遍附近田头地边，捡了两百多个农药瓶。哥俩尝到了甜头，放暑假以后，他们走村串户，用两分钱收购农药瓶。令他们兴奋的是，几个生产队的保管员把他们带到生产队的贮藏室，里面乱七八糟堆放着几十个不同的农药瓶。暑假结束前夕，哥俩挑着收购来的整整两大箩筐农药瓶到东阳农药厂出售，竟然赚了几十元钱。

世事难料，他们从农药厂回家后，第二天就感觉身体不舒服，第三天，两人的脸都肿了起来。他们急匆匆到公社卫生院，一查，是农药中毒了。原来，在他们收购的农药瓶中，有曾经装过剧毒农药1605、1059的瓶子。1605和1059都属于广谱性有机磷类杀虫剂，是高毒性、高残留、高污染的农药，20世纪70年代从德国进口，在浙江农村广泛使用。这种农药瓶子中残留的农药有挥发性，容易伤害人。楼仲平他们无意中被伤害了，赚的钱还得用来治病。

农药瓶事件对楼仲平是成功、失败还是诱惑？

都是，或许都不是，但却是楼仲平生命历程中的转折性事件。那年寒假，他硬要父亲带他去"鸡毛换糖"，并承诺寒假结束继续上学。

他生得又瘦又小，根本无法挑起正常的货郎担，父亲专门上山砍毛竹，给他量身定制了一副担子。他跟着父亲上路了，翻山越岭去闯荡。半个多月以后，楼仲平回家了，应该去上学，但无论父亲怎么劝，怎么骂，他都死活不肯再上学。就这样，楼仲平初中没有毕业，就辍学了。父亲讲到楼仲平的这些事情，只用一个"犟"字形容他，说楼仲平认死理，他认定的事"几十头牛都拉不回来"。

从此，楼仲平开始了"穷折腾"的日子。聆听着他的讲述，我们的眼前出现了一个瘦小的年轻人，一脸的倔强，满眼的机灵，勇敢地进入陌生的领域，全不顾"水有多深，风有多烈"。最初是挑着货郎担"鸡毛换糖"，闲时学了打铁。1980年下半年开始，他放弃打铁，转而收购鹅毛、鸭毛、甲鱼壳、牙膏皮、废铜烂铁、破衣等物资，运回义乌出售。1982年初春，开始从义乌进货，在景德镇一个菜市场摆摊。不久，他看到有人专卖牙刷生意好做，也转而卖牙刷；看到有人卖气球，他也学着做氢气球卖；看到同伴做葵花籽有奖销售，他也依样画葫芦；看到市场上出现电子手表，似乎好卖，他立即远赴福建漳州进货，吆喝着卖电子表；如此等等。

1983年下半年，楼仲平回到义乌，赶着办加工作坊的潮头，办起了泡沫塑料鞋垫加工作坊，积了百来元钱。他看到有人搞养殖，琢磨一段时间之后，决定把家里的三亩承包地挖成鱼塘。父亲实在不愿意再看儿子这样穷折腾，坚决反对。楼仲平"一倔到底"，主动与父母分家，自立门户。此时，他还不到20岁。

为了自己的养殖梦，楼仲平独自来到江西鄱阳湖畔，承包了15亩土地，搞了一个"养殖综合体"。他既无经验，又没有技术，大半年下来，养的鱼苗基本死光，六头瘦肉猪就像野猪一样四处乱闯，害得他整天骑上自行车到处追赶，鱼塘四周的丝瓜倒收获不少，每天挑着丝瓜沿村叫卖。久而久之，村里老人都说他以后连老婆也讨不到。

1984年，他去收甲鱼苗，住在鄱阳湖边的旅店里，结果一早醒来却发现行李、衣裤和300块钱全被偷走，无奈之下裹着床单找旅店老板理论，结果只获赔了五块钱路费和一套旧衣服，狼狈回家。到1985年夏天，一年半的折腾已把楼仲平3000元无息贷款耗尽。鱼苗养不了，改养埃及胡子鲇（一种非洲鲇鱼），甲鱼因为一场霉斑病死光了，承包鱼塘养的鱼也基本不见踪影。

8月下旬的一天，楼仲平整夜没睡，抽干小池塘的水，抓完鲇鱼，顺手拆除抽水机的电缆线。不料恍惚之中忘记关闭电源闸刀，高压电一下黏到他手上，怎么甩也甩不掉。他拼命喊救命，人倒在池塘里。幸好有人飞快跑到电线杆旁把闸刀关闭，但是，他左手中间的三个手指已被高压电烧到骨头，中指的神经被烧断，留下了残疾。

这次触电后，父母兄弟开始干预了，不让他继续折腾，依靠养殖发家的梦想就此破灭。

楼仲平从江西回到义乌，加入"背包军"跑遍了全国。1988年，楼仲平结婚。婚后，夫妻俩仍先后在南昌、三明、无锡等地做百货生意。1990年秋天，他下决心卖掉外地的摊位，回到义乌。1991年春节后，他在望江楼市场租了半个摊位做服装销售生意。1992年4月，他在义乌篁园路市场抽签拿到一个摊位，看到隔壁的摊位上摆满了盆盆罐罐的塑料制品，自然想到去找市场周边地区的塑料制品厂家，把他们的产品堆在自己的摊上叫卖。

无意之中,他做起了代销与批发的生意,半年以后,他的代销生意开始风生水起。他代销的塑料产品多种多样,其中就有塑料吸管。

"鸡毛换糖"的启迪

穷折腾的日子,"劳其筋骨,苦其心志",却"益其人生"。楼仲平说:"我15岁时的人生经验,超过现在30岁的人。"楼仲平小小年纪就跑遍天下,阅尽人生,"鸡毛换糖"的经历尤其给他留下深刻的印象。他说:"生意就是生意,'鸡毛换糖'是生意,做吸管也是生意。生意的道理,一脉相通。"

苦,却收获大。因为"进山"做"鸡毛换糖"生意的人少,有时候一个山村压根没有人去过,走进村里,却可满载而归。

楼仲平第一次"鸡毛换糖",前后半个多月时间,挑肿肩膀,磨破脚皮,收获却很大。他不只是赚了十多元钱,更从父亲那里学到了义乌人"进四出六"的生意经。父亲在与几个小孩换鸡毛的时候，原本一堆鸡毛换两颗糖，父亲会再多给小孩半块碎的糖；有些农民来鸡毛换纽扣，说好给十颗，父亲最后会特意多给一颗……这样，大家都会记得父亲的好，他们以后可能会把鸡毛留着，不给别的人。这是"以利他经营赢得客户"的经营策略，真所谓"义在利先更得利"。

楼仲平他们"鸡毛换糖"的一个重要据点在江西弋阳县漆工镇胡塘村。楼仲平他们每到一个陌生的地方，牢牢记住的一条原则是"讲规矩"，即尊重当地人的做法，并调整自己的行为方式。

楼仲平他们住进新租的农民家，一定不打扰农民家的生活，还要帮忙做些力所能及的家务。比如，他们一般都会上山砍柴，尽早把租住期间需要烧的柴火都砍回来，还尽可能多砍一些。又如，他们整天在外面跑，但需要在东家的灶台上烧早饭。于是，他们每天早上4点天不亮就起床，趁着东家还熟睡时在东家的灶台上烧早饭。吃完早饭，有时还准备好随身带的中饭，把灶台、锅碗等洗刷干净。天边刚露出朝霞，东家才起床，楼仲平他们早已挑起鸡毛担出发了。

江西弋阳县农村有个习惯，每年除夕夜，每个家庭都在自家屋里团聚吃年夜饭，欢欢喜喜过一个年。"鸡毛换糖"

的货郎们平时都住在农民家里,除夕夜不能打扰人家。所以,除夕夜,他们必须尊重当地规矩,有时不得不在屋檐下铺条稻草席子,盖条棉被睡一夜。楼仲平他们在胡塘村的东家是看山林的,东家怕楼仲平他们挨冻,会把他们安顿在位于半山腰的茅草棚里过除夕夜。

由于不能在东家家里烧年夜饭,楼仲平的父亲会准备几斤猪肉、一只鸡和一些蔬菜,用一只陈旧的煤球炉做一顿丰盛的晚餐,让楼仲平他们哥仨大吃一顿。楼仲平他们暂时忘却了"鸡毛换糖"的艰辛;年夜饭后,即使睡在风雨飘摇的草棚里迎接新一年的曙光,心里也坦荡荡的。楼仲平说:"在'鸡毛换糖'中我懂得了,在与别人的合作过程中,必须付出,尽量少给别人添麻烦。实际上,经历了'鸡毛换糖'以后,我的内心变得越来越强大,会看淡很多东西,不与人计较,多为他人着想,遇到任何问题自己去解决,不去麻烦他人,懂得感恩。"

在外人看来,"鸡毛换糖"是散漫的、随机的,货郎担走村串巷,走到哪里算哪里。其实不然。到了弋阳以后,每天晚上,楼仲平的父亲就会与三个儿子一起聚在昏暗的油灯下,拉着熟悉当地情况的房东"老表",一起规划第二天"鸡毛换糖"的路线。他们听房东介绍周边地形地势、村落分布、农民生活习惯,讨论着每一个人行走的方向,最远可能到达的村落，等等。第二天一早，楼仲平他们就各自根据规划挑担出门，先默默走三四个小时，约二十公里左右。到达最远的村落以后，稍事休息，很快，拨浪鼓声响起，"鸡毛换糖"的吆喝回荡；小孩从一个个门洞里跑出，女人们忙着寻找家里的鸡毛、屋角的破旧……楼仲平一路忙着应付小孩与女人，做着生意，慢慢地往回走。肩上的担子越来越重，也离租住的家越来越近。天黑以前，楼仲平他们回家了。他们从货郎担里拿出换来的东西，把鸡毛铺开，防止鸡毛霉烂变质。楼仲平年纪小，"战利品"却常排名第一。

排名第一让楼仲平自豪，更迫使他思考。一年多以后，他发现"驻点式"的"鸡毛换糖"存在着一个问题，由于从一个地方出发，可以选择的路线有限，几次下来，只能走原先的"老路"。当年农民生活贫困，一年难得杀几回鸡，"老路"上可换的鸡毛很少，收益明显降低。楼仲平向父亲提出不要一直住在同一个农民家，他们可以走更远的路，到更多的地方，尤其可以到城市附近或直接进城里去。

他说服了父亲他们。他规划了一条复杂的路线，从弋阳出发，向着横峰、德兴、乐平、万年、鹰潭、贵溪方向走。他们每个人都带着铺盖，每天都寻找不同的农民家住宿。楼仲平怕父亲不放心，基本上每天都约好晚上在某一个村落会合，四个人住在一起。第二天再各自出发。与"驻点式"不同,"迁徙式鸡毛换糖"会遇到更多挑战。原来,吃饭问题基本上都可以自己解决,他们一般都早上烧好中午的饭,带在路上吃,晚上回驻地后再烧饭。现在却不得不一天三顿都在外面想办法吃,晚上只是"找一个地方睡觉"。原来,他们是"走老路,遇到熟人",现在他们每天都"走新路,面对陌生人",不得不面对着新的困境、难以想象的挑战。挑战对不同的人具有不同的含义,楼仲平把挑战看成"培养自己去适应不断改变的环境"的机会。

在应对挑战中,1981年,楼仲平又提出,他们可以"进城"。城市里做生意有竞争,更有机会;他们应当从老百姓那里收购比鸡毛、破旧更值钱的东西,例如,甲鱼壳、鸡黄、旧漆包线、旧铜制品、铝质牙膏皮,等等。那一年,楼仲平与他的三个小伙伴进衢州城里去闯荡。

"鸡毛换糖"中的挑战多种多样,其中"人的挑战"让楼仲平记忆犹新。那时候,楼仲平穿着破衣服,踩着破鞋子,一天到晚摇着个鼓,一时不歇嘴上不停地喊。一路走着,有孩子们嬉笑追逐、女人们笑脸相迎;也有人投来鄙夷的目光、轻蔑的嘲讽,甚至有人蛮横无理地占便宜,乃至明抢暗夺、恶意捣乱。

父亲告诉他:"出门在外,强龙压不过地头蛇。别人打你一巴掌,你走了才算便宜,否则,最终吃亏的只是你自己。"在很多情况下，楼仲平记着父亲的话，遇事脸皮厚一点，随便别人怎么说，自己忍一下，闷头做事。在另一些场合，楼仲平则以另一种方式"坚持自己"。在衢州城里，他与几个小伙伴挑着货郎担走在街上，不时碰到几个小混混担前身后讲下流话，骂人，做怪脸，丢小石子，还有人伸手来明着抢东西。楼仲平只顾走着，视而不见。但有时他也会突然来个反击，或双眼怒视、双拳紧握，或突然抓住一个小混混的手，让其动弹不得。几次下来，再没有小混混前来"跟随"。

小混混好对付，楼仲平还曾遇到过两次惊险的事。

1981年初，有一天，他挑着货郎担走在弋阳农村的山路上，走了约两个小时，到了前不着村后不着店的山间，猛然发现，后面隐隐约约有一个人跟着。山里走路不怕鬼，就怕人装鬼。楼仲平加快了脚步，拼命走；他走得越快，后来的跟得越快。很快，被那个人追上来了。楼仲平停下来，看到那个人，大声问："你想干什么？"那个人没有声音，一个箭步，抢了楼仲平的货郎担就跑。楼仲平满担的货，怎么能让别人抢走呢？他下意识地追上去，抓住了货郎担。那人转过身，向楼仲平打了一巴掌。楼仲平仍死死抓住货郎担不放。俩人停了下来，那个人又狠狠踹了楼仲平一脚，楼仲平倒在地上，痛得一下子爬不起来。那个人挑着货郎担跑了。楼仲平拼命起来，忍着痛追着。结果运气还好，那个人还没有逃走，楼仲平就看见一个村落，便大喊着"捉强盗、捉强盗"。那人见村里有人出来，慌忙丢掉货郎担逃了。

1981年年底，楼仲平坐一趟夜里的绿皮火车从义乌到上饶。火车很慢，每一个小站都停，凌晨刚刚到达。他下火车时，饥饿难忍。看到车站边有几个小青年摆了一个摊在卖桃子，他拿起两个桃子，让称一下重量算价钱。小青年像模像样称了，说五斤重，要多少钱。楼仲平随口说："两个桃子，一斤都不到，怎么是五斤？"那个小青年二话不说，一拳打过来。楼仲平刚伸手还击，还没有打到对方，摊位上另一个青年一脚踢到楼仲平的小肚子上，顿时，楼仲平昏了过去。楼仲平醒来的时候，已经躺在医院里了。

原来，楼仲平昏死后，那几个青年人怕了，有好心人把他送到医院。楼仲平在医院里配了些药，看看身边的钱还在，就付清了医药费，出院休息了几天。他当时年轻，似乎没有太严重的感觉。两年以后，他报名参军，体检的时候发现，那一次肝破裂了，留下一个疤痕，他没有资格入伍。楼仲平从来没有想过去找那些人算账，他总是强调，这些挫折会"让自己的心更加强大"。

1982年春，楼仲平的"鸡毛换糖"生涯接近尾声，又发生了一件惊险的大事。

楼仲平与三个伙伴在衢州囤积了大量鸡毛，着手准备运回义乌。楼仲平回义乌，租了一辆手扶拖拉机。他坐在拖拉机的后拖斗里，随拖拉机到衢州。从义乌到衢州两百多公里，道路崎岖不平，蜿蜒曲折，十分难走。拖拉机早上从义乌出发，一路颠簸，或上下震动，或左右摇摆。很多时候，楼仲平身体蜷缩着，还不得不用双手紧紧拉着两边，或者撑着下面。拖拉机还没有到达衢州，他整个人像散了架一样。当天下午近四点，拖拉机到达衢州鸡毛仓库，楼仲平他们急忙赶着装车，一麻袋一麻袋垒上去，全部装好，竟然高达二米五！装车完成，他们匆匆在旁边的小店里吃了一碗面条，就准备上路了。

一辆手扶拖拉机，装得那么高，那么危险。楼仲平他们最多一人随车，其他人应该坐火车回义乌。但为了节约购买火车票的几块钱，四个人全部趴在鸡毛麻袋的上面，跟着拖拉机回家。那是初春时节，天公不作美，拖拉机开出衢州不久，下起了雨夹雪。二月春风似剪刀。他们装车时都汗湿了内衣，被阴冷的春风一吹，直冻得上下牙打战。到晚上11点左右，拖拉机开到距金华5公里左右的地方，他们开始兴奋起来，很快可以在金华城稍稍歇一下了。

令他们始料不及的是，捆绑鸡毛麻袋的绳索松动，拖拉机一个急转弯，整个拖拉机车头与拖斗全部翻倒！四个人被冻得有点僵，反应慢，都受了伤。楼仲平伤得最重，后脑勺、手关节、脚，都拉开了很大的口子，流血很严重。他们撕下几块衣服，先扎一下，然后到金华中心医院进行了简单止血、包扎。包扎好以后，已经半夜12点多了。他们又急急赶到翻车的地方，想着把鸡毛装上车。可黑灯瞎火的，怎么办？没有电筒，他们只得把拖拉机前面的灯开着，借一点亮光。他们先把整袋的鸡毛装上车，然后再把散落在地上的鸡毛一点点装到麻袋里，缝好麻袋，装车。全部装好，已经是凌晨3点多了。

车装好，天还没亮，松了一口气的大家顿时都觉得饿极了。环顾四周，黑咕隆咚的，没有一家店。楼仲平想起金华中心医院边上有一家点心店开着。他们赶到那里，各人点了一份店里的特色芋艿梗煲猪肺，一碗牛血牛杂咸菜汤。楼仲平说："在又冷又痛又饿的状态下，吃进热乎乎的汤，瞬间觉得非常好吃，这是一辈子都忘不了的一顿早餐。"

这次惊险的经历让楼仲平永远难忘。他从刻骨铭心的体验中学到很多，此后，"安全第一"成为他潜意识中最根深蒂固的原则，无论在创业中，在日常生产中，他都自觉地"把安全作为经营管理工作的主轴"。

吸管！吸管！

1993年秋天，楼仲平的摊位成为塑料吸管销售量最大的摊位。1993年底，有个吸管厂老板找到楼仲平，说他要买一套全进口的吸管生产线，准备把手上的半自动设备卖掉。听到这个消息，楼仲平动心了。他很清楚代销生意竞争太激烈，长远来看没有什么前途。如果自己生产吸管的话，应该在销售上有更大的优势。他当即花5万元买下了这套旧机器，并在春节前租了两间村里的民房，对其进行了简单修缮，准备开张。1994年4月5日，楼仲平的吸管厂开业了，夫妻俩加上父亲，一套旧的吸管机器。没有鲜花，没有仪式，没有祝贺，楼仲平开启了又一次艰辛的创业历程。

这是一次偶然的机会，让楼仲平与吸管结缘。从此，他的人生就与吸管紧紧相连。

楼仲平一直乐于冒险，为什么一根小小的吸管却"拴住了他"？

看一看楼仲平近十年的冒险经历，我们就可以理解他的选择。

1985年秋，楼仲平受伤后回到义乌。他身体好转后，开始贩卖走私香烟。但警察和缉私队的查处越来越严，楼仲平"看到警察和缉私队员马上心跳加快，并出现心慌胸闷和头晕等症状"。1988年以后，楼仲平在无锡租了房子，做起了贩运香烟的中间商。他每天到无锡火车站把小贩运来的香烟取回，拆包，分发给市场上的小摊贩。他仅做了几个月，就被无锡工商部门查处，没收了价值数万元的香烟，此前的收入几近归零。楼仲平急坏了，得了急性心肌炎。他到无锡医院看病，没钱认真看病，配了些药就回到义乌，从此落下了病根。

此后，楼仲平又折腾了几年。他在东北长春做生意，辛苦但没赚到钱。他改做塑料制品，刚见起色，马上出现同质化恶性竞争，商机背后是更大的危机。

楼仲平从十多岁起，折腾了整整15年，在近二十个行当中摸爬滚打，最后却连过日子都紧巴巴的，或许，正如楼仲平自己回忆说，1993年左右，他有点儿恐惧了，"我的心累了"。

正是在这种心态下，楼仲平在老家后盛村办起了塑料吸管厂。他不再急功近利，而是珍惜这个机会，精心把吸管做好。正是在这种心态下，他才会坚持把吸管厂办下去，尽管利润薄，尽管一时似乎难以看到远大前程。❶

办厂之初，楼仲平夫妻两人，加上父母亲的帮忙，全家合作，做出了一批批质量不错的吸管。吸管一出厂，很快就可以在义乌小商品市场上销完。

楼仲平发现，市场上吸管供不应求，决定慢慢在条件具备时扩大生产。吸管生产本身没有多少技术含量，招收工人相对容易，楼仲平更注重物色管理人员。

他所在的村落里有一个人在义乌化工厂上班，负责制蜡车间的生产安排。制蜡车间由于效益滑坡，不得不关闭。楼仲平知道了这个情况，主动上门去找那个村里的熟人，聘请

---

❶ 最初的塑料吸管生产只是家庭作坊，没有名字，产品多在自己的摊位上销售。1995年初，楼仲平为家庭作坊取名"义乌市稠州塑胶吸管厂"。1995年8月，楼仲平到义乌工商局注册了"双童"商标；此后，他们生产的吸管统称为"双童"吸管，企业也被简称为"双童"。1995年年底，"义乌市稠州塑胶吸管厂"登记为非法人主体经营单位，产品全部通过楼仲平的摊位销往国内集贸市场，部分高端产品销往国内大型超市。2000年7月，随着企业的发展，楼仲平申请注销"义乌市稠州塑胶吸管厂"，注资100万元人民币成立了"义乌市双童日用品有限公司"，具有法人资格的"双童"吸管自此正式诞生。

他到吸管厂当生产厂长。这个熟人进厂以后，加强了生产的组织与管理，建立起最初的管理制度，吸管厂逐渐变得"像一个工厂"。

他第二个招进吸管厂的干部是表妹。

她毕业于浙江工业大学，毕业以后，曾找过一份工作，后来辞职了，就在义乌摆摊做生意。她妈妈反对女儿这样"混"，就跑到楼仲平厂里，请楼仲平帮忙。楼仲平听姑姑介绍了情况，觉得表妹大学毕业，有工作经历，懂英语，人也比较活络，同意了姑姑的请求，把表妹招进了吸管厂。表妹成为吸管厂的第一个销售员。他说："当时其实没有太多的选择，表妹的情况符合企业的需要，这样招聘说起来也算规范。"

1997年，楼仲平的企业继续稳步发展，需要招聘各种不同岗位的人员。义乌的国营企业开始改制，有些干部不得不下岗。楼仲平通过熟人从国营企业下岗干部中物色人员。这一年，他招聘了义乌造纸厂的一位技术人员，帮助吸管厂处理技术问题。吸管厂开张以后，财务一直由父亲掌管，随着企业规模的扩大，父亲一个人吃不消了，楼仲平又邀请了一个从国营厂刚退休的老会计。

1998年，楼仲平花重金引进了清华大学毕业的管理骨干张国俊。当时，一个业务员的月工资才七八百元，楼仲平开出十万年薪给张国俊。张国俊毕业后在常州红梅相机厂工作，当过团委书记，出任过该厂驻澳大利亚办事处主任。1997年底，他从红梅相机厂下岗，不愿回到体制内，来到义乌创业。楼仲平与张国俊接触以后，发现张国俊性格耿直，人品好，能力强，说服他进入吸管厂，担任销售经理。

楼仲平创办吸管厂以后，企业的发展像义乌许多其他企业一样，属于"自然发展"。在企业自然发展阶段，他的一项"业余爱好"却成就了企业无心插柳式的辉煌。

1995年，个人电脑刚刚出现，楼仲平赶时髦，用一万多元买了一台586台式个人电脑。电脑成了他的宝贝，他的业余时间几乎都泡在电脑前。

1997年，他开始自己做网页，在互联网上发信息。1998年，他做出了企业的第一个网站。他得意地看着亲手做出的网站，想象着虚拟空间中的形形色色、色色形形，突然，一个主意在脑海里涌现出来：能否在网站推广公司的产品。当然，这一点他本人难以做到。于是，他花费三万元请人做了一个网络主页，介绍公司的产品。这是"双童"吸管从虚拟空间腾飞的起点。

1999年，通过雅虎、网易等网站的推广，公司收到了大量客户通过互联网的反馈。到2001年，"双童"吸管已经走向全世界，其90%的产品销往世界各地，而客户的来源主要仰仗于互联网！

互联网上的无心插柳激发了楼仲平的雄心。此时，楼仲平心思又活了起来，想在吸管的基础上把企业扩大。2001年到2002年，他先后购买了几台注塑机、片材机以及纸杯机，试图延长产业链，以其他利润更好的产品慢慢替代吸管。

此时，又一场突如其来的家庭灾难来临了。楼仲平的父亲2002年11月初查出癌症，经过两个多月与病魔的搏斗，不幸去世。父亲去世仅仅14天，楼仲平自己突然心脏病发作，情况十分紧急，被连夜送到上海瑞金医院治疗。楼仲平的心脏问题比较严重，需要在医院住一段时间。那一年非典病毒流行，他在瑞金医院整整住了九个月，其中有三个月，连家里的亲人都不能到医院探望。

爱动的楼仲平彻底静了下来，静下来的楼仲平有机会认真、仔细地想想人生，想想企业。二十多年了，在义乌这片土地上，在他熟知的人们中，他几乎是最不安分的一个人，但结果是什么呢？躺在病床上，他略感悲哀。他辛劳困苦，连身体都搞坏了，还一事无成，为什么？就是因为"心思太活"，"这山望着那山高"。后来偶遇吸管，还算做得不错，岂料自己"心又活了"。想到这里，他再度恐惧起来。

楼仲平想了又想，多少个寂静的深夜，他辗转反侧，难以入眠。他渐渐发现，这是人性的问题。在很长时间内，自己一直没有摆脱贪欲、放弃面子、淡泊名利。他猛然醒悟，决然抛弃人性的糟粕，努力发现人性的善与美，并将善与美的人性作为企业的真正基础。

这时，他重新思考，公司应该如何建设？楼仲平说："我的思想基本成形了，我必须回归专注，回归专注经营，聚焦一个点做到极致，犹如挖地，与其挖一百米长、一米深，不如挖一米长、一万米深！"

基础业已奠定，方向已经指明，楼仲平的心平静了，思想聚焦了。住院意外地给了楼仲平足够的时间，让他有机会静静地仔细琢磨企业发展的每一个细节，他甚至画了大量图纸，生动呈现公司基于人性的文化风格。

2003年11月，楼仲平康复出院。回到厂里，看到工厂经营得远比想象的情况好，令他非常高兴。他率队到浙江省台州、黄岩等地参观相关工厂，他发现，许多大厂甚至能生产一千多种产品，但产值远不如一根吸管。这进一步强化了他专注于一根吸管的决心。他把购入的注塑机、纸杯机、片材机等全都亏本卖掉，决意不再贪大求全，不攀比产值高低，不眼红一夜暴利，而全力以赴、全心全意带领全厂员工把吸管做好。

2005年,双童集团制定五年发展规划,正式把"以小搏大,成就另一种高度"作为企业发展的座右铭。

从此以后,楼仲平带领全体员工一直"咬住吸管不放松",紧紧围绕吸管做文章。小小吸管,成就了宏大格局。❶

---

❶ 2006-2007年,义乌掀起炒房热,房地产开发热火朝天,不断有人找楼仲平,鼓动他把吸管企业作为融资平台,倒出资金炒房,赚大钱、赚快钱。面对着巨大诱惑,楼仲平与妻子没有动摇,坚持把吸管做到底。楼仲平讲起此事仍颇有感慨,他说,"如果当年动摇了,就没有了今天的双童吸管,就没有了今天的楼仲平。"

归一而追求极致

楼仲平年少时闯天下,聪明、果敢、莽撞,也很倔。历经众多尝试,多极而归一,是智慧,是人生新的开始;归一而追求极致,更开启了走向辉煌之门。追求极致是楼仲平的选择,楼仲平的坚持;追求极致的实践更是企业的协同努力。

2019年7月22日下午,当我们走进双童集团的吸管博物馆,被眼前的景象惊呆了。这里陈列的大部分所谓"喝饮料的吸管"实际上就是玩具、工具、礼品、艺术品、装饰品、体验品、情感交流产品。其中有风车吸管、眼镜吸管、爱心吸管、卡通吸管、哈哈吸管、生物可降解吸管、当面条烧的吸管、当零食吃的吸管……品种之多,举不胜举,令人眼花缭乱，更让人驻足观赏，流连忘返。不到这里来，难以想象一根小小吸管竟然可以做得这样"有文化"！

楼仲平带领双童集团，把吸管做到极致，在三个方面做出的努力引人注目。

一是价值优先。

楼仲平强调价值观的重要性，只有公司上下一心，共同执着于"追求极致"的目标，才可能真正以小吸管做出大格局。走进楼仲平的办公室，座位背后一块大匾上写着四个大字："以小博大"。这四个字与公司大厅正面一行通栏大字形成凸显公司价值的组合："成就另一种高度"。❶

在公司的"核心价值观"中，还特别强调"让一次性产品告别白色污染，追求吸管行业主导地位，做一家有利于社会的好企业"。现任总经理李二桥在向我们介绍的时候，特别强调了他们对于价值观的重视。他说："我们所有的员工每天上班，第一件事情就是来做核心价值观、使命愿景建设。人的思想是了不起的，只要专注于某一项事业，就一定会做出自己的成绩。"

二是顾客优先。

楼仲平因为偶然的机会开始生产吸管，但他很快意识到，

---

❶ 二者组合，就是双童集团人人熟记的口号："以小博大，成就另一种高度。"

吸管几乎是"世界上最难做的产品"。因为用吸管的人一般都"不花钱",买吸管的人是"拿来送的",那么,真正的客户群体有没有,在哪里?这些问题困扰着楼仲平,也困扰着"双童"的设计团队成员。

一次,他们中有人提出问题:除了喝饮料以外,吸管还能干什么?或者说,吸管真的只能用来喝饮料吗?这个问题本身的提出,打开了楼仲平以及设计人员对于吸管的认知边界。

一个好问题胜过十个好答案。从这个好问题起步,集团开启了"创造全新顾客"的吸管创新之路。很快,他们创造出有风车的玩具吸管,让小孩们爱不释手;他们创造出帮助小孩吃药的功能吸管,受到很多年轻妈妈的追捧;他们创造出情侣共用的爱心吸管,那诱人的设计把年轻情侣深深吸引;他们创造出可以做眼镜框的体验吸管,也受到爱尝新鲜的小朋友们的喜欢,等等。

他们来到顾客中间,观察那些原本不属于吸管产品消费人群的行为方式,为妈妈、儿童、女人、情侣、病人、老人等各种细分人群创造新的吸管消费可能性,把原来的"弱关系消费群体"打造成"强关系消费群体"。这个过程推动着吸管产品从普泛产品走向高端产品。

原先,吸管只是喝饮料时用的一根管子,怎么变也变不出什么大的花样，企业生产的只是大众型吸管产品，单调划一，大批量产出，提供给统一的批发商。这是传统的"大客户原则"。而沿着"顾客为中心"的思路走下去，新的思路推动集团采取"小客户原则"，尽可能满足小客户众多的个性化需求，其特征是个性化、小批量、非标准化、品牌化。"小客户原则"给公司的销售、排单、生产和物流派送等环节都带来巨大挑战。非标计单根本无法进行大规模的集约化生产，有时候，每台机器都需要生产一份单独的计单。久而久之，公司创造出"柔性制造系统"，这种改变为吸管的高端化提供了强大的动力。

三是标准优先。

1997年年初，厂里来了一位特殊的客人，上海浦东陆家嘴八佰伴超市的山田社长。在楼仲平的带领下，这位商业领域的大腕参观了吸管厂的生产车间，仔细询问了吸管质量检验的情况。参观结束，他们一行来到厂长办公室，山田社长对吸管的外形、质量都十分满意。随后，山田社长向楼仲平提出建议，说："目前国际上大型超市均采用电子结算系统，八佰伴超市早已建设起这个系统。如果贵厂能够建立一套吸管产品的标准，向有关部门申请到'商品条码'，八佰伴就可以到贵厂采购吸管，并与贵厂建立长期合作关系。"楼仲平请教了几个与吸管产品标准相关的问题，很快做出判断。

楼仲平对山田说："你的建议很重要，我们马上着手调研，争取在一年内制订出吸管产品标准。"

楼仲平说干就干。他到义乌、金华、杭州图书馆查阅各种资料，掌握塑料吸管的技术参数，了解申请产品标准化技术流程。他到义乌市技术监督局，向局里的专家请教。当时，工商业经营者们大多缺乏标准意识，义乌只有水泥厂做过产品标准申报并获得批准。楼仲平向技术监督局借阅了义乌水泥厂的水泥标准文本，借鉴其产品标准申报文本的编制格式。

经过几个月的努力，楼仲平起草了塑料吸管产品标准文本，经过反复讨论，请教相关专家审阅、修改。1997年秋，义乌技术监督局批准了楼仲平的文本。接着，义乌需要向金华、浙江省技术监督局申报。在中国，楼仲平是制订吸管标准第一人，需要勇气，也需要韧性。经过坚持不懈的努力，1998年4月，楼仲平主持起草的《聚丙烯饮用吸管》企业标准正式获准发布，成为中国吸管行业的第一部产品标准。

目标是行动的导航灯，个人如此，企业也如此。正确的目标可能引导企业走向成功，宏大的目标可能给企业以动力、以智慧、以空间。在楼仲平的主持下，双童集团很早就把制订行业标准放在极其重要的位置，这是其他企业发展中少有的。楼仲平说："我们不说我们第一，但是我们一直奔着第一这个目标来做。"既有这样的雄心，他们就不再自惭形秽，认为自己只是民办小厂，而是勇敢承担起制订行业标准的重任。

从1997年开始，双童集团先后进行了吸管产业的地方标准、浙江省标准、中国行业标准和ISO国际标准等众多标准的起草和编制工作。可以说，全球吸管产业标准的相关组织要求、生产过程、验收规则、评判依据等几乎所有细则条文，均获得了他们提供的实践和验证支持。双童集团因标准优先而真正做到了极致，为中国饮用吸管产业在全球市场的长远发展争取到了行业话语权。这是了不起的成绩。

在双童集团标准优先的实践中，楼仲平始终是领导者，他一手培养的李二桥也发挥了重要作用。

李二桥出生于1985年，2001年应聘加入集团。2006年，他调到集团品质管理部，把所有业余时间都花在学习上。2006年秋，义乌市政府注意到集团制订产品标准后的积极效应，要求他们牵头召集义乌市所有塑料制品相关企业，制订塑料制品的行业标准。楼仲平把担子压在李二桥身上。李二桥二话没说，利用自己学过计算机的优势，查阅网上与吸管有关的各种资料，很快掌握了有关产品标准制订的各种知识。2006年年底，由李二桥担任组长，成功制订了义乌市塑料制品的相关行业标准。

2007年，欧盟对中国的塑料制品和陶瓷制品进行反倾销调查，由于双童集团先前在制订塑料制品行业标准方面的成绩，国家质检总局帮助双童集团建了一个品质检测实验室，集团需要安排一个人去杭州培训。当时，上面要求派化工专业毕业的大学生，但楼仲平就是坚持派李二桥。李二桥去了，在杭州培训整整十天。在其他所有学员都是化工专业毕业的大学生群体中，很难想象李二桥是怎样完成培训任务的。回忆培训的过程，李二桥只是轻描淡写地说："我把别人休息的时间都花在了学习上，有些东西要弄懂真是不太容易，但慢慢琢磨，还是完成了培训任务。"

李二桥培训回来，在楼仲平的带领下，双童集团开始做一个科技攻关项目，叫做可降解吸管的研发，李二桥是项目负责人之一。

楼仲平对可降解项目充满着热情。自从办起吸管厂以后，塑料制品不可降解所造成的环境污染让他吃尽了苦头。他下了决心，代价再大，也要"啃下'可降解'这块硬骨头"。李二桥陡然感觉到身上的担子更重了。那时候，他压根儿不知道可降解是什么概念，一切都需要从头学起，从头做起。李二桥是有韧性的，他组织人员进行一次又一次的试验，反复总结着经验与教训；楼仲平是有魄力的，他不断掏钱支持这个项目，不给李二桥压力，不过问成功与失败。

经过一年多的艰苦努力，以生物质聚乳酸为主要原料、堆肥条件下 45 天就可以生物降解的 PLA 可降解吸管基本成型。由于成本较高，价格贵，可降解吸管基本没有销售，楼仲平坚定不移投资继续做。2010 年，双童集团主导起草编制了《聚乳酸冷饮吸管》中国行业标准，提前整整十年为中国吸管产业的转型升级奠定了良好的基础。2018 年，当可降解吸管火起来的时候，他们已经有了十年的积累，稳稳地占据着行业的龙头地位。而此时，楼仲平又在琢磨"可以吃的"吸管，追求极致的楼仲平总是走在前面。

更值得称道的是，2007 年当欧盟发起反倾销调查的时候，双童集团没有被动应战，而是"手握行业标准，主动出战"。2008 年冬，双童集团一方面在国内申请可降解吸管的行业标准，另一方面，派代表向位于瑞士的 ISO 国际标准化组织提交了《聚丙烯饮用吸管规范》国际标准的起草申请。四年以后，2012 年，该申请获得三分之二成员国投票通过，并作为发起国自动获得国际标准起草主席国地位。

楼仲平把吸管做到极致的努力成功了，双童集团在国际上有了话语权。从 2012 年开始，李二桥代表双童集团先后在巴塞罗那、苏州、夏威夷、新德里等地，主持或者参与有关吸管标准的国际会议。在国际上，原有的吸管国际标准是日本牵头制订的，在一次国际吸管标准研讨会上，泰国代表对于双童集团提出的"属地原则"提出异议。泰国代表认为,从中国的"属地原则"出发,吸管的厚度仅为吸管标准直径的2%,随时可能导致吸管断裂。他们希望吸管厚度的国际标准应当参照日本的标准,即吸管的厚度达到吸管标准直径的3%。研讨会上的日本代表有十多人,他们从多个角度提出吸管壁厚度3%的理由。李二桥代表中国的专家发言,他说:"我们的吸管出口到全世界几十个国家,管壁厚度都是2%,大家使用以后,都觉得OK。既然如此,没有必要把厚度做到3%。"李二桥还拿出了五十多个国家的相关数据据理力争,赢得了大多数与会国家代表的支持。

会议以后,楼仲平专门发出邀请,主动请泰国代表团成员到义乌访问。李二桥带领着他们参观吸管生产车间,考察吸管设计、质量检测,还热情地向他们介绍公司文化。一年以后,泰国代表们终于同意采用中国标准,从此以后,吸管产业的国际话语权和规则制订权都牢牢掌握在中国企业手里。在双童集团的带领下,2012年以后,中国企业代表参加相关国际标准的人数越来越多,外国企业的贸易壁垒在塑料制品领域被双童集团打破了。

追求无极限

我们走进双童集团,从楼仲平、李二桥到普通职工,每一个人都对工作倾注了巨大的热情。他们欣赏公司给这个世界提供的作品,欣赏他们的工作给无数的人带来了欢乐,带来了美的享受,同时看到了自身存在的价值。

"双童"吸管向世界展示了中国人对于人性、快乐、美丽的看法,展示了义乌人心中的美好生活想象。集团长期以来对于人与环境、人与人和谐共生的极致追求塑造了"双童"人,从而赋予"双童"人创造的"双童"吸管以审美的灵性、艺术的精神。

1994年4月5日,楼仲平夫妻和他的父亲仔细地调试着刚买来的旧塑料吸管机,硬是"挤"出了最初的塑料吸管。

此时，满地的塑料碎片也引起了楼仲平的关注。但是，企业创办伊始，财力十分有限，他不可能投入较多资源去改善环境；企业的厂房是租来的，原先的结构不能改变。更重要的是，楼仲平对环境的认知还有待提高，企业管理人员与职工的环境意识更有待改变。

2002年9月，经过两年多努力，一个日本客户决定到义乌对公司开展实地考察，以决定合作的规模。这是一件大事，在日本客户到来以前，楼仲平进行了动员，组织人员把办公室、车间都打扫了一遍，以期给日本客户一个好的印象。

约定的时间到了，楼仲平等在办公室，却迟迟不见日本客户身影。他焦急地等着，一直没有等到日本客户。后来他才知道，日本客户事先没有通知管理层，来了以后，直接到车间参观。他们看了车间的男女厕所，紧皱着眉头，不辞而别。他们认为，一个连厕所都搞不好的企业一定做不出高品质的产品。

此事深深刺激了楼仲平，从此以后，他发狠心尽全力推动企业的环境建设，创造义乌乃至浙江最好的"绿色环保企业"。

从2002年底开始，双童集团全面引进节能降耗经营理念，致力于把企业建成适合工作和生活的人文社区，结合义乌区域水资源极度短缺的实际，先后投入两千多万元在新建厂区建成雨水收集系统、废水处理系统、中水回用系统、余热水循环回收系统、垃圾分拣减量化系统、屋顶生态绿化系统（厂区海绵城市模式）和厂区森林生态调节系统等绿色环保、节能降耗的绿色工厂设施。经过十多年的努力，双童集团厂区基本符合联合国倡导的"碳中和"经营模式，成为江浙民营企业中最早实施"碳中和、零排放"的制造企业之一，成为义乌区域内首家获评工信部"国家级绿色工厂"的企业。

楼仲平花巨资改善企业环境，心中在意的也是人的行为方式的改变；他以自己追求极致的实践，真正实现了"环境的改变和人的活动的一致"❶。2010年以来，凡到集团去参观的人们，无不对企业环境的优美、员工的文明礼貌留下深刻的印象。

环境塑造人，人的塑造却更在组织、制度、文化等方面展开。1994年，双童集团从农村家庭作坊起步，村里同时起步的十多家小厂先后关门，唯有楼仲平的吸管企业越做越兴旺。为什么？大家都归因于楼仲平，楼仲平也不免有点得意。2003年，他得病住院，几个月与厂里没有任何联系，一直对工厂的经营悬着一颗心。出乎预料的是，他不

---

❶ 马克思：《关于费尔巴哈的提纲》，《马克思恩格斯选集》（第1卷），人民出版社1995年版，第59页。

在，企业照样很好。这个事实对他的触动很大。他意识到，对于企业来说，自己并不是不可或缺的，办企业靠的是大家。他更加意识到，"人"才是企业发展的根本目标与原始动力。从此以后，楼仲平渐渐淡出公司的经营管理，而把主要精力用于人的塑造，专注于组织、制度、文化等软实力的铸造。

这是楼仲平式的极致的追求。

其一，再造经理人。

作为创始人，楼仲平非常清楚，在企业创办的最初十年中，家人、亲戚、朋友以及聘用的国企干部曾经做出过巨大贡献，但随着企业的发展，企业规模不断扩大，企业外部关系日趋复杂，企业的管理人员却因循旧思维，凭借老经验，问题频频出现，企业遭遇瓶颈。面对这种情况，楼仲平不得不下决心进行组织更新。

2011年前后，经过激烈的思想斗争，楼仲平果断决定实施"再造经理人"计划。同年9月，集团发布了《企业五年发展规划》，规定所有家属、亲戚、朋友退出管理岗位，明确选拔和培养年轻人走上领导岗位。企业实施股份制改革，建立规范的现代管理制度。"再造经理人"举措打开了团队成长的天花板，2013年，以李二桥为代表的管理团队正式上岗，企业管理人员大部分都是90后，新生代员工成为核心管理团队。

企业管理层的更替是自然的,争议在于年龄。楼仲平要求超过45岁的"老人"退居二线,当顾问,保留60%左右的待遇❶。他提拔的年轻人大都只有二十多岁,李二桥算年龄大的,也才25岁。原管理层表示不服。且不说都是亲戚朋友,也不说为企业做出的贡献,让大家最难以接受的是,45岁正当年,经验丰富,年富力强,怎么能被叫做"老人"?另一方面,大家担心二十出头的小青年,"嘴上没毛,办事不牢",怎能担当起"双童"发展的重任?!"再造经理人"引发"双童"内部的极大动荡,新老团队冲突不断,员工流动率激增。2011年下半年开始,生产受到影响。2012年1月到11月,产值竟然下降了百分之十几,出现了办厂以来最严重的衰退。

根据原先的安排,楼仲平打算花三年时间完成组织的管理改造,生产的滑坡逼使他提前实施组织改造计划。2012年11月,楼仲平强行完成重组,一支平均年龄不过二三十岁的年轻管理团队完成了新老交替。兵行险着,充满风险,幸好年轻的管理团队十分争气,一个月以后,双童集团的产值就恢复了增长。

---

❶ 当时,楼仲平自己刚过45周岁。他以"45岁划线",自己以身作则退居二线,同时"逼"企业创始人们不得不退。

"再造经理人"是双童集团从传统家族企业向现代企业转型的节点,对于企业内部人际关系的再造具有决定性的意义。但是,楼仲平却要面对亲情、人情等感情的巨大压力,他把2011年底到2012年11月这个时期称为办厂"25年来最黑暗的时期"。从"再造经理人"改制中脱颖而出的李二桥所说:"那段时间,楼总经历了人生中最黑暗的时刻,很多与他一起创业的人给他写信,我读了一些信,觉得楼总能下决定'请'这些人离开真是非常不容易。楼总曾告诉我,面对着窗外,他几乎想从楼上跳下去,一了百了。他挺过来了,了不起!"

其二,创造平等的人际关系。

双童集团长期致力于把组织发展能力与公司文化体系、激励机制、人才管理、员工保障等体系相结合,为员工构建安全信赖的工作环境,激发员工个人潜能,实现企业与员工的共同成长。

从2005年开始,公司针对夫妻两地分居、留守儿童等问题,决定把"家文化"作为连接员工的着力点,投入三千多万元建了两万平方米的三星级员工宿舍、五星级员工餐厅、员工暑期托儿所、员工洗衣房、员工超市、员工娱乐室、员工篮球场、员工健身区、员工学习吧等系列设施,鼓励部分行政人员和技术人员把配偶、老人和小孩接到公司居住，最大程度上解决他们的后顾之忧。随着公司社区化工作的不断深入，越来越多的员工希望在义乌本地常住，更希望获得子女教育和购房的补贴。公司通过各种努力，长期为更多员工争取到本地公办学校的子女入学名额，为公司更多人才争取到义乌籍居民购房补贴，鼓励他们在义乌买房安家，把户口迁到义乌入籍，成为一个真正意义上的"义乌人"。

关心职工生活、为职工谋福利，这是尊重人、建构平等的重要举措。把"平等"做到极致，是楼仲平的价值追求及实践。楼仲平写过一篇文章，其中写道："我领悟到，当自己渺小了，世界才开始变大，我看到了员工的力量，看到了组织的力量，看到了文化的力量……我发现几百人共同奋斗的时候，组织的力量才被无限放大。"他如此想，更努力去做。

公司本身存在着科层化的权力机制，楼仲平机智地通过"空间再造"创造着"双童模式"的人际平等。2013年以后，公司从最高领导层变革开始，取消所有领导的私域办公空间，全部合并到行政办公室集体办公，从而打破行政篱笆，平等就座，弱化上下级关系，建立了透明开放、高效沟通的办公环境。李二桥是最早从这种平等中受益的，2009年，他坐到楼仲平旁边后，不仅深深感受着尊重、平等的价值，更激发起自己"那一颗勤奋的心"。楼仲平对于平等的极致追求也深刻影响了李二桥，他说："我担任总经理以后，我带的人就一直坐在我的旁边。十年来，我已经带了三个人了，其中一个人已经到事业部做经理了。他们坐在我的旁边，我不是教他技术，而是教给他'双童'的精神。"

楼仲平对于"平等"的极致追求还表现在另一创造上。在楼仲平的倡导下，"双童"中高层干部早上轮流去义乌菜市场给企业食堂买菜。凡轮到的人早上四点就起来，直奔菜市场，买好菜拿到食堂里，供炊事员烧菜。楼仲平认为，中高层干部买菜，一定会买好的菜，因为他们自己也在食堂里吃；另一方面，他们在买菜中忙碌着，体验着为职工服务的滋味，就不会搞"花花绿绿的东西"了。

其三，文化是"双童"的核心竞争力。

在相当一段时间中，无论是外人，还是公司内部的人，大家都很难理解楼仲平如此重视所谓的公司文化。楼仲平四十多岁就退出公司直接管理，不干别的，专门抓创新与文化宣传，抓企业的人文和教育，在公司专门设立一个文化宣传部门，聘请专职人员。

公司从2003年开始形成机制，全面倡导建立学习型企业，持续加大文化和教育工作的力度。公司结合付费知识分享平台，组织全体员工开展学习，并通过线上加线下的学习方式深入学习创新、创业和管理，公司上下形成了员工自发学习和主动分享的学习氛围，有力地促进了员工的持续成长。

随着时间的推移，大家慢慢理解了楼仲平。楼仲平亲自挂帅抓文化宣传，实际上就是抓人的塑造，抓企业精神的打磨。优秀企业靠优秀的干部与员工共同创造。集团坚持抓人的世界观、人生观、价值观建设，培养了一大批优秀人才。楼仲平把企业生产与经营看成是企业的"筋、骨、肉"，企业文化则是企业的"精、气、神"。唯有公司文化内涵丰富，企业才能够永远有"源头活水"，有永不枯竭的发展动力。

双童集团的公司文化不是一成不变的。它既是企业发展的动力，又是企业实践经验的提炼与概括。在经历了"再造经理人"的转型升级以后，楼仲平创造的公司文化内容更丰满，更具有现代性的特征。这是一个复杂的体系，其中，"强关系与弱关系"逻辑的分析具有难以估量的文化与历史价值。

曾经，在改制的过程中，楼仲平经历了人生中的"至暗时刻"。改制顺利完成以后，痛定思痛，楼仲平剥茧抽丝，慢慢悟出了农民办企业的螺旋式上升之路，提出四组重要的关系逻辑，即弱化血缘关系，强化规则关系；弱化人情关系，强化契约关系；弱化个人关系，强化团队关系；弱化社交关系，强化社会关系。与此同时，他还就组织关系问题专门作了分析，强调农民企业家特别需要弱化情感关系，强化组织关系。

楼仲平的"关系哲学"所蕴含的道理值得细细琢磨。

"双童"的中国梦

2014春节期间,楼仲平在回忆自己创立双童集团二十年的经历时心情久久不能平静。他们抓住一根小小的吸管,摒弃了浮躁,抵挡了诱惑,虽然孤独一直相陪伴,光荣与梦想却一路激荡。二十年过去了,楼仲平说:"浮华洗尽,潮退潮涨,我们坚信十四亿人口的中国,制造业是国家的命脉,是立国的根本,是社会财富的真正创造者。我们将在新的起点上不断追寻新的梦想,通过我们不断的努力,追求'以小博大,成就另一种高度'的企业宗旨,把一根小小的吸管做到极致,做到完美,做到百年。"

2014年春节,三亚。面对碧波万顷、浩瀚无边的茫茫大海,楼仲平提笔写下这样一句话:"从小我就是个爱做梦的人，心中的梦想和期望，我会不断去追寻。"

楼仲平的中国梦，也是"双童"的中国梦。集团的宣传部门每天以新的语录激励大家行走在追寻中国梦的征途上。作为董事长，作为宣传部门的负责人，楼仲平早在二十多年前，就探寻到实现中国梦的智慧之源、动力之源，那就是"读书"！

2021年春节前夕，他与员工们分享了自己春节假期读书的书单：《现实的社会建构》《社会学的基础概念》《社会科学方法论》《新教伦理与资本主义精神》《科学、信仰和社会》《资本论》《看得见与看不见的》《百年孤独》。此外，他还读德国哲学家海德格尔的著作，读经济学与社会心理学的著作。楼仲平说："二十多年以来，读书已经成为一种习惯，成为人生、生命的一部分……读书改变着我的企业、改变着团队、改变着组织，当然，更改变着我自己。"

吸管，让生活更快乐！这是双童集团的核心理念。

梦想正在路上，梦想已然展开。每月数十万个标准箱的吸管，像满天的星斗在地球的每一个角落闪烁，把生活装点得更精致，让世界变得更优雅。

放眼望去，无数像双童集团那样的工商企业，无数像楼仲平那样的工商业实践者们，正秉承着中国精神砥砺前行，使中国的今天充满生机，中国的明天更加令人神往！

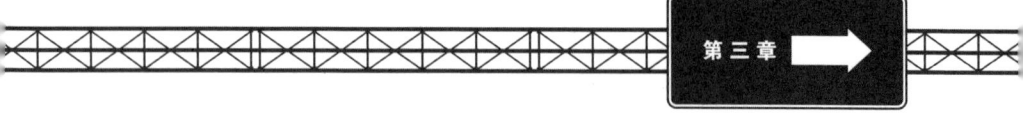

第三章

鞋垫也创造辉煌

我梦想着，让世界上每个人都有一双舒适的鞋垫。

盛亚芳

2020 年 1 月 13 日上午，我们来到义乌市国际商贸城四区 78 号 2 楼 18 街 37006 工厂店，访谈金叶子鞋垫总经理盛亚芳。

金叶子工厂店有三间宽大的门面，两面玻璃橱窗，中间对开的大门。走进大门，一块两人高的标牌竖立着："科技引领未来：小鞋垫、黑科技、大梦想。"盛亚芳迎了出来，圆脸，短发，微笑着，引着我们参观工厂店，自豪地介绍她们的自创品牌"叶贝儿"。

这个工厂店与其说是店，更像是一个布置精巧的展厅，我们一进门就被眼前的情景震撼了：鞋垫竟然也能这样琳琅满目，灿烂辉煌！

村里,那个女孩

兰溪江山灵水秀,风光旖旎;碧波荡漾,绿树掩映。沿兰溪江一路北上,约五公里处有一个低矮山脉缭绕的村落——岩头村。

这是一个古老的自然村落,主要由盛姓人家组成;全村五百多户人家,错落有致地分布在山丘与平原之间。在村落空间布局的中心有一幢房子,男主人,既憨厚又聪明,是远近闻名的水稻育种能手;女主人,父母的文化程度很高,但不知什么原因,出生后即被遗弃。或许,特殊的身世给了她特殊的磨砺,她情商很高,是村里的"利事婆"。❶ 这幢房子是岩头村里人"闲来

---

❶ 在兰溪一带农村,"利事婆"指那些熟知农村风俗习惯、人情世故,在婚丧大事中担任主角的女性。

无事，都来聚聚"的地方。

1977年3月23日，一个女孩在这幢房子里呱呱坠地，她就是盛亚芳。盛亚芳是老三，前面的姐姐比她大五岁，哥哥大两岁。妈妈后来对盛亚芳说："我肚子已经大了，村里计划生育干部来做工作，告诉我已经在'杠子'上了，这次让生了，以后绝不可以。我很庆幸，还好，那个时候多生了一个。"❶

她是一个普通的女孩。

那时候，家里很穷。在塘里菱角收获的时候，生产队里分配菱角，妈妈会给兄妹三人每人一大把，盛亚芳嘴馋，吃了一个又一个，总是第一个吃完。就如她自己所说，"我小时候就是个吃货。"哥哥大方，乐意给妹妹分享。姐姐节俭，会把新鲜的菱角藏起来，等拿出来时，有些菱角已经发霉了。盛亚芳还会夺过菱角，把发白的霉丝弄掉，吃菱肉。

那时候，家里常来人谈天说地，小不点亚芳可喜欢听了。她总围绕在大人周边，闪动着好奇的眼睛，耳朵机灵地接收着各种声音，似懂非懂，说不懂也懂，正如她自己所说："我从小这个人情世故是很懂的，我们那边就叫什么？我，等于是小大人一样，一直听他们讲。他们讲什么，我都能听，听听就明白了，懂了。人家家里讲东讲西，讲好讲差，都听得到。"

---

❶ "杠子"是当地人的说法，指的是到了底线了，不能再超越。盛亚芳的妈妈讲起这件事，总是充满自豪，"亚芳做得那么好，亏得当年生下了她！"

那时候,盛亚芳喜欢跟着大一点的孩子玩。哥哥比她大两岁,读书又留了一级,所以,她小时候常常与哥哥一起。哥哥的朋友,特别是村子里的人,她都很熟。她特别记得,哥哥如果骑自行车的话,总是会带着她。哥哥骑着一辆28英寸的自行车,坐垫后面有长方形的架子,坐在上面很稳当。去学校的路很差,泥土路上铺着碎石、瓜子片与细沙,秋天大风吹来,灰尘白茫茫的一片。她说:"我记得很清楚,遇到大风,哥哥总会关照,叫我屏气,不要呼吸,把嘴巴抿起来,只用鼻子呼吸,反正鼻子里长鼻毛,灰尘飞不进去。"

她是一个别样的女孩。

很难想象,眼前这位贤淑的女人曾经是一个强势的女孩。她说:"我有点像男孩子。比如,班里有些女同学与男同学吵架了,我也是会上去的。有时候,人家打架,我也不怕。你们看我这么瘦弱,我也会冲上去的。"亚芳不仅强势,还会"拉关系"。她自己带点儿反思说:"小的时候,我这个人不太好,有些事情做得不对。我小时候自己从来不买学习用品,所有的学习用品都是班级里的同学送给我的。那时候,我家里经济条件很差,有时候几毛钱都拿不出。我从来不会向父母要钱买东西,要什么,总是自己想办法让同学们送给我。"

很难想象,眼前这位温文的女企业家曾经是一个种田能手。盛亚芳小时候特别自信。她读小学时就开始在水稻田里干活,除了拔秧、插秧、耘田这些农活以外,她还帮助爸爸做水稻育种。盛夏的中午,太阳当头,火辣辣的,盛亚芳戴着顶大草帽,跟爸爸一起在稻田里,把父本稻穗摘下来,在母本稻穗上反复扫动着,进行人工授粉。

她说:"那时候,我个子很小,一有空就去田里干活。我们村里人都觉得我这个小女孩特别厉害,人这么小,干起活来十分像样。我下田干活的时候,村里的田都已经分到户里了。我家分到的田不多,我帮助爸爸做完自家田里的农活以后,就去隔壁邻居家的田里帮忙。隔壁人家都喜欢我,因为我干活不怕热,不怕脏,拔秧、插秧速度特别快。每一次干完活,隔壁人家都会给我点小费。我小时候特别有自信。"

盛亚芳在兰溪江畔的那个村子里度过了童年和少年。俗话说,从小看到老,自然村落共同体的生活场景形塑着她,陪伴着她成长。

家庭是最初的生命的摇篮。从出生开始,她一直生活在父母身边,一直处在家庭环境中。父母的一举一动、一言一行,父母的欢乐与悲伤、成功与失败,父母的待人接物、人情往来,这一切都以润物细无声的方式影响着盛亚芳。她的身上铭刻着父母的痕迹,而父亲、母亲的差异却在亚芳的身上形成有趣的互补。父亲"真的有点老实",但亚芳说:"我估计我爸智商很高。"父亲做事情脚踏实地,坚持不懈,善于学习,乐于钻研,做什么事都"入槛"❶，都能做得比其他人更好。他没有读过什么书，但靠着自己的摸索、试验，成了兰溪农村远近闻名的水稻育种能手。

盛亚芳认为，"我有很多像爸，有一部分像妈。"父亲传给盛亚芳的是"智商"，她从母亲那里受到的熏陶则是"情商"。亚芳小时候常跟着几个男孩子去玩，每一次，亚芳都千方百计想办法"瞒"着母亲，但是，每一次，亚芳的"伎俩"都被母亲看透。盛亚芳有点沮丧地说："我小时候，好像什么事情都瞒不过妈妈。你说个谎什么的，不像有些父母容易忽悠，我就是忽悠不了她。"母亲看人、看事都十分精明、机智。母亲在人际关系方面十分厉害。无论遇到什么事，母亲都有办法处理好。

在父亲这一辈里，父亲的年纪最大，是族里的"老大"。改革开放初期，父亲的一个堂弟办起了工厂，发了点小财；另一个堂弟是村里的支部书记，有点儿权力；还有几个堂弟或者在外面做点小生意，或者承包了鱼塘之类的。他们那几家都抱团，走得近，却较少跟盛亚芳父亲来往。她母亲感觉到，由于家庭经济条件差一些，那些堂弟们看不起父亲，"看低他们的老大，看不起我们这个家"。亚芳受到父母的影响，她说："我一直以来都是好强的，所以，知道家族这种情况，我就暗暗下决心，一定要争气，以后一定要给他们看看，我们家也是有能力的。"

---

❶ 入槛，当地土话，意思是掌握做事情的窍门。

鞋垫的旅程

70年代后期,难忘那一个个漆黑的夜晚,忙完生产队与家里的活,盛亚芳的妈妈坐在摇曳的油灯下,穿针引线缝制鞋垫。油灯昏暗,盛亚芳看着油灯上方的电灯,奇怪地问妈妈,为什么不开电灯,那多亮啊!妈妈告诉女儿,开电灯要花钱,油灯可省钱。

油灯省钱,缝鞋垫省钱,还可挣点辛苦钱。在兰溪农村,农民们从来都自己缝制单鞋、棉鞋以及鞋垫。长期以来,鞋垫是一些农民家庭自产自用的生活用品,做鞋垫是女人的活。她们找出家里"不能再穿的衣服"、旧被单等料子,就着鞋样裁剪出鞋垫布片,用刮刀涂上一层薄薄的浆糊,把四层、六层或者七八层鞋垫布片粘在一起,晾干。然后,她们"见缝插针",有空就缝几针。一些能干的妇女缝的鞋垫"针脚细密,花纹漂亮,看着也舒服"。

80年代初，市场经济的强风吹拂了浙江大地。沐浴着改革开放之风，农民的朴素感悟是"啥都可以买卖"。于是，他们积极行动起来，因地制宜，投入各种各样的经济活动中。另一方面，浙江地方政府也积极推动市场经济发展，为农民增加收入松绑，为地方发展添砖加瓦。

那是一个充满着机会与选择的年代，发展是必然的，发展什么却是偶然的，常常是莫名其妙，因缘巧合。兰溪的上屋村，盛亚芳丈夫叶社军所在的自然村，在农民的自发性力量与政府的有力支持下，成为远近闻名的"鞋垫村"。他们岩头村没有上屋村那么有名，但也家家参与做鞋垫。

鞋垫成为商品，迅速改变了传统农村鞋垫的生产方式。鞋垫制作的原料不再是家中的陈衣旧被，而是到方圆八里十里去收购的旧衣、旧床单。鞋垫制作的方式也改变了。鞋垫制作不再是家中女人的专属，而是全家人，包括家里的男人，共同参与。后来，村里有几个家庭分工合作，一起做鞋垫。他们在场地上搭起临时灶台，安置一个大铁锅，捣制浆糊，以供黏合鞋垫布料。他们购置了缝纫机，以缝出更多鞋垫。叶社军父亲有兄弟四人，四个家庭全部参与到鞋垫生产中，成为村里的鞋垫大户。

那是一个村落里几乎没有任何现代通信工具的年代，但商业信息仍以奇特的方式传到每一个角落。

最开始，上屋村生产的鞋垫由各自拿到周边的农村集市销售，很快，义乌小商品市场的消息传到上屋村，受到叶家的关注。他们尝试着把鞋垫运到义乌小商品市场出售。义乌生意兴隆，上屋村的农民难以想象"义乌小商品市场有这样大的'吃货'能力"，他们运多少过去，很快都会卖完。兰溪上屋村到义乌八十多公里，运输是个难题。他们用当年农村最先进的手扶拖拉机运输鞋垫。手扶拖拉机十分紧张，一旦借到，就狠狠装满一车，在弯曲的石子路上跑六七个小时。一路上，押车的人"肠子都震得翻转"，"运气不好时，拖拉机抛锚，修老半天的，只能对天叹气"。叹气不歇气，叶社军他们隔几天，就在这条路上折腾一番。

义乌市场吸引着叶家人，却也给叶家带来烦恼：出货容易收款难。

80年代末，叶家决定在义乌租一个摊位，自家人直接在义乌摊位上销售鞋垫。1991年，叶社军去义乌小商品城守摊位，他刚刚初中毕业，才16岁。那是很艰苦的日子。叶社军生得矮小，他每天都必须背着一百多斤重的鞋垫包上下三楼❶，仿佛负重登山一般，只有咬紧牙关，坚持才有胜利。说起这段"鞋垫的旅程"，盛亚芳说，"老公生得矮小，就是当年背鞋垫包给

---

❶ 他们通常用塑料编织袋装鞋垫，每袋180双，重一百多斤。三楼有一间租金较便宜的房子，他们租用为仓库。

压的。"叶社军自己说,"我 16 岁还没有发育,干的活太重,直到 18 岁才发育。"

1997 年年初,盛亚芳到义乌经商,摊位就在叶社军家的旁边。同乡,同性情,两人很快热恋,盛亚芳也很快参与到鞋垫的生意中。这个时期,鞋垫的生产与销售都面临着挑战。传统的家庭作坊没有足够的原料,也没有足够的能力扩大生产;义乌小商品市场中同类鞋垫产品恶性竞争严重挤压利润空间。

曾经,叶社军以坚强挑起鞋垫销售的重担,现在,亚芳动脑筋应对鞋垫生产过程中的挑战。此前,叶家叔叔们已经开始到绍兴柯桥纺织品市场去采购碎布料,并发明了把零星边角布料打碎制作鞋垫的技术,盛亚芳参与以后,这两个方面都有了长足的发展。例如,她开始直接参与碎布料花样的选择,以做出更加漂亮的鞋垫;她提出鞋垫"包边"的设计,使鞋垫比以前更加高端,等等。

盛亚芳从兰溪岩头村到义乌小商品市场,爱上了矮小的叶社军,也爱上了叶社军的鞋垫;因人及物,就如她热恋着那个同乡男子,她也对鞋垫投入了全部激情。她说:"年轻人需要有一个事业,鞋垫是老公的事业,也应该成为我的事业;年轻人需要有一个平台,老公为我提供了鞋垫这个平台,我当然喜欢。"

正是爱与激情让她变得更聪明。

1998 年,盛亚芳首创了鞋垫的包装。多少年来,兰溪农村缝制的鞋垫都散装出售，唯一的包装只是把左脚、右脚两只鞋垫串在一起的一根线。有一次，亚芳到超市买东西，她一边走在琳琅满目的超市货架旁，一边随手把需要的物品拿到手推车里，一件又一件，很多商品都装在一个透明的塑料袋里。瞬间，一个念头突然像闪电一样在她的脑海一划而过：鞋垫是否也可以用一个塑料袋包装一下？

　　她敏锐地捕捉住这个念头，回家后与丈夫商量后，马上付诸实践。她尝试着买一个透明的袋子，装一双鞋垫后，再把袋子用蜡烛封起来，成为一件商品。创意是巧妙的，但容易模仿，他们必须自己做。那时，亚芳与叶社军白天忙碌，晚上都睡在仓库里。创意出来以后，他们两人，还有几个兄妹，每个晚上到仓库里做包装，每次都忙到第二天凌晨。那是些艰苦的日子，但成功带来的喜悦仍洋溢在脸上，她高兴地说："真想不到这样一包装，每双鞋垫可以多赚一毛钱。原来每双鞋垫才一角八九分，包装以后，每双鞋垫可以卖三角钱。当时每天大约卖1500双到1800双鞋垫，可以多赚一百多元。"

　　半年以后，有人仿制了。盛亚芳又出了新主意：在每双鞋垫包装里放一张小小的纸卡。这样"看上去又高级了一些"。后来，应对别的商家的模仿，盛亚芳又不断设计出新的包装纸卡，包括不同的颜色、花纹、形状，等等。设计的美观带来了好的收益，也迎来了盛亚芳人生中两大喜事。

2000年初，盛亚芳与叶社军登记结婚，隆重走进了婚姻的殿堂。

同样是在2000年初，国内一家著名连锁超市找到盛亚芳，希望他们为超市供货。鞋垫正式走向市场以后，十多年过去了，但盛亚芳他们仍是野生状态，没有工商登记，没有注册商标，没有企业地址。为了给连锁超市供货，2000年，亚芳他们在兰溪市上屋村正式工商登记，成立恒兴鞋垫厂，取生意红红火火、兴旺发达之意，法定代表人是叶社军。

双喜临门，盛亚芳沉浸在欢乐、甜蜜中，日子过得从来没有这样令人陶醉。一年以后，盛亚芳的儿子出生了，家人亲戚祝贺他们"喜上加喜"，但不久，盛亚芳却不得不面临"时间分配的挑战"。儿子是宝贝的，抚育儿子却劳神费力；超市供货让人省心，如何提升鞋垫的品质却是永远的挑战。两者不可能兼顾，她该怎么选择？

令人感叹的是，盛亚芳，一个来自兰溪农村的新娘，没有把关注的重心放在家庭、儿子这一边，而全身心地投入鞋垫事业中。20年后讲起当年的选择，她有点愧疚地说，"现在想起来，真是亏待了自己的儿子。经常，我们晚上在仓库里忙到很晚，就把他放在仓库里玩，一个人玩玩，就躺在鞋垫包上睡着了，身上很脏，鼻涕挂在脸上。"

盛亚芳亏待了儿子，成就了鞋垫。那些年里，她对鞋垫的生产做了很大的创新。

鞋垫制作的布料从来都是"紧俏商品"。农民们最初找破衣服、旧被单，后来购买棉布的边角；他们能找到布料就不错了，根本无暇顾及鞋垫的正、反面，更不用说做得美丽漂亮、赏心悦目。盛亚芳做了大量功夫去"做漂亮的鞋垫"。鞋垫用现成布料制作，鞋垫正、反面的颜色搭配、花纹样式、对称状态，都取决于花式布料的选择与裁剪的方式。为了做出漂亮的鞋垫，盛亚芳花了很多时间在浙江绍兴柯桥的布料市场，她反复观察、流连忘返，比较各种不同花样的布料，琢磨着从什么样的角度去裁剪，才可能做出最吸引人的鞋垫。

除了在鞋垫的正、反面花纹设计上下功夫以外，盛亚芳还在鞋垫的包边上用足了劲。传统的鞋垫包边做得十分简单，一般都用单色的布料一包到底。盛亚芳想办法做出花纹包边，而且尽量做到包边与鞋垫的花纹相互协调。创新了鞋垫包边设计以后，她发现了原先包边机的一些缺陷，就与叶社军一起精心研究，还专门请义乌机械厂的师傅帮忙，成功改进了鞋垫包边机，提升了包边机的生产速度，提高了包边机的生产质量。

在21世纪初的那几年里，盛亚芳又花大量心思去设计、改善鞋垫的外包装。她一有空就跑义乌的大型超市，流连于一排排货架之间，专门看各种不同商品的外包装。她观察商品外包装的材料，塑料薄膜、玻璃纸、硬板纸、瓦楞纸，等等；她品评外包装的图案与花纹、形状与样式以及外包装与商品本身的各种不同搭配方式。有时候，她会拍下相关商品的外包装，看到特别好的外包装会花钱买下来，拿回家以后，拆解开来仔细研究，吸收美的元素，以设计出新的鞋垫外包装产品。亚芳还特别重视鞋垫包装里的卡片设计，她自己写作文字，反复修改，不仅追求文字美，也追求字体的美观。她当时不会电脑，做出设计方案以后，就请人在电脑上做出来。

功夫不负有心人，那几年里，他们的鞋垫生意做得风生水起，成为义乌小商品市场里最大的鞋垫商。

但共患难易，共富贵难。

随着鞋垫生意的扩大，盛亚芳叔叔们的猜忌也在增加。2006年春节，盛亚芳与叔叔们年终结账，其中有几笔鞋垫的生意实际上并没有赚钱，叔叔们却认为亚芳他们赚了很多钱，不分给他们。盛亚芳反复向他们解释情况，他们就是听不进去。最后，几个叔叔把账本往桌子上一摔，牛气十足地说："我们不做了，你们自己去做鞋垫吧！"大家不欢而散。

第二天，盛亚芳回娘家过春节。娘家的亲戚齐聚一堂，自然问起鞋垫的情况，盛亚芳如实讲了与叔叔们的矛盾。姑姑立马说，我们争口气，自己做。在大家的支持下，盛亚芳买了三百平方米的厂房，姑姑卖掉了自己做生意的家当，帮助她生产鞋垫。叔叔们那边有许多做鞋垫的师傅，但就是不给他们提供任何帮助，等着看笑话。盛亚芳从小就是倔强的脾气，她在姑姑的帮助下，通过几个月的努力，硬是生产出了质量合格的鞋垫。几年以后，叔叔们生产的鞋垫越来越少，盛亚芳他们生产的鞋垫产量义乌第一。这是后话。

鞋垫与世界

那时,盛亚芳在义乌小商品城内有一个一米宽的鞋垫摊位。根据"划行归市"原则,义乌所有的鞋垫销售摊位都集中在一起。由于鞋垫产品极易仿冒,为防止仿冒,盛亚芳从来不把鞋垫新产品放在柜台上,而放在柜台下的一个塑料编织袋子里。有客人前来,她悄悄告诉客人有新产品,"偷偷摸摸拿出来给客人看",客人看中了,就成交。即便如此,还是没有避免不良竞争,甚至打架,结仇。

怎么办?盛亚芳的回答催人反思。她说,"跟其他老板结仇?!我有时想想,我会感恩,他们是我的对手,让我进步很多,很多。"很多经营者是当地人,经济条件好,人脉关系多。他们在家里设了样品间,把客人带到家里。盛亚芳很慌,怕客人都被抢走。面对对手的这种情况，亚芳到处去找地方，也想做样品间。这时，义乌小商品城第一期原先做饰品的摊位搬走了，底楼有一些空的房子，将安排销售日用百货。她看中了这个地方，拿出所有的积累，还把已经首付的房子卖掉，筹集了54万元，终于买了半间房子。他们紧锣密鼓地装修、布置，一切准备就绪，准备开张。

开业第一天，盛亚芳完全没有想到，竟然做成了一笔二十多万元的外贸生意！他们一直做内贸生意，她不懂外语，从来没有想过做外贸生意。那天，新店开张，盛亚芳把早先"藏"在柜台下的各种新产品统统都拿了出来，精心布置了展示窗口，二十多平方米的屋子里鞋垫产品琳琅满目，美不胜收。义乌外贸公司的翻译陪着乌克兰的商人来到店里，乌克兰商人看了十分吃惊，他难以想象鞋垫竟然有那么多的品种，当即决定购买他们的鞋垫。

当时，义乌小商品市场的商品价格十分便宜，即使盛亚芳他们实际开出的价格并不便宜，乌克兰的商人也感觉是"拣了便宜货"。尽管语言不通，在外贸公司翻译的帮助下，乌克兰商人当场买下二十多万元人民币的鞋垫，而且当场用现金支付了全部鞋垫的款项。亚芳他们做鞋垫生意十多年，每一笔生意最多也就两三万，一般都还分期付款。首日开张的外贸生意令他们十分兴奋。亚芳感谢外贸公司的帮助，也希望外贸公司提供更多的机会。

盛亚芳他们遇到了义乌小商品外贸蓬勃发展的好时机。

机会难得,是否前行?叶社军犹豫了。

传统农民的生活世界是平静的、刻板的,"太阳底下每天都一样",所以,农民对陌生世界充满好奇,但却害怕进入陌生的世界,因为那里缺少安全感。叶社军到义乌从事鞋垫经营已经整整17年了,国内贸易驾轻就熟,赚钱不太多,日子却很好过。对他来说,外国太过遥远,世界太过陌生。他觉得做外贸生意风险太大,遇到麻烦,"叫天叫地都没有用"。但盛亚芳最终说服了老公,他们迈出了外贸的步伐。几次生意做下来,他们没有遇到问题,却尝到了甜头。从此以后,他们把内贸生意都给了叔叔们,自己集中精力做外贸。

亚芳鞋垫走出国门,中国鞋垫走向世界。步伐稳健,给无数的人带去了亚芳,一个浙江兰溪农村女人真心的祝愿;步履轻盈,给世界每一个角落带去了中华文化的风采。

从2010年以来,亚芳鞋垫外贸销售不断增长,从最初的每天一万双,一直增长到2021年每天十万双,成为中国最大的出口鞋垫的公司!鞋垫出口到世界几十个国家、地区,其中百分之六十到欧洲,百分之二十到北美,百分之二十到日本、韩国等亚太地区国家。连因天气炎热很少需要鞋垫的非洲,也进口过他们的按摩鞋垫。对阿拉伯地区则有少量高档鞋垫出口。

在访谈的过程中，我们好奇于一个初中毕业的农村女孩，竟然做出了如此傲人的外贸成就。由于受到常规思维的影响，我们反复追问，外贸与内贸相比有什么不同，她是如何抓住不同特点让鞋垫"走遍全球"的。盛亚芳的外贸故事是平淡的，细细琢磨那些平淡的小事，我们发现了外贸与内贸本质上是相同的，真可以说是"物理相同，人心相通"。

一是真诚。

亚芳从小喜欢画图，也曾经喜欢跳舞，但田间的艰辛打碎了她的童年梦。盛亚芳说，鞋垫，重新让她的梦想成真，自从接触到鞋垫，就爱上了鞋垫事业。对她来说，鞋垫是赚钱的经营，更是远远超越赚钱本身的事业。鞋垫是她的生活；而恰恰是那些来自天南海北、四面八方面采购鞋垫的人们满意的目光给她以温暖，让她的生活更美好！

她和她的鞋垫与世界的关联是和谐的，一双小小的鞋垫，把她内心深处的期盼与整个世界紧紧联系在一起，由此而自然生发的真诚一直深深地影响着与她交往的生意人。十几年前，一个厦门客户，是福建最大的鞋垫销售商，有时货还没拿，就把几十万现金打到她的账户上。西班牙有个影响力极大的客户，每次到义乌，总会在百忙中来亚芳处喝茶、叙谈，一次，发现供应欧洲的鞋垫有质量问题，盛亚芳干脆连鞋垫货款也免了。客户很感动，承诺说，"我一定想办法让你赚回这笔钱。"这个客户后来为盛亚芳介绍了很多欧洲的销售商。

在亚芳看来，与客户交往实际上就是与人交往，人心相通，人情相连，只要你真心对待别人，别人也会真心对待你。生意要做，朋友更要交。盛亚芳说："刚开始做外贸时，外国情况不熟悉，外语不懂，我真不敢出国。后来，在意大利、西班牙、葡萄牙、美国、俄罗斯等地方有了一些好朋友，在他们的精心安排下，我很多次出国，进行实地考察。到外面去看看，帮助我生产出更适合国外情况的鞋垫。"

二是诚信。

在经贸活动中，如果诚信更多指一个商人在多大程度上能按时保质保量完成合约，那么，对于亚芳来说，诚信并不是一个观念问题，而是能否克服种种困难去完成合约的问题。亚芳鞋垫出口，百分之七十产品由自己的工厂生产，百分之三十产品向其他供应商采购。在兰溪的工厂里，工人大多来自附近农村，受农时季节的影响❶，农忙时工人会减少。如果这时正好有大量订单需要完成，盛亚芳就不得不采取临时措施增加产出。

她说："我们那时只有加班，延长工作时间，搞得大家都十分辛苦。为了及时交货，再苦再累也必须坚持。当然，比起当年在农田里干活，这点苦和累根本算不了什么。"供应商的供货

---

❶ 例如，兰溪盛产杨梅，在杨梅成熟时节，很多工人要请假回家摘杨梅。

情况直接影响着亚芳在国际经贸活动中的声誉,她采取的办法是建立"诚信供应链"。她说:"我选择供货商十分严格。例如,我与某个供货商打电话联系工作,如果他几次不接我的电话,我就会考虑取消这个供货商的业务关系。我们有句话,叫做'时间就是金钱,时间就是效率',你电话都不接,怎么能确保能及时完成约定?"

三是服务与创新。

盛亚芳丈夫的几个叔叔都来自鞋垫村,他们后来都在义乌做鞋垫生意,但他们的生意比亚芳差了许多。谈起原因时,盛亚芳淡淡地说,"我更懂得做好服务"。后来,她对这句话做了补充,"做好服务",既包括"客户要什么,都去满足",还包括"为客户创造他们自己都没有想到的服务"。自从进入外贸领域以后,盛亚芳不仅做到鞋垫质量好、价格竞争力强,更以优质、创新的服务创造了鞋垫的辉煌。

最初的时候,国外鞋垫的"缺码"是个大问题,盛亚芳想出在每一批中配备部分"多码鞋垫"的办法,解决了这个难题。所谓"多码鞋垫",指做成最大尺码的鞋垫,鞋垫上画着一圈圈"尺码线条",商户可以随时根据需要把大尺码的鞋垫沿着"尺码线条"剪成小尺码。亚芳为了了解国外市场的真实情况,不断出国考察;每到一个国家,她一定会去参观相关商店、卖场,"不管多贵,她一定会把看到的不同品种鞋垫都买下来,带回国,仔细研究,并在国外鞋垫的基础做出改进,生产出更好、更适合不同国家人民的鞋垫。"她注意到,国外"高级"的鞋垫,最贵的一双鞋垫甚至达数百元;她也关心国外廉价的鞋垫,以满足那里比较贫困的人们的需求。她说:"日本千元店里有我的鞋垫,百元店里也有亚芳鞋垫。"

通情达理的现代价值

农民从村落走向市场,面临着价值观的重大挑战:传统价值观如何转换成现代价值。亚芳鞋垫提供了一个成功案例,他们的鞋垫生产、销售从最初更多讲人情起步,逐渐发展成以契约为主的管理模式。

1997年,兰溪农村姑娘盛亚芳到义乌做生意,在摊位上卖鞋垫。恋人叶社军也是兰溪农民,叶社军所在的村是兰溪的鞋垫村,家家户户做鞋垫送到义乌卖。盛亚芳与叶社军的父亲及三个叔叔结成紧密的产、销合作关系,社军的父亲及三个叔叔在兰溪村里各自生产鞋垫,装拖拉机送到义乌,由盛亚芳他们销售。2000年亚芳与社军结婚以后,盛亚芳请丈夫的弟弟与堂妹到店里工作,给兰溪送来的鞋垫加塑料包装。他们给堂妹工资,只给弟弟零花钱。当然,盛亚芳十分大方,用她的话来说,"我们买什么大件,也给弟弟买",先后给弟弟买了房子、汽车等。2008年弟弟结婚,婚后分家,他们给了弟弟专门摊位,划给弟弟一部分外贸业务。

2006年年初,盛亚芳他们与叔叔们的关系恶化,迫于无奈,解除了合作关系。当然,原来的合作就是"嘴上说说的",从来没有签订过合同,所以也不存在利益纠纷。盛亚芳说:"叔叔们每天都跟奶奶说,叫奶奶每天骂婆婆,骂亚芳他们'肥水流外人田'。"

2006年秋,盛亚芳在兰溪自己村隔壁租了厂房,办起了鞋垫厂,在村内招了十来个人,请姑姑、姑父来帮助做管理工作。姑姑比亚芳大十岁,做过生意,有一定能力。姑父管理企业,就如管理一个大家庭,一个亲戚朋友组成的小作坊,靠着亲情、面子、关系,他可以较好协调职工们的工作。鞋垫厂共十多个人,都是沾亲带故,姑父也制订了一些工厂制度,但从来不认真执行。当然,工厂一旦有紧急任务,姑父开口了,职工大多会加班"帮忙"。

2007年,盛亚芳在兰溪买了土地,建设自己的厂房。2008年新厂房完工,工厂面积超过6000平方米,招收了近70名新工人。盛亚芳意识到,工厂大了,不能再像姑父那样"看面子做事"。盛亚芳想到了自己的哥哥。哥哥初中毕业以后,就进了堂叔规模多达一千多人的扑克牌厂。他工作出色，能力强，从工人做起，后来负责全厂的生产管理，积累了一定的管理经验。盛亚芳聘请哥哥到厂里担任总经理，全面负责工厂的管理，姑父担任厂长，她自己担任董事长。哥哥进入盛亚芳的鞋垫厂以后，开始建立完整的工厂组织体系，制订工厂运行的各项必要制度，试图实现现代企业管理模式。

哥哥进厂一段时间以后，他与姑姑、姑父的矛盾出现了，这是姑父偏爱的"人情式管理"与哥哥推行的"以契约为主的管理"之间的矛盾。

这里举两个例子。

案例一：工厂原先没有严格的工作纪律，工人想做点什么私活，有的会说一声，请个假，离开工作岗位；有的甚至说也不说，自己想走就走了。工厂所在的村子出产杨梅，杨梅成熟的时候，一些工人就离岗回家去采杨梅了。哥哥来厂以后，制订了严格的考勤制度，不执行制度的要扣除奖金。在执行考勤制度的过程中，有些员工受不了，要求辞职。

姑姑出面替这些不守厂规的员工说话，认为这些员工是很好的，他们原先也为工厂做过贡献，应该"给他们一点自由"。哥哥与姑姑争执不下，矛盾移交到盛亚芳那里。她对姑姑说："你的心意我是理解的，但是，现在我们做生意都有严格的合同，如果不按时完成合同，我们要赔款的。所以，工厂也必须按时完成生产任务。希望姑姑能够理解这种情况。只有工厂每一个工人都按时上班,完成所承担的工作,工厂才能正常开下去,我们大家才能有稳定的收入。"姑姑听懂了,理解了。

案例二:原来姑姑、姑父管理的时候,大家都是农民的习惯,什么东西都随便扔,厂里显得十分乱,还有些脏。哥哥进厂以后,要求工厂井然有序,所有工作场所都保持整洁。更重要的是,哥哥认为鞋垫厂属于易发生火灾的场所,必须严格进行消防管理。有些来自农村的年纪大一点的工人不适应了,姑姑也觉得"没有必要这么严格",就到盛亚芳处告状。当然,告状主要是感觉自己的权力受到了伤害。有趣的是,尽管姑姑每一次告状都说"不想做了",都说"我讲的话你不会认可",但姑姑对盛亚芳还是很认可的,总是说:"如果不是看在你的面子上,早就走了。"

在与哥哥的争执中,姑姑每次都是输的;但姑姑至今没有走。为什么?

盛亚芳说了四点道理:"一,我尊重姑姑,从来不会讲重话,总是温和地说理,耐心地说服。更重要的是,我总是强调他们两人没有对错,只是看问题的角度不一样;两人也不是权力之争,大家都以公司利益为重。二,我反复讲企业的发展方向,说得让她明白,有信心。三,我有时会叫他们坐在一起,讨论厂里的事情。四,我送他们一起参加现代企业管理的培训,让姑姑也有所提高。"

哥哥与姑姑、姑父之争是世纪之争，是企业管理从传统向现代转型过程中的"阵痛"。无数农民曾在商业大潮中大显身手，身着贴牌西装、戴着粗实的金项链招摇过市，却纷纷在无可逃遁的"阵痛"中倒下。部分农民经营者在"阵痛"中经历过"至暗时刻"，但最终挺过来了，"请"最初共同创业的家人、亲戚、朋友离开企业，让一批懂现代企业管理的经营者走马上阵。盛亚芳的企业也遇到了"阵痛"。哥哥代表着以契约为基础的现代企业管理，姑姑、姑父代表着以人情为基础的传统企业管理，鞋厂的两巨头起了矛盾，怎么办？

盛亚芳与时俱进，深知上百人的企业必须引进现代管理制度，但是，应该如何对待"固守着旧观念"的姑姑、姑父，她没有像很多企业家那样让他们离开管理岗位，甚至离开企业，而是动之以情，晓之以理，尽最大的努力让他们"输"了也继续努力工作。盛亚芳把传统的通情达理用到了极致，成为企业转型的一个有趣案例。

市场，也塑造优雅

市场经济、商业对于人类社会意味着什么？是如哈贝马斯所说的人类社会"温情"的瓦解，还是如伏尔泰所认为的是"一个和平与自由的集会场所"，为人类的和平共存提供基础？这是古老的、在历史中不断翻新却难以有真正结论的争论。我们这里无意介入争论，而更关注盛亚芳在激烈市场竞争中的所作所为及其文化涵义。

盛亚芳从小生活在自然村落里，浸润在充满情的文化氛围中。她不仅深深记得父母的养育之恩，也牢记着哥哥姐姐的恩惠。❶ 同时，家族荣誉的追求也"融化在血液中"，成为她生命

---

❶ 她永远感恩哥哥那一次在火车"差点儿出事"的关键时刻舍身去救自己，永远感恩姐姐在收入有限的情况下，慷慨拿出一万元现金给刚刚初中毕业的自己这样"一个不懂事的女孩"去学车。

动力的源泉。但是，如果没有一定的外部激发、实践机会，村落文化中生成的感恩之情、荣誉之追求最后很可能成为难以排解的遗憾。

盛亚芳遇到了好时机。市场经济如"沧海横流"，工商业经营者们更是"千帆竞渡"。但是，正如人们常说的"市场不相信眼泪，竞争不同情弱者"，如何能够"显英雄本色""展强者风采"？这是历史的拷问。幸好盛亚芳以自己的身体力行给出了让人欣慰的答案：市场也可能塑造优雅！

如果说来自村落伦理的感恩稍显狭隘，那么，盛亚芳正是在小商品市场的竞争中升华了感恩观念，让感恩成为广泛意义上的对于更多人的情感。

自从义乌小商品城"划行归市"以后，盛亚芳在同行比邻的环境中采取了"不断激励自己去创造新产品"的办法参与竞争。她认为，如果自己在一个周边没有同行的环境中，就不会有强烈的创新意识。同行竞争逼自己创新，逼自己进步。在这里，盛亚芳把小商品经营中的同行竞争变成了一种有利于行业发展的"人性化竞争"，而她自己，也在这种竞争中受到历练。

2006年的事件对盛亚芳的打击很大，她一时甚至感到"没有了方向"。俗话说"前半夜想想自己，后半夜想想别人"，那些日子里，她想了很多很多。她曾经心气很高，刚刚初中毕业的时候，父母亲让她到叔叔厂里工作。当时，叔叔经营着一千多工人的大厂。叔叔认为，她应当"从车间做起，以得到锻炼"，但是她却"觉得自己本事很大，想坐办公室"。结果没有进厂。

1997年到义乌以后，她遇到了叶社军。她说："这是我一生的幸运。老公人很好，老实，能干，是村里到义乌的人里做得最好的。更重要的是，老公脾气好，我跟着老公以后，改掉了小时候的一些坏脾气。"她从叶社军及其家族那里得到了一个好平台：经营鞋垫。整整九年，那些日子她十分辛苦，但快乐着。在这个过程中，叶社军的叔叔们曾经给了他们很多的帮助。"滴水之恩，当涌泉相报"，尽管叔叔们过分看重利，但自己更应"重义轻利"，以宽容之心处理与叔叔们的关系。

随着时间的推移，盛亚芳慢慢释怀了。2010年以后，她几乎把自己全部内贸生意都给了叔叔们，此后，叔叔们有什么困难问题，她都乐意提供帮助。

市场的磨砺让盛亚芳变得更加从容、镇定、善解人意、通情达理，也让她的人生目标更宏大美丽。她说："刚开始的时候，我的人生目标是打造中国鞋垫第一品牌。经过多年的实践，我不断地学习，改变我自己，我的追求与人生目标变了。现在，我要为解决人类脚部疼痛而努力，我梦想着，让世界上每一个人都有一双舒适的鞋垫。"

盛亚芳现在追求着"美美与共"，追求着与大家共同创造美好的生活。

她先从身边做起。她会充分根据不同员工的情况处理关系。姑姑、姑父在兰溪帮助她管理工厂，她不仅尊重他们，更关心他们。她自己家里买什么好东西，也会给姑姑他们带一份。每年春节前夕，无论多忙，她也会抽出时间，为姑姑一家人购买全年的所有衣服！

盛亚芳对厂里最早一起合作的老员工也怀着感恩的心态，只要到兰溪厂里，她都会走过去与老员工们聊聊。到过年的时候，她会公开或私下给他们红包。他们有什么困难，例如想借点钱，她都毫不犹豫。对于更多的年轻人，她尽量创造一些机会"让他们开心"。不过，她坦诚地说，在这方面，自己老公做得更好，"老公喜欢开心，也会带着年轻人一起开心。"

盛亚芳根据新的人生目标创新企业管理，她说，自己更愿意成为一个资源整合者、资源提供者、平台搭建者，然后创造一种公司治理结构，让每一个员工都觉得"为自己工作"，而且确实能做到公平、公正、公开，让每个人的贡献与收入直接挂钩。她已经创建了电商服务部、新品牌服务部与贴牌服务部，以后，将会创造更多的平行部门，充分利用大数据的优势，让数据说话。她不仅要"让人人成为经营者"，更要"让人人成为老板，让人人成为最优秀的合作者"。

小商品市场塑造了盛亚芳。她成为小商品城里受人尊敬的人，被高票推选为义乌小商品协会副会长、义乌针棉品商会会长、义乌兰溪商会秘书长。

著名学者辜鸿铭在《中国人的精神》一书中曾经把真正的中国人和中国文明的最重要特征归结为一个词：优雅。[1] 我们2020年1月第一次访谈盛亚芳，坐在工厂店里，倾听着她的介绍，观察着她的举止，我当时心里浮现的一个关键词就是——优雅。

---

[1] 参见辜鸿铭：《中国人的精神》（第一卷），陕西师范大学出版社2007年版，第4页。

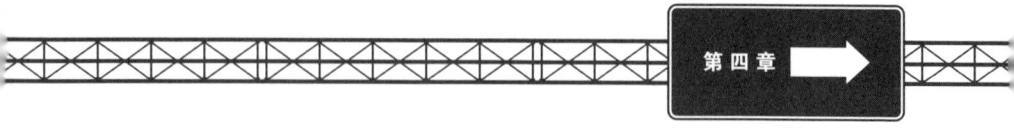

第四章

框、人情与相世界

我永远在争取第一。
王斌

2021年1月3日下午,义乌佛堂镇,清澈的东阳江穿镇而过,江畔坐落着一座古色古香的二层小楼,门楣上挂着一块匾牌"韵和书院"。那一天,我们在书院二楼听王斌讲他的人生故事。

王斌讲着,有时把我们带到清清的小河旁,感悟着晨曦里那淡淡的雾气不断变幻的美景;有时把我们带到赤日炎炎的稻田中,想象着农民们在"双抢"时节的艰辛……他讲着,说到去法国买了一架私人飞机,说到企业几经磨难,几次在倒闭边缘挣扎……那一幕幕,多少风霜、多少辛酸、多少汗水、多少泪水、多少荆棘……既有惨淡经营、找米下锅的艰辛,也有商场获胜、喜结硕果的丰收喜悦。

王斌的人生经历几起几落,从"抓蛇大王"到"画框大王",他如何超越自己,征服世界?

王斌说:"我从小就有野心,野心很大。没有野心的人,遇到困难就打退堂鼓。我永远在争取第一。"他还说:"我在企业里一直说,别人能做的,我们必须做得起来;别人能卖的,我们必须也能卖。"王斌不断以自己身体力行的实践追求着理想,追求着极致。

童年记忆

遗传是重要的,但其对人的生命的真实影响却扑朔迷离;儿时的生活环境是重要的,却很难真正厘清其以什么方式左右人的生命历程。

1962年农历八月的一个凌晨,在浙江省义乌县王宅公社后力山大队的一户普通的农民家里,一个男婴出生了。

父母亲对于这个小生命的降临,寄予了深深的厚望。他们盼望着孩子长大之后,文能治国,武能安邦。因而,给孩子取了个响亮的名字:斌。

王斌的父母都是农民,母亲出生于1933年,17岁学裁缝,她聪明、能干、好强、积极,一直受到大家的称赞。父亲兄弟四人,他排行最小,年少时在铁路上工作,在"三年困难时期"

时期，他回到了家乡。不久之后，与母亲结婚。

童年的日子给王斌留下了难忘的印象。奶奶常讲那过去的日子，逃难、自然灾害、打击土匪，以及张家、李家的那些事，王斌从故事中体验着"人生的百态"；父亲、母亲教他许多做人的规矩、做事的道理，王斌"记了一辈子"。

王斌家的住房条件很一般，两间矮小潮湿的房子是太公、太婆留下来的。房子的前面紧靠人家的墙壁，无法开窗户；房子的后墙虽然开了窗户，但离隔壁人家的房子又太近。因而，房子里黑洞洞的，白天要找一件衣服，也必须点灯。一家人都只能从后门进出，而且路面很窄，还不到一米五宽。

1964年6月，王斌添了个妹妹王最青。由于父亲患病，使本已拮据的家庭生活雪上加霜，母亲没办法，只得将3岁的小王斌托付给外公照料。王斌从小就有倔强的秉性和聪颖的天资，对世界，对新事物充满着好奇的他，见到别人的东西都想争着要，一拿到手上就开始琢磨，见到别人的动作就开始效仿，从小就有种不服输的劲头，总是一次次琢磨，一遍遍效仿，不管是玩飞纸牌还是玩捏泥巴，都会技高别人一筹。他从小就深得大人的喜爱与赞美，也深得小朋友的喜欢，经常带他们一起玩耍，当时就是一个小小的"领导"，小小年纪就广得人脉。

小时候的王斌很机灵，又很淘气，他长着一对调皮的大眼睛，眼珠忽闪忽闪的，好像两颗水灵发亮的黑宝石。只要他一眨巴眼，准出鬼点子。他经常光着脚丫下到水沟中抓鱼，有天傍晚，见生产队的社员们忙着车水抗旱，他就在琢磨：等水车得差不多时，池塘里一定有鱼。他就睡在池塘边，等第二天清早，池塘见了底，果然有鱼，于是，他兴奋地下到池塘抓鱼。等别人来时，他已经满载而归了。

童年是无忧无虑、充满欢乐的，而王斌的童年却早早地结束了。

8岁那年，王斌从外公家回到了后力山村小学读书，开始他的学业生涯。12岁时，家中经济的匮乏激发了他的潜能，逼迫他去计算每一个铜板，练就了当家理财的硬功夫。那时，王斌就已经非常懂事，总是想方设法帮父母亲多做一些事。家里养着几只兔子，他每天放学回家，做的第一件事，就是提着竹篮去割草。

秋收时节，王斌一完成作业，就会去生产队收割过的地里拣花生，拾番薯，寻找玉米棒子。当大人们在收割时，别的小孩都在边上玩耍，而他却在那里"侦察"，看哪些人做事不太认真，看哪些地方被遗漏，这一切都被他提前"尽收眼底"。社员们一收工，就立马下去拣，因为他总是拣得比别人多，有的社员怀疑他是偷来的，就到他母亲那里"告状"。母亲拉着他的手问："斌，这些东西是不是偷来的？"王斌说："妈，这是我自己拣来的，绝不是偷来的。"他还一五一十地介绍起自己的"诀窍"：拣番薯，拾花生，要跟在那些一边干活、一边谈天说地的妇女后面，她们身后"漏网之鱼"多。拣玉米棒子，就要找那些玉米杆东倒西歪的地方，因为这些地方往往会被人们疏忽遗漏，他的一席话让社员们无不拍手叫好。他的想法、他的方法总是出乎大人的意料。

抓蛇少年

13岁的王斌就已出类拔萃,俨然像个"大将军",村里三十多个同年伙伴以及年纪比他大几岁的人,都愿意齐聚在他的麾下。

十四五岁时,生活的艰难对王斌来说是一种磨炼,这种磨炼使王斌早早地成熟。父亲在他两岁时就得了病,望着一天天消瘦下去的父亲和常常以泪洗面的母亲,他开始用自己稚嫩的肩膀,挑起家中部分生活的担子,为改变窘迫的家境出一份力。每当暑假,他都到生产队干农活,或是去钓黄鳝,许多村民都夸赞过:"别看王斌人小,赚钱却比大人还厉害呢,将来一定能赚大钱。"爸爸去世时,王斌才20岁。在很多年里,王斌听到奶奶、妈妈忧愁地讲着爸爸的事,听着那一声声叹息,看着那伤心的眼泪,不时会紧握拳头。王斌不能容忍"低人一头"的生存状态,他要争一口气。王斌说:"我从小就有野心。"他读书并不用功,但只要看到别人的成绩比自己好,他"认真起来一定会争得第一名"。

王斌16岁就结束了学业,因当时家境贫寒,父母供他们兄妹上学很困难,也很辛苦,他自己也想早点真正为父母承担一些事务。他决定离开学校,开始了他的社会人生的旅途……走出学校后,他感到非常迷茫,不知哪条路才是他要走的,于是带着父母给的40元钱去学理发。开始时,师傅老是叫他站在旁边看,很少让他动手干。他就千方百计寻找"机会"。一个月后,才掌握七八分技术的他,就按捺不住,要跃跃欲试了。他告别师傅,回到村里,一边劳动,一边为社员理发。他深知时间就是金钱的道理,为了多理一个发,常常是三两口吃完中饭就动手,晚上很迟才吃晚饭。那时,理一个发,收一角钱,这样,一天可多赚七八角钱。后来他又觉得理发太单纯,太轻松,也赚不到几个钱。

当时,农村供销社收购蛇,出口国外。他看到机会,开始学着抓蛇。他那从小"犟出头"的个性,那为父母亲分忧担责的感情,成为难以名状的动力。他不畏艰苦,不怕劳累,有时感冒、发烧了,仍坚持不懈。他每天穿行在方圆20公里的山水之间,有时搭个便车去远方,更多靠着一双脚,几乎走遍义乌的每一个角落。他善于学习,除了在干中学,每天晚上回家以后,还在"脑子里放电影似的"琢磨抓蛇的事,以至于对蛇的习性的每一个细节洞若观火、明察秋毫。不到一年,王斌就成了抓蛇能手,拥有其他抓蛇人难以企及的能力。

他具有观察力。他早上出去,注意看地上草的状态。草上露水脱落,朝着蛇可能出没的方向,意味着可能有人来过,王斌就不再过去。他仔细观察草丛里有没有蜘蛛网,会根据蜘蛛网的状态判断有没有蛇在洞里。王斌还善于从洞的情况判断有没有蛇。白天,洞壁光滑,蛇一般躲在洞里;洞口有蜘蛛、蚯蚓、青蛙,洞里无蛇;洞口有老鼠的脚印,无蛇。

他具有感知力。王斌练就了异常灵敏的耳朵。他主要抓蝮蛇、眼镜蛇、乌梢蛇。他能够清楚辨识出义乌大地上各种不同动物发出的不同声音,从中区分出蛇的声音,并循着蛇的声音找到蛇。王斌还练就了敏锐的嗅觉,能闻出蛇的特殊味道,特别是蛇吃了老鼠后的腥味,"循着味道抓蛇,一抓一个准"。

他具有分析判断力。太阳大还是小,温度高还是低;地势与水流的走向,山坡的阳面与阴面;春、夏、秋不同的节气,阴、雨、晴不同的天气;河流水位的高低,青蛙老鼠的出没,等等,王斌把这一切因素都尽收眼底,并做出如何行动的判断。

他具有创造力。王斌抓的眼镜蛇属著名的剧毒蛇,如何处理蛇咬的伤害,是对抓蛇人的严峻考验。王斌三次被蛇咬伤。

第一次，他被蛇咬以后，全身肿起，整整休息了一个月。在这个月里，王斌在与蛇毒的抗衡中思考、学习。第二次，他又被蛇咬了一口，他很快自己处理，只休息了两天，就又外出了。第三次，蛇又一次狠狠咬了王斌一口，此时，王斌已经"有自己的一套办法对付"，只休息了半天就没事了。

1979年，王斌17岁，他成为远近抓蛇最多的人，被人戏称为"抓蛇大王"。

说来也怪，那个年代无论你如何努力也赚不了很多钱。为了摆脱困境，王斌心中梦绕魂牵的就是如何赚钱。有一段时间，常常有人从金华的安地镇背树到义乌来卖，虽然特别辛苦，却很赚钱。17岁的王斌知道后也想去，母亲考虑到他年纪太轻，路途太远，就阻止了。并料到，这个韧性十足的儿子肯定会偷偷地去，便悄悄将家中的钱藏在箱子的最底层。

王斌可是个机灵鬼，仍然找到钱，从中拿了20元，带着一股"初生牛犊不怕虎"的豪情，走路到金华安地的山上。来回两百多里路呀，他用尚未发育健全的躯体，硬是把两根杉树背到了义乌。肩膀发肿出血，满脚都是血泡，他都咬牙坚持。先后两趟，赚了16元钱。

他述说着："那里的山非常高，也非常陡峭，山上也没有路，很多时候一边是山坡，一边就是悬崖峭壁。由于那时候是不允许倒买倒卖木头的，所以只能借着月光，夜走山路，还是十分惊险的。"他回忆着那段少年艰辛时光,时不时露出对自己满意的笑容。他接着说:"为了不被发现,白天就把木头藏起来,随便找个地方睡觉,饿了就吃干粮,渴了就喝泉水。下了山,有'机耕路'了,就用出门时背去的车轮和木头制作一个简易的独轮车,跟我一道去的同伴都比我年长,也会照顾我,伙伴负责后面推车,我就负责在前面用绳子拉车。有一次,遇到一个陡坡,一下子冲不上去,车子往后退,两个人连车带人都摔沟里了,独轮车也散架了,庆幸的是人没有大碍。"

王斌 19 岁那年,承包了生产队的鱼塘养鱼。同年,又承包了一个碾米房。那时,妹妹王最青才 17 岁,两人竟担起如此重的担子。通常都是王斌在碾谷子,王最青在碾麦子,早上 4 点半起床,晚上 9 点回家,王斌就在池塘边上的茅草屋"守夜",夏天饱受酷热、虫咬;冬天饱受严寒、黑暗。那片地的周边有很多坟墓,人们都说那地方闹鬼,王最青每天早出晚归很害怕,后来才慢慢练出来。到了晚上,妹妹一个人回家,他则去茅草屋,两人分开走,但王斌从不知道怕。

养鱼很辛苦,特别到了每年的 3 月至 8 月间,鱼的吃食量最大的时候,也是鱼长大的季节,那时就必须有足够的草料。当时兄妹俩起早贪黑,5 点就开始在碾米房工作,因他俩的服务、信誉都非常好,好几个较远村子的人都挑着谷子、小麦到他们的厂来加工,每天都要忙到下午 3 点以后,紧接着兄妹俩又拉着车割草去了。

盛夏的午后,烈日当空,没有一片云,没有一丝风,大地被烤得发烫,空气干燥得仿佛点火就着,使人感到热不可耐。兄妹俩干得汗流浃背,妹妹背着车绳,他在后面使劲地推,就这样一车又一车,没有停歇。人晒得黧黑,再加上破破烂烂的衣服,整个人好像都变形了。鱼越长越大,食量也愈发增加,光割草不够了,兄妹俩就拉着车到处去捡牛粪,还花钱到养猪场去买猪粪。当时,他在猪圈里把粪掏出来装上车,妹妹在车上光着脚踩紧猪粪,以便能装上更多,要多脏有多脏,要多臭有多臭。因长期超负荷劳作,他的体重也从原先的110多斤骤减至95斤,母亲很是心疼。

1981年底,农村实行联产承包责任制,王斌开始种地谋生,头一年收成还可以。到了第二年,为了有更高的收益,他先是用抓蛇赚的160元钱,全部投资用于养鹅,但由于不懂养殖技术,鹅全都死了,血本无归。还种了甜椒、棉花等经济作物,结果棉花杆很粗壮,就是不见长棉花;甜椒虽然长了,却是辣味的,根本没人要。王斌说:"那年是我在地里干活最辛苦的一年,到头来是竹篮子打水,一场空,白白干了一年。"他发现,以传统方式从土地上"讨饭吃",再努力,也很难有前途。

王斌决定放弃农业。妈妈反对,邻居笑话,"农民怎么还买粮食吃?"王斌坚持着,但做什么呢?王斌有一个堂哥,比他大十岁，堂哥的小舅子是搞雕刻的，生意做得不错。堂哥认为，王斌初中毕业，有一定的美术基础，可以去学雕刻。

于是，母亲托堂哥介绍了一个小有名气的木雕师傅。王斌打起铺盖，步行十多里，去拜师学艺。根据规矩，拜师费60元，学徒三年，白干，吃住自费。

王斌聪明伶俐，会钻研，刻苦好学。学徒只做了三个月，雕出来的花板"与师傅相差无几"。他离开师傅，准备自立门户。

1984年秋季，一天，王斌前往东阳花20元置办了一套雕刻工具。王斌说："在回家的路上，沿途都是山，我想肯定有蛇，天色又还早，于是我花了几个小时，抓了蛇拿到收购站去卖，不多不少刚好卖了20元。"他笑笑说："相当于我的起家工具也是抓蛇抓来的。"之后，他就在佛堂老家开办了家庭式雕刻作坊，承接一些零碎的雕刻业务，生意好得超乎想象，供不应求。于是，只有"半桶水"的他突发奇想，以招收学徒的名义在佛堂镇广播站打起了广告，一共招了四个徒弟，以徒弟代替员工，边学边干。真是好点子呀，不仅不付工资，而且还可以收取拜师费。

随着雕刻产品的增加，佛堂镇的局限日益明显，地方太小，难以扩大销售。于是，他萌生了去城里开店的念头。1985年端午节，他跑到义乌城里，实地考察。供销社旁边的一个门面特别适合，可是每年房屋租金要650元，王斌毕竟刚起步，底子薄，哪来那么多钱，这让他陷入了为难的境地。为了不错失良机，他豁出去了，不顾母亲和家人的反对，把承包田租给了别人，把家中的水桶、独轮车、锄头、箩筐等所有农具，还有家中值点钱的物资都变卖了，筹够资金后在义乌城区开了一家雕刻花板店。风风火火的他，连农民赖以谋生的土地、农具都折腾没了，很多人都认为他疯了，也曾一度被村里人骂作"败家子"。

王斌初涉商海，可谓"擀面杖吹火——一窍不通"。他的雕刻花板店开张的时候，其愿望是门庭若市，旗开得胜。可实际是门可罗雀，根本就没有几个顾客光临。三个月下来，生意入不敷出，王斌一度陷入困境中。他和妻子王新芳连续几个月吃白饭、咸菜度日，日子过得困苦潦倒。半年以后，名气渐渐出来了，生意才慢慢好起来。

在城里开店的第二年五月的一天，店里突然来了一位客人，自称是北京人，也做木雕生意，是工艺美术大师。来人首先对王斌的木雕花板赞不绝口，接着又说王斌的木雕花板拿到北京一定能卖个好价钱。王斌被他吹捧得心花怒放。那人见时机成熟，于是委婉地提出要与王斌联合办厂，一起到北京开店销售。初入商海的王斌根本没见过世面，觉得北京人可厉害了，就老老实实地信了。结果那次合作损失了几千元，好不容易积攒的赢利瞬间转为负数，弄得几乎倾家荡产，连房租都付不出。王斌非常懊恼，不得不将所有徒弟辞退，只留下九平方米的小店面，自己在里面雕刻，妻子在外面卖。夫妻老婆店，勉强度日。

回忆起那段艰难的日子，王斌说："曾有一段时间我还打起了退堂鼓。一天夜里，我就跟老婆商量，我们干脆回家种地吧。后来突然想到，家里的地已经租掉了，农具也卖掉了，当时连床都卖了。家里是一无所有了，回去做什么呢？"他告诉我，从那时起，他真正明白了什么叫"开弓没有回头箭"，于是心无旁骛，下定决心往前冲。

"第一桶金"

在义乌那家不起眼的手工作坊里,王斌起早摸黑辛苦雕花板,妻子也一刻不停地忙碌着。但是,他们只能"换点儿辛苦钱",生意没有多少起色。

自从王斌选择雕花板,就立下了争"第一"的决心。他不甘心半死不活的状态,不甘心辛苦赚点小钱。一方面,他努力设计好的产品;另一方面,他眼睛向外,关注着义乌小商品市场的行情。

1987年下半年的一天,在店门口,王斌偶尔听人说,木工做家具流行一种花边线条产品,说者无心,听者有意。他专门到市场上买了几块家具厂的产品,回家琢磨,发现并不是手工雕刻产品,而是贴上去的人造木拼花条。

一天，王斌向妻子讲起自己的发现。妻子突然想起，前几天有一个河北石家庄人来店里推销样品，就是这种拼花条。妻子说，这个人留了名片，还说是住在义乌火车站旅馆。

王斌雷厉风行，立刻骑上自行车到旅馆。真巧，这个人正在办理退房，就要离开。王斌马上花 17 元买下他身边所有的拼花产品，拿回店里进行试卖，得净利 20 元。他马上写信给推销员求购，对方收到信以后，回信要求先汇款，再发货。这样每一个来回起码一个半月时间，第一次寄来了 130 元钱的货，得净利 200 元。第二次再寄来了 400 元的货，得净利 500 元。王斌觉得这样来回寄信、汇款、寄产品太费时间了，决定自己到河北石家庄去采购。

于是，他七拼八凑，带了 1700 元钱，第一次带着妻子坐上了绿皮火车出远门。他们顶着严冬腊月的刺骨寒风，冒着纷纷扬扬的大雪来到了石家庄。在滴水成冰的冬日，他们两个人的裤脚都结成了一块块的冰疙瘩。在石家庄他们四处打听，发现那个人给的名片是假的，根本找不到人，更没有看到人造木拼花条。那个人的名片上写着石家庄家具研究所，却找不到这个单位。夫妻俩只能拿着样品到处问，打听到正定镇有这个东西，但小镇离石家庄有三十多里地，汽车班次很少。王斌夫妻求货心切，急急赶路，到达小镇已经下午 4 点多钟。

王斌夫妻手里拿着人造木拼花条挨着街面问过去，一家接一家。终于,问到了一个店家有这种产品,对方要价一毛五分钱一条。王斌对他说,"我买过这里的人造木拼花条,一毛三分钱一条,而且送到义乌才一毛三分钱!"对方指着王斌手里拿着的拼花条说:"你这个东西太差了,是正电市场的。我的东西是石家庄广安门市场的,质量好。"王斌听到"广安门市场"五个字,不再继续说下去,拉着老婆说,"我们走吧!"妻子很是疑惑,好不容易找到了货,怎么就不买了呢?王斌轻声说道:"他说了广安门市场,你没听到?"妻子恍然大悟。

天色有点晚了,王斌夫妻饿着肚子,没有想吃饭,只想快点回到石家庄。他们一路问过去,找到了一辆有事去石家庄的中型拖拉机,就付点钱,搭车回去。

第二天一大早,王斌夫妻就去了广安门广场。那里是一个大型交易市场,人头攒动,货物琳琅满目。王斌夫妻徜徉在市场那狭小的马路上,端详着两边接踵的摊位,惊讶地发现,这里的人造拼花木条竟然只要五分钱一条。太便宜了,王斌心里暗暗高兴。王斌把口袋里的钱摸了个"底朝天",除了留下坐火车回义乌的钱,余下的全部买成人造木拼花条。

回到义乌以后,为了加快销售,除了在店里卖,王斌自己出门推销。他把货放在背包里,骑着自行车出发了。五分的货,在义乌可以卖两毛钱一条,一条竟然可以赚三倍的钱!他们白天奔走于大街小巷,晚上回家数钱,夫妻俩说不出有多兴奋。

这一回，他们赚到了人生的第一桶金，成了义乌少有的万元户。王斌说："那时应该是 1987 年，我 26 岁。我们可是前世都没有看到过那么多钱啊！卖拼花条收来的全是五分、一角的小钱，晚上数钱，得数上几个小时。我们夫妻俩，越数钱，越开心。晚上睡觉啊，梦里都在笑。当时说起来叫万元户，我们跑几次石家庄，可以轻松成为万元户。我是义乌最早的万元户！"

时间到了 1988 年，那是一个春暖花开、莺飞草长的季节。人的思想也像这蓬勃的春天，能萌生出许多富有生命力的念头。王斌从义乌一位家具厂老板那里了解到，这种人造木拼花已经过时，一种新的装饰样式慢慢流行起来。人们开始偏爱在雕花板上贴塑料彩条，如同人们偏爱女人裙子上的花式裙边。

王斌夫妻正沉浸在第一桶金的兴奋中，新的信息更燃起了他进一步"捞金"的激情。王斌四处打听哪里有这种花式塑料彩条，一位远房亲戚告诉他，广东汕头应该有这种货。

当时，他从未听说过汕头这地方。还以为汕头是在一块山的山尖上。问人家到汕头咋走，人家告诉他坐火车到福建漳州，再转汽车。于是，他带着妻子，"土洋结合"地向广东汕头进发了。说他土，他带上一大包馒头和一包咸菜；说他洋，他打扮得西装革履，颇有老板的派头。一列从上海开出的火车，满载着旅客，向远方呼啸而去。在靠窗的座位上，王斌不时隔着玻璃朝窗外张望。这种张望，在列车缓缓驶到漳州之后，他才停止。他俩到了汕头之后，第一天由于不知厂家在何处，只好在城内瞎寻找。那时，汕头的花费真贵，吃碗面条要5元，而当时在义乌，肉丝面也才三角钱一碗。夫妻俩住旅馆，旅馆是统铺，妻子怕不安全。好不容易找了个简陋的双人房，一问住宿费要50元。还有白天转街坐三轮车又花去25元。他们总共才带了4500元，这钱花得真心痛啊。

夫妻俩打听到装饰条的厂址在峡山，于是，他们急急忙忙赶车去峡山。到了峡山，下车时，拿着样品就向前来接客的三轮车夫打听，车夫说知道这种产品的产地，并愿意拉他们去。于是，他们坐上三轮车。那车夫拉着他们走了四五里，来到了一座祠堂前。这是一座破旧的祠堂，里面果然堆放着好多装饰条，一卷一卷的，每10卷装一箱。王斌将带去的钱除去回程费，全部买了那种货。那些汕头人交谈中讲的全是难懂的方言，但从他们的讲话神色中，王斌已知道那位拉车的是个捎客，自己被他们串通敲竹杠了。

人在异地他乡，有什么办法？货买好装上车，那个拉车的原先讲好免费运送的，可是到了峡山镇时，又翻脸了，硬要王斌付20元运费。没办法，出门在外，牙齿掉了往肚子里吞吧。卸下货，付了钱，他们也不敢将货物交托运部托运了，担心再上当，只好随身带，跟人走。可是十来箱货，少说也有三四百斤，搬起来非常吃力。那份劳累，那种无奈，可真终身难忘。

夫妻俩决定不停留，连夜赶车去漳州。于是，问公路边一位中年人去漳州的车。那人说，先买票，在此等。王斌想象中的车站，是一个很像样的场所，可眼前除了一张桌子，什么也没有。会不会又是骗人。他已经被骗怕了，不敢相信。因此，叫了辆三轮车，5元钱，车夫拉着他们转了一圈，来到了公路边的另一张桌子前。只见到一位中年妇女，还是那种半生不熟的普通话：先买票，在此等。他依然不敢相信。又找了辆三轮车，还是5元钱，车夫拉着他们又转了一圈，没想到，却回到了第一次的那张桌子前。

这是怎么啦，难道这里真能上车去漳州？夫妻俩战战兢兢地守着那10箱货，等啊等，直到晚上11点，看到漳州的车子来了，那颗悬着的心才放下来。他们急急忙忙地将货搬上车。一路风尘，一路饥渴，一路困乏，都随它去吧。可是没想到，那辆车一路上开开停停，不断带客，到了后半夜，驾驶员又停车睡觉。本来6个小时车程，天亮就可到达漳州，赶上回义乌的火车的，结果却拖到了下午，夫妻俩所带的"银两"已所剩无几，肚子饿得咕咕直响，去义乌的火车早已开走了，不得不在漳州住下等次日的车。那10箱货，旅馆里也不敢放，直接寄存到火车站的寄存处。

货到义乌后，王斌算了一笔帐，那批货峡山进价每米三角五分，运到义乌每米成本合计五角。他带着货前往各家具厂推销，想不到打开一看，厂家说都是次品，不要。真是一盆冷水从头浇到脚，王斌呆得半天说不出话来。想不到夫妻俩这么辛辛苦苦购回这批货，会是次品！没有办法，厂家不要，只好放在自己店中一米一米零售了。

常言道："人勤天帮忙。"出人意料的是，因为货源紧缺，需求旺盛，普通的顾客根本不讲究，对品相也没有那么挑剔，那些花式各异、图案鲜艳的装饰条，卖到每条一元，生意也很好，很快售罄。如此往复，又赚了不少。

自此，王斌把店面移到了北门街。他为了挥洒自如地使用时间，争分夺秒地捕捉商机，特地购买了一辆追赶时间的摩托车。每天从黎明太阳醒来，到黄昏太阳沉睡，他都骑着摩托车到金华地区各个家具厂推销产品。无论是酷暑严寒，抑或刮风下雨，人们总能发现王斌那忙碌的身影。做生意，做生意，王斌深知"生意是做出来"的道理。王斌说，敢拼才会赢，能吃苦只能算是经商入门的"必修课"，那时自己也不知道哪里来的干劲，白天奔波了一天，晚上还要营业，而第二天不到五点钟，别人还在梦乡，自己已推车上路。他洒下了一路的心血和汗水，也带来了欢乐和喜悦。

信息反馈，产品更新，他一天比一天忙，经常到温州、路桥、广州等处跑。功夫不负有心人，两年时间，赚了20万元，掘到了"第一桶金"。初出茅庐的王斌终于迈出了成功的一步。

有人说，王斌奇了。对此，他说，我只不过是睡觉也睁开半只眼的人，我觉得自己像鸟笼里的一只鸟，人家嫌缝小，飞不出去，就放弃了。而我总是千方百计飞出去。只要想飞，总会有路，只有飞出去，才会有活路。

三十而立，转行办厂

王斌从小就对大千世界充满好奇，喜欢打破砂锅问到底。

他小时候，有一次在拔秧时看到一棵秧苗是白色的，其他人都没有注意，他反复去问老农，老农给出答案，他不信，还自己做实验。他好奇，好学，追求细节，是一个另类的商人。在卖塑料彩条时，接触的客人多起来，客人不时会问："胶水有没有？拉手有没有？荷叶有没有？抽屉锁有没有？"王斌敏锐意识到义乌市场上对于各种类型的家庭装潢配件的需求，他把这些重要的商业信息都储存在脑海里，开始往来于义乌与广州之间。

从做生意以来，他一次又一次下广州，总有上百次之多。在义乌与广州之间的火车、汽车上，王斌是特殊的。当年，交通落后，火车、汽车都很慢，从义乌到广东某地，路上可能要花一两天时间。大家坐在绿皮火车上，无所事事，就以打老K、喝酒、吹牛消磨时光。王斌从来不参与这类活动，一个人静静坐着，脑子却在快速旋转着。他一个劲地回想这些日子客人们提出过什么要求，回想在义乌小商品市场以及其他市场上看到过什么样的商品，各种小商品的价格与销售情况，等等。脑子转了个弯，他开始比较义乌的小商品与广州的小商品，试图从比较中发现惊喜。到广州以后，王斌的关注焦点又会有变化，他说："到了广州，坐公共汽车的时候，我不再想别的事情，抢先找一个靠窗的位子坐下，两眼一直朝外面看，看看有什么好玩的东西。"王斌脑子很好，他一定会记住思考中的发现，并在适当的时候转化成行动。

此后，随着城里百姓生活条件的变化，商品房的出现，他由经营家具零配件，改为经营室内装饰材料，店面也由一间扩大为两间，经营地点由北门街迁到城中中路。他的生意越做越大了。

1989年3月，28岁的王斌看到市场有画在卖，这些画都是从香港、台湾地区进到广州的，他就到广州进货，拿到义乌零售。一天，他的竞争对手，专门做装璜材料的一位老板，口出狂言，威胁王斌不要高兴得太早。那人说：过几天他要去进一批画，是王斌根本没有的货，看似有玻璃其，实是没有的，而且摔不破，又轻又亮，看看到底谁笑到最后。王斌听后，非常担心，如果对方真能进到这种货，到时就真的被动了。他的一番话一直在王斌耳边萦绕。为了不让对手超越,他一直寻找着这种产品。

一次,王斌去客户店里收账时,看到客户店面里的一幅画,正是他一直苦苦寻找的工艺,便问:"你这画哪买来的啊?价格多少?"对方说:"如果今天收钱的零头不算,我就把信息告诉你。"王斌欣然同意,客户提供的信息是浙江开化的一家中外合资企业,他们有一种新工艺的装饰画,其实就是画的表面喷了一层亮光漆。

当时是七月初的一个下午四点左右,天气很热,王斌得此消息后,立即就安排部下当天赶到开化。第二天,部下打电话给王斌说:"厂找到了,车间只有次品,没有正品了。"王斌回复:"次品画也买回来,我要看看工艺。"

次品拿回来后,王斌仔细琢磨,回想起两年前看到过一家家具厂生产的圆台面与这种油漆画工艺很接近。第三天,他骑车到了金华的这家家具厂,发现厂已倒闭,于是就在附近的人群中询问,打听到有一位曾在那厂里做过油漆的师傅。王斌在田里找到了此人,那时已是下午五点,王斌介绍了自己的来历和目的,想要请他马上出发。师傅不愿意,说要插秧,没有鞋子。王斌当即付出双倍的工钱,让师傅请两个人帮助插秧,还花钱给他买了鞋子。师傅感动了,坐上王斌的摩托车来到了义乌。

次日,他们一起去买原材料,一起研究装饰画,经过五天的研究，有一点点接近，相似度20%，大家看到了希望。后来因这师傅太想家，王斌再三挽留也留不住，给了他60元让他回去了，他为表示感恩，特给王斌推荐一人，他曾经的徒弟。后来，王斌找到了他，原来是个放牛娃，他不愿跟王斌去，只喜欢放牛。这让王斌仅存的一点希望也彻底磨灭了。他只好回来，他又想到了去买材料的地方询问，了解到王宅村有个人会做油漆技术，因其儿子生病走不开，王斌用双倍工资吸引他，他终于同意过来了。就这样，解决了技术难题，开始了的"小米加步枪"的办厂之路。1991年，王斌注册了装饰画厂，装饰画厂开始时只有3人，两年后，员工增到了120多人。

然而，由于这是纯手工活，工艺技术简单，只要有钱投进去，人人都可以做。于是，大家一哄而上，"千军万马"挤上了一条狭窄的"独木桥"，义乌城乡冒出了许多家玻璃钢画厂。厂家与厂家之间你争我夺，明枪暗箭，恶性竞争，价格从100元一张降到60元一张，再到40元一张，还有往下降的趋势。照此下去，不要说赚钱，光这百多名员工的工资都有问题了。这就是玻璃钢画的"致命伤"。突如其来的市场变化，给刚刚扬起理想风帆的王斌当头浇了一大盆冷水。

他想，前两年玻璃钢画好销时，自己一心扑在这上面，已经把其他生意都抛了。他真不知道再做什么生意好。他腰包里有钱，也曾试着讨教人家可做什么生意，但回答都是"不知道"。

正一筹莫展时，王斌想起了社会上流行的两句话：困难，困难，困住了就难。出路，出路，出去就有路。"对，我何不再去广州的市场走走！"

1994年4月的一天，广州文德路工艺品街，熙熙攘攘的人群中，走来了两个相貌堂堂的义乌生意人。他们一家店铺接着一家店铺，慢慢走着、瞧着，不时停下来与店主交谈一阵，又相视会心地笑笑。他们身上透露出的那股精明，那份飘逸，不时引来过往行人驻足注视。这两个义乌商人，清瘦些的叫王伟，嘴角挂着笑意的就是王斌。

4月的天气，在广州已经有点火辣辣的热劲。他们顾不得那些，仿佛抢时间似的，继续一家一家走，一店一店看。渴了，随便买瓶豆奶；饿了，简单吃个快餐。直到一家家店铺都收摊关门。

时间已是晚上7点，王斌一人回到义乌客商常住的广州火车站附近的那家客店。脸也懒得洗，袜子也没有脱，就和衣躺到了床上。此刻他只想静静地躺一会儿，将一天来的观察所得，在脑子中过过"电影"。他这种"过电影"的习惯，早在他少年抓蛇时就养成了。

真可谓"踏破铁鞋无觅处，得来全不费功夫"。正当王斌为自己干什么事业发愁时，一条市场信息如空中一道闪电，给他带来了喜悦和希望。装饰画、油漆、相框，王斌的脑海里不断地浮现出这几样新颖、新潮、义乌市场少见的商品。他决定，明天对这几样商品再重点进行考察。思路渐渐清晰了，他的心情似乎也轻松起来。那微微上翘的嘴角，又浮现出了一丝充满自信的笑意。

两天后，他和王伟将带去的 30 多万元，全部购进了相框、油漆、装饰画。几种货物装了满满两卡车。运回义乌后，销路出人意料的好。根据几个月的销售情况，相框和油画尤其好销，而且很难进到货，说明厂家供不应求，当时王斌就产生了自己做的念头。经过核算成本，发现利润很高，于是他找到广州厂家的老板娘，请求老板娘把技术转让给他。后来经与老板谈判后，最终以 30 万的转让费（机器设备 10 万，技术 20 万）成交，通过三个月的筹备，相框工厂正式开工。从此，王斌与相框结缘。

成也情，败也情

俗话说，一个篱笆三个桩，一个好汉三个帮。从王斌决定走出农村闯荡的时候，他每一步都得到了亲戚朋友的帮助。

第一个给王斌提供帮助的是他的堂哥。堂哥比他大十岁，小时候就住在他家，他们都与奶奶睡同一个床。堂哥小时候一直带着王斌与自己的朋友们玩，让王斌比其他同龄孩子早成熟。王斌20岁时，一天晚上，他们与奶奶一起说话，觉得王斌这样没有出路，怎么办？堂哥想了一想，说他有一个远房亲戚，是木雕师傅，可以拜他学艺。后来，母亲托人送礼，请师傅收下王斌。王斌说："堂哥把我引入了人生之路，对我的帮助很大。"

王斌学木雕的时候，刚刚找对象，恋人是隔壁村的女孩。

一年以后结婚,从此以后,一直陪伴王斌,任劳任怨,成为王斌做事的重要帮手。

1990年代初期,王斌开始办厂,最先进厂帮忙的都是亲戚朋友,如小姨、妹妹与妹夫、表兄弟、堂兄弟,等等。当企业的规模只有十多个人时,大家都很团结。王斌说:"企业里都是家里人,都是亲戚朋友。最初的时候,企业连账也不记。谁负责哪一笔业务,钱收进来,就放在抽屉里,告诉我一声。我一般都不会认真去数钱。我老婆管得多一些,但她有点马大哈,而且,企业里老婆面上的亲戚更多,碍于面子,她也不会多说。那时,说实在的,谁起了歪心,偷偷拿走些钱,我也不太清楚。企业里的人就像一家人,用一个大锅烧饭,大家围坐在一起吃饭,就是过着这样的生活。"后来从最初的几个人、十几个人,很快增加到一百多人。大量陌生人进入工厂,整个情况变得复杂起来。

一切变得太快了,金钱、财富、权力、关系以及外部环境,王斌不得不穷于应对。此后十多年里,王斌一直在处理各种难以想象的问题,以确保企业的生存与发展。令王斌感叹万分的是,曾经助他成功的"情",反过来成为他的"坎"。真所谓成也情,败也情。

自从学习雕刻,妻子一直是王斌最好的伙伴。多少个日日夜夜,艰苦的劳作,妻子都与王斌同甘共苦;多少次长途外出,困难重重，妻子总给王斌带来勇气与力量。但是，随着企业规模的扩大，与外界的交往十分繁忙；企业内部陌生人急骤增加，企业管理中需要处理的问题也日益复杂。妻子依然积极参与，但有时候，妻子的"积极"不经意间成了王斌的麻烦，妻子的"好心"反而起到了反作用。在王斌看来，妻子人很好，可是"女人嘛，胆量比较小，听她的，企业办不大"。王斌接着说："因为夫妻俩的经营理念不同，后来就开始产生内耗，员工也不知道该听谁指挥，长此以往，对企业发展就会产生影响。"王斌认识到了不能被"情"所困，必须快刀斩乱麻。于是，王斌与妻子进行了真诚的交流，两人都意识到企业继续发展，必须有一套完善的制度，尤其是亲朋好友，更要带头遵守。恰逢当时开拓国际市场，夫妻商量，就由妻子前往迪拜筹建分公司，负责国际业务。

2002年，王斌准备办一个机械制造厂，专门生产相框产业链上需要的相关机器，以替代引进的昂贵设备。他一个表弟原是义乌矿山机械厂的车间副主任，机械厂经营不善，表弟下岗后投奔王斌。王斌让表弟帮助筹建。在两年多时间里，他们巧妙利用台湾的技术，设法改造成具有自主知识产权的机器。在这个过程中，表弟发挥了重要作用。第三年，王斌的机械厂赢利超过百万。一切似乎顺利，然而没有任何前兆，过了新年以后，表弟没到厂里上班，还带走了几个重要的技术骨干，在义乌办起了自己的机械厂。不仅给机械厂造成了损失,还直接成为了竞争对手。

天有不测风云,正当公司发展规模突飞猛进,产业、产能一路高歌时,2007年,金融海啸来袭,银行资金开始收紧,到了2008年更加突显出来,国际贸易市场经济以及国内市场都不景气,导致大量应收账款一时无法回收,资金周转变得非常困难。接踵而来的,是朋友又带来了坏消息。王斌是重情重义之人,近几年,朋友企业发展需要融资,他不仅伸出援手给予借款,还给朋友提供贷款担保。在此大环境下,朋友企业无力偿还,王斌只能硬着头皮代偿还了一千多万。

"屋漏偏逢连夜雨",接下来,企业又遭受了致命一击。一天,王斌莫名其妙收到了一张债务5000万元的法院传票,焦急万分,赶紧厘清来龙去脉。原来是此前公章保管不严,使用随意,太过于相信朋友,开了一个"证明",怎料却变成了一份"担保"。而对方还不起,债权人就把茅头指向了有能力还钱的王斌。

接下来真的是四面楚歌。公司账号被法院查封,员工工资发不了,很多员工,特别是技术人员、管理人员纷纷跳槽,同行造谣说王斌的工厂马上就要倒闭,撑不过今年了。公司上下都人心惶惶,有些供应商开始停止供货,天天到公司来催款,客户不敢下单,公司处于半停顿状态。

亲戚的"情"让王斌困扰，而朋友的"情"更让王斌承受重大打击。有一段时间，王斌逃离义乌，一个人躲到深山里，每天默默注视着天空、大地……

人情的重建

天苍苍，地茫茫，人间正道是沧桑。人偏好追求确定性，现实却总"出乎预料"，历史逻辑常常在"否定之否定"中展开。

王斌躲进山里，但修不了身，也难以养性。在天地之间，他的心里仍系着三千多名企业员工。王斌的企业全部停工，企业职工收入来源全部切断。员工已经三个月没有发工资了，这涉及三千多个家庭的生活，王斌不能甩手不管，至少要给员工一个交待！

王斌很快回到义乌，他已经想好了怎么办。

那一天下午，他通知所有企业班组长以上人员集中开会。与平时不同，几乎所有人都提前来到会场，有的疑惑，有的迷惘，有的猜测，有的急切，有的心灰意懒，有的想出谋划策……会场笼罩着一种"说不清道不明"的气氛。

王斌来了。他站到讲台上，有点儿疲惫，但仍挺直了腰杆。会场一下子安静下来。王斌开始向大家说明这次企业面临的困境，解释了目前资金紧张的原因，并把自己的家底也全部亮出来，同时阐述了自己创业的艰辛，也讲明了公司的明天与希望。并斩钉截铁地告诉大家，如果法院要来强制执行，你们各自流水线上的机器设备和材料，可以连夜搬走，作为大家的工资。

会场静极了，似乎所有人都没有想到王斌会这样说，这样做。

突然，一个上海下岗后到王斌企业工作的妇女站起来，大声说："企业有难，大家出力，我拿出自己全部存款，共17万元，用于企业组织生产。"

一石激起千层浪，会场一下子活跃起来。

在场的企业班组长以上管理人员纷纷解囊，当场筹集现金一千四百多万元。王斌相框是赢利情况极好的企业，用他的话来说："只要机器转起来，一定赚钱。"出乎王斌预料，突然，企业的钱有了。此刻，王斌脑子里只有一个念头：什么也不管，只狠抓生产。

开此大会前，公司很多高管曾再三阻止，害怕出事，害怕会议适得其反，但王斌坚持召开了。通过本次大会，稳定了军心，也征服了公司那些不愿意去改变的高管们，也解了王斌的燃眉之急。过不了多久，王斌全部以1分5的利息把钱还给员工们，兑现了他的诺言，获得了员工更多的信任。

此次危机能够化解，让企业走出困境。归根结底，这是"情"的力量。

但此"情"已经不是传统村落共同体中的"情"，而是经历否定之否定历史逻辑嬗变的"情"。企业职工们犹如同在一条航行于波涛汹涌的商海中的大船上，"同船合一命"；命相关，情相切。

但此"情"的基础不是血缘，而是直接的生存；不是地缘，而是共同的经济利益。

由此，企业成为在市场经济大潮中诞生的命运共同体，"经济结义、企业共情"，"情"在命运共同体中重建。

情的重建仍是"情"，这里没有血缘地缘基础，却更有人性。王斌以自己的身体力行诠释着企业命运共同体"情"的含义。王斌是"王斌相框"的创始人、老板，但是，无论在办公室、在车间、在工地，他都穿着朴实无华，总是带着笑脸主动与见到的每一个人打招呼，时而，还会说几句问候、关切的话，让人心里暖暖的。他不只是尊重每一个员工，还努力让员工在企业里有存在感。

他为人和气，亲切，快乐。每次有员工提出合理化建议或新的意见与想法，他都会给出及时的回应，与职工群众之间建立良好的信任关系，产生心心相印的共鸣。王斌把他与职工之间的相互信任称为自己的"群众基础"。他说："我与职工心相通，情共鸣，企业有困难、受打击的时候，职工群众才挺身而出，与我一起共渡难关。否则，我即使出高的利息，在当时的情况下，也借不到钱。"

在企业面临破产的关键时刻，王斌多年以来的"情的重建"发挥了难以想象的作用。在企业发展中，"情的重建"还须进一步展开。在工商业实践中经历否定之否定的"情"与人的能力、人的事业心相关联，与企业规则相关联。唯有在这种"关联"中"重建"，"情"才可能成为中国企业的核心力量。

赢利是企业的生命线，企业各级管理人员必须具有能力实现企业赢利，因此，企业的负责人在选拔企业管理人员的时候，应当同时兼顾人的能力、责任心与"情"。王斌告诉我们，"我吃了很多亏，才慢慢真正明白这个道理"。

王斌曾经起用自己的妻子、亲戚与朋友参与企业经营，那种来自村落共同体的人情关系曾经成为企业发展的动力。但是，随着企业规模的扩大、企业赢利的快速增长，传统人情关系与市场经济、现代企业管理之间的矛盾、冲突日益严峻。王斌站在传统与现代的分界线上，他做出了选择，扬弃了传统的"情"，智慧地使"情"实现现代性转型。

既然因"情"用人不行，那么，企业能否从外面聘请有企业管理经验的所谓"职业经理人"？

王斌试过，他招了一些国营大厂退下来的管理干部，结果让他失望。他说："国营大厂实际上与我们这些私人企业差别比较大，他们管理国营大厂的经验到了我们这里'水土不服'。那些聘来的管理人员，不熟悉企业的业务，更不了解企业里的员工，他们需要花很长时间去熟悉，但他们常常自以为有经验，上岗不久就发号施令，结果可想而知。更让人失望的是，他们一般都经不住各种诱惑，慢慢地，拿回扣成为'家常便饭'，受贿的事也时而发生。"

如果说王斌以自己日复一日地亲身实践为企业"赋情"，为命运共同体"注情"，那么，他更注重在日常的感性实践中发现、培养、提拔、重用有能力的人，让一批能为企业创造利润的人脱颖而出。

在企业较小、只有几百名员工的时候，王斌直接在日常互动中"发现苗子"。他察言观色，看人的讲话、语气、身体动作，看是否主动与人打招呼以及与他打招呼时是否礼貌回应，试图从中看一个人的品行与能力。王斌经常下车间，直接参加新产品开发。他走到哪里，某人如果躲避，"这个人肯定不行"。他到车间做事，叫人上来帮个忙，第二次下车间时，这个人如果避开，"这个人也不行，小气。因为第一次去'白干'了，他怕再一次'白干'"。他下去搞开发时，如果积极围过来，聊天，出主意，一起做，"这样的人，有希望"。

在企业达到一两千人时，王斌仍偏好到车间里去"看人"。他注意人的衣着、行为、动作、走路；观察人的眼神，看人的形象；琢磨人的双手，从手中看出是否"心灵手巧"，等等。他从女青年的走路形象中想象着人的性格，王斌说："一个女人，留着马尾辫，走路快快的，马尾辫一摇一摆的，她能干。"王斌从日常与人直接接触中练就了"发现能人"的本领。

王斌一旦看中某人，一方面告诉公司其他管理干部，叫他们一起关注；另一方面，安排适当岗位，在实践中考察。有一次，王斌与企业里一个汽车司机一起外出，王斌发现，这个司机有能力，脑子清楚，后来就提拔他了。王斌安排事情让他去做，曾经让这个司机带着十来万现金去购买东西。有的朋友认为，他胆子太大了，但他认为用人不疑，用了，就要相信他，在做事情的过程中考验他。

后来，企业发展到一万多人，在全国许多地方有分公司，王斌不可能直接"发现能人"。他创造了一套办法物色好的管理干部。企业会发布招聘通知，所有符合基本条件的职工都可以自荐，也希望各部门推荐。然后，公司分批开展"拓展训练"，王斌亲自参加，在其中"看人"。"拓展训练"内容灵活多样，丰富多彩，有项目设计、笔试、基础考核；有写作、计算、画图；

有捏橡皮泥、剪纸、插花；有做游戏，你比划我来猜；甚至还有体能测试，等等。训练项目经常变化，临时出题，每次三到四个小时。公司高层做评委，王斌参加，他们从游戏中物色人。

俗话说，树挪死，人挪活。王斌善于不断调整岗位，在换岗、重用过程中培养重要管理干部。"王斌相框"集团公司副总吴城镭就是王斌一手培养的。

吴城镭1983年出生于浙江省浦江县农村，2004年，他获得浙江师范大学经济学大专文凭，应聘进入公司。他入职三个月时，报名参加了公司的人才选拔，表现出色，被王斌"一眼看中"。他入职半年时，公司在福建购买了1000亩土地，开始建设新工厂，需要物色一个出纳，专门管钱。公司初步相中两个人。一天，王斌专门请他们一起到义乌市最好的西餐馆吃牛排、品红酒。吴城镭被王斌深深感动了，说："那是我第一次进西餐厅，我们董事长不喜欢请客吃饭，他专门请我们，说明感情上对我们的重视。这对我影响很大，他对我那么好，我愿意跟着他，更不能辜负他，不仅要把事情做好，更要忠诚、廉洁。"

吴城镭在福建工作一年后，王斌派他出任上海分公司负责财务。2006年，法国分公司需要派一名财务处理紧急事务，当时的财务总监向王斌推荐了他的儿子，王斌再三思索后，派了吴城镭。三个月以后，吴城镭从法国回义乌，王斌任命他为集团审计部部长。

这样的案例很多，集团几个公司及事业部的总经理、全国的大区域经理，所有的中高层管理人员基本都是王斌一手提拔的，那么，他又是如何确保他们对企业的忠诚呢？王斌说："提的人，工资一定要跟上去，反正要给得多一点。要信任，敢于放手。"他用双手做了一个心，说："我做到心与心之间的真诚交流！"

或许，人与人之间情感关系的最高境界就是心与心间的交流，无须多说，一切尽在不言中。中国还真有许多这样的成语，如心心相印、息息相通、情投意合、心照不宣、心领神会，等等。

当然，企业运行中涉及太多利益，太多机会，单单靠心、靠情是不够的，现代企业必须建立严格的制度。王斌清楚地意识到这个道理，近十年来，王斌在企业管理中除了物色管理者，做的另一件重要的事就是根据企业运行的情况不断完善管理制度。

企业制度是一个复杂的体系，企业在采购、销售领域"天天有大量钱流动，容易出事"，2018年以来，集团制订了最严格的行为规则。

以采购为例。公司与供应商签订了专门的廉洁协议，哪怕他们请吃一次饭，洗一次脚，中秋送一盒月饼，都要罚；与此同时，与全体管理人员也签订廉洁协议，不遵守，重罚。检举，则重奖。

企业还设立了询价部。主要负责核实价格，去市场上实地调查，看看采购的东西是不是市场最低价格，供应商是否可能给企业人员行贿，等等。早些年，询价部门很少发现问题，2018年以后，企业给询出问题的人重奖。重奖制度推动询价人员打破情面，询价效果十分明显。为了更好发现采购中的问题，企业发动车间主任、全体员工参与，特别是使用物资的员工参与询价，效果明显。

身体的经济学

时间感悟存在着极大的人际差异。当21世纪的大门徐徐打开的时候，王斌张开双臂，怀着激情，带着憧憬，甚至有点儿亢奋。

当时的王斌办企业太顺利了，顺利得让他云里雾里，难辨"人在何方"，有点飘飘然的。2003年，他的相框做到世界第一。不久，他从法国购买的一架私人飞机降落在义乌，引起轰动！

物极必反，福祸相依。

接下来的几年里，企业接连遭遇挫折，曾几度陷入困境，在倒闭边缘挣扎。退休女工的挺身而出，众多班组长向他伸出援手，企业才起死回生。经历种种，王斌从中悟出另一番道理。

2011年春，那一天，王斌拿着一本体检报告慢慢地翻着，猛然醒悟：如此折腾，影响最大的是自己的身体。他正值壮年，身体已发胖，很多体检指标不正常，尿酸高、血压高、血脂高……

他原本体质很好，为什么会变成这样？王斌领悟到经济活动对于自己身体的影响。回顾近十年的情况，王斌注意到过度兴奋对身体的伤害，这种伤害因太多的应酬而愈加严重；他注意到受挫折以后的负面情绪对身体的伤害，这种伤害因太过繁忙而愈加严重。

此后，王斌开始减肥，健身，拜师学习瑜伽，学瑜伽与其说是锻炼身体，不如说是让人安静下来。

王斌安静下来了，安静下来的王斌进一步思考着身体与经济活动的关系。他已经从自己身体变化的切身体验中，看到经济活动对于企业担纲者身体的严重影响，如果说人世间一切事物中，身体是第一重要的，那么，这种影响引导着人们重新评估企业担纲者的心智与行为方式。

王斌清楚知道，办好企业，要洞察各方情况。如果老板身体不好，就可能判断失误。2010年，王斌在义乌投资了房地产生意，在山东、广西各办了一个工厂，但是，2011年，义乌的房地产投资失败，损失数千万元。

痛定思痛，王斌意识到，失败的原因或许十分复杂，但是，自己的身体状态肯定是一个重要的因素。2011年年底，王斌下决心锻炼身体，增强体质，以真正做到"眼观四路，耳听八方"。

他当时的体质确实比较差了，每天只跑一两公里，就觉得气喘吁吁，要花好久才能恢复过来。但他坚持着，除了每天跑步，还慢慢增加一些体能锻炼，如哑铃、拉力器、握力器等等。

到2013年，王斌的体能已经恢复了，他开始适应各种不同的运动。更重要的是，他清楚地知道，年龄在增长，思维的活跃度也在增长！

他体会着健身的好处，也设想着通过健身，让整个集团的管理干部们也"充满活力"，经常性的告诉员工要"管住嘴、迈开腿"。2015年，他投资建设健身房。这个健身房总面积达一千多平方米，全部是透明的玻璃房。里面种植着各种热带水果，如香蕉、火龙果、猕猴桃、芒果、菠萝蜜、杨桃、木瓜、桂圆、荔枝、柠檬、百香果、红毛丹，等等，犹如一座热带植物暖房。健身房内，各种不同的健身器材被安置在热带水果作物之间，让大家心情愉悦，更可以在健身之余吃上几颗从树上摘下来的甜美热带水果。

健身房建好以后，王斌开始要求企业管理干部一起参加健身。最初，健身时间由公司办公室统一安排，分部门轮流，每天都安排近二十人陪同王斌一起健身。后来，大家养成了健身的习惯，每天都会自觉抽空到健身房锻炼。

2019年，王斌开始把体能测试纳入管理干部的考核中，每年两次，管理干部必须通过公司规定的体能测试标准。王斌发现，自从有了体能考核制度以后，企业管理干部更积极参加健身活动，他们的体质明显好转。那些偏胖的，经过健身瘦身了；那些懒散的，经过健身变得爱活动了；那些体弱的，经过健身强壮了。整个管理干部队伍体能增强以后，变得更有活力、更有创造力。当然，管理干部中也有一些懒人，他们吃不起苦，硬赖在办公室里不参加健身。慢慢地，他们意识到自身的状态难以适应"王斌标准"，就主动提出辞职。

王斌以自己的亲身实践看到了身体与经济之间的"正相关关系"。他深刻体会到，人到了50岁以后，如果不积极健身，身体"下坡路走得很快"。如果不积极通过健身防止"身体下去"，那么，企业也一定会"下去"，还会"下去得比身体更快"。王斌有一个朋友，与他同岁，以前有三百多位员工，在企业经营遇到困难的时候，王斌曾替他担保。王斌说："两人的思维本来都是4G，我由于积极健身，思维一直很活跃，甚至从4G变成了5G。但是，他整天不动，思维就变慢了，变成了3G，后来甚至只有1G。他的企业呢？几年以后，只剩下二十多名员工了。"这位朋友身体不好，没有年轻人愿意跟着干，人才慢慢都流失了。

关于身体与经济的关系，王斌认为一直存在两个误解。

有些老板认为,要身体好,就要养生,吃得好一些,吃很多滋补营养品;另一些老板认为,要身体好,就要注意休息,多花点时间喝喝茶,让自己休闲一些。王斌认为,这些都没有什么用,最重要的事情是健身。

此外还有一个误解是所谓的"充电",到外面去听讲座,参加某些花费极高的培训。王斌曾经去参加过,并且花了高额的学费,他说:"刚刚听完,身体'像充了鸡血似的',但是,这些东西对企业的发展一点用处都没有。如果他们能讲得那么好,怎么自己不去办企业?"只有保持身体的健康,老板才能真正能做到"眼观四路,耳听八方",能有敏捷的思路,准确的判断,才是办好企业、发展经济的正路。

极致：相框走向世界的秘密

现代制造业与传统工业的主要差别在于，现代制造业分工精细，产业链较长。王斌恰恰反其道而行，一个企业把产业链做到极致。

王斌介绍产业链时说："看看相框简单，其实别人起码十个厂才能做起来，我现在一个厂就能做。这就把推销成本、运输成本、税务成本以及人力成本都节省了。我的相框当然就有竞争力了。"单单听着这句话，我们并没有多少感觉，但是，当他扳着手指讲起他的产业链时，我们着实十分吃惊。他接着说："当时我们相框还只用单一木头材质时，每天需要消耗60个火车皮的木材，是全中国单个企业木材消耗量最大的。"

看一看王斌集团"一个企业的产业链"吧。

王斌集团从广西、福建或者东南亚采购原始木材。木材进入工厂，加工成不同规格。这里，锯木材的锯子、锯木材用的机器都是王斌集团自己生产的。

木材锯开以后，需要用专用的机器、刀具打平、处理，专用机器与刀具都是自己生产的。

木材加工成相框的时候，需要用胶水黏合。工厂所用的胶水以及做胶水的机器都是自己生产的。

相框加工过程中，四个角还需要钉子咬合，这种专用角钉是自己生产的。

相框黏合以后，要涂刷油漆，然后进行图片的印刷，王斌集团不仅制造了这些工艺流程中的不同机器，还生产了油漆与各种不同颜色的印刷油墨。

相框制作好后，需要上墙，上墙所用到的挂钩也是自己生产的。相框制作需要塑料，王斌他们自己生产塑料粒子，还研制了挤塑机。更有趣的是，王斌集团把各种生产边角料，甚至废料都"化废为宝"，为企业创造利润。木材刨平的时候，有大量的刨花，很多企业或者当垃圾丢掉，或者作为废料卖掉，王斌集团则把刨花做成刨花板，把木材锯成相框以后的边料做成细木工条，到市场上出售，价格还蛮贵的。木材在锯开的时候，会产生大量木屑，很多企业不得不花钱请人把木屑处理掉，他们把木屑做成生物质颗粒，用于锅炉燃料，每年可以创造五千万元销售额。最后，相框的热印、包装纸箱、相关包装材料都是自己生产的。

这样长的产业链，省掉了大量中间环节的费用，当然可能创造比同类企业高得多的利润。

王斌集团产业链之长令人惊讶，更让人叹为观止的是，在这么长的产业链上，他们努力把每一个环节、每一个中间产品都做到极致。

极致的追求源自于王斌童年、少年的生命体验，从企业创办之初就一直身体力行。他不只要把每个产品做好，而且要只争朝夕，在最短的时间内超越世界所有的同行。

在最初办企业的时候，小相框是企业的重要产品。后来，市场发生变化，王斌放弃了小相框生产。2019年，一个业务员告诉王斌，电商平台出来以后，小相框卖得非常火热。王斌"动起了再做小相框"的脑筋。他决定亲自到全国考察小相框生产的情况，并通过对标，做出超越其他企业的产品。

他到了一家企业，发现他们的生产设备、操作模式与自己企业十年前完全不一样，如装配过程，他们一条生产流水线一天可以做8000个小相框，自己以前只做4000个。他考察以后，就把相关情况详细记录下来。然后，他转身到其他企业学习，走了五六家企业，学到了很多门道。

又有一次，他到一家企业去参观，看到相框油漆做得非常好、光滑、透亮，他跷起大拇指称赞一番。老板十分高兴，就讲了这个油漆的做法。王斌一听，就懂了。有些企业听说王斌要去，明确表示"没有必要"，他们认为王斌是同行中的大老板，他们只是小厂，但王斌不管小厂还是大厂，都要去。他认为，小厂能够存活下来，一定有其道理，他要去弄明白这个道理。他坚信，小厂里可能藏着大门道。

在全国相框行业中，许多企业老总都是从王斌那里出来的。有时王斌说要去，对方会拒绝，因为对方知道王斌"太精明了，他只要一看就能看出东西来"。所以有的时候，王斌干脆不打电话，直接以采购员、业务员的名义进入企业。如果没有碰到老板，就算"混过去了"，如果碰到老板了，就大大方的打个招呼。

经过整整半年时间，王斌几乎跑遍了全国生产小相框的各类企业。他心里有底了。回到义乌以后，他召集相关的技术人员共同研究，决定重新启动小相框的生产。在各种相关的准备工作完成以后，机器开动，王斌集团出品的小相框又独占鳌头。

王斌带头，所有的管理人员每年都要到全国其他企业去，找到对标的点，以各种方式学习，把别人的好的东西学回来，不断提高生产效率。集团每年派出约百分之二十的管理人员，到全国各地相关行业的企业中去考察、学习。如果考察被拒绝，他们就以产品宣传、业务拓展、产品采购、协商合作、共建平台等各种形式近距离接触，深入了解他们，从他人的成功做法中汲取营养。

王斌对下属各企业负责人说："你的企业必须有魄力超过国内最好的某一个企业，或者营业额越过它，或者利润越过它，或者质量越过它，或者同样的质量价格更便宜。这里，质量是核心，质量是保证信誉的关键。国内有的厂只生产与相框有关的某一种产品，如只生产油漆，他们的质量可能很好。你就一定要想一想，至少你的企业一定要达到目前国内最好质量的水平。你的企业如果能够做到第一，能够有好的利润，集团一定奖励你。"

集团对每年外派去学习的管理干部有严格的要求，要求每一个人回来的时候，必须写一份详细的情况汇报，最好要有明确的学习收获以及如何"学以致用"，提出改进自己工作的建议。只有交了这份"情况汇报"，外派干部才能报销外派期间的全部费用，还能"照拿"企业中的全部工资与奖金。

近十年来，王斌每年都对标全国各类不同的相关企业，通过年复一年坚持不懈的努力，集众人之长，仔细、认真琢磨企业产业链的每一个环节，以求达到极致。这个过程是对标、学习、模仿的过程，也是一个创造的过程。进一步说，企业想做到极致，如何最大限度发挥管理干部、员工们的创新精神，始终是企业负责人面临的一个挑战。

王斌以自己的方法应对着这个挑战。

俗话说，好老板培养员工，好员工扶持老板。老板的偏好引导员工的行为，老板的风格塑造着企业的文化。王斌敢想敢做，勇于创新，影响着管理干部与职工。2002年，王斌注意到广州一家中外合资工厂在生产大批量相框，就"偷偷走进那家厂里去看了一下"，发现该厂从台湾引进的设备非常先进。回义乌以后，他千方百计打听，找到了从台湾购买相关设备的途径，就"把赚来的钱投资100万元去买了台湾机器"。

新买的机器到了，生产效率很高。但从企业发展来看，机器还存在着两大问题，一是机器价格太高，企业没有能力再购买；二是机器与企业产品的匹配存在问题。一个大胆的想法在王斌脑海里涌现：自己做机器！

当时，正巧义乌佛堂镇机械厂倒闭，王斌从那里请了几个师傅，自己全身心投入。王斌他们把台湾的机器拆成一堆零件，一个个琢磨，一个个研究，或者仿造，或者改进。他们进而摸索各种组合与运转，以创造最优方案。功夫不负有心人，经过近六个月的日夜钻研，王斌他们竟然造出了自己的相框流水线，价格仅为新购机器的三分之一，而且效率更高。新设备给王斌企业插上了翅膀，一年以后，"王斌相框"做到了"全球最大"，被业内称之为"框业航母"，"王斌相框"也成为了相框的代名词。

王斌一直以来头脑灵活,敢想敢做。2009年,木材货源紧张,价格高涨,竞争压力增大,同行也都为木材涨价而头痛。很快到了春节,那年王斌去三亚过年,经过湖南与广东交界处,看到成片成片的桉木林,他就在想,要是桉木能代替杉木该多好啊! 这样就不会为收购木材发愁了。他马上联系了福建工厂的采购人员,让他们去买些桉木来研究。通过试验发现,桉木不仅可以替代杉木,而且成本更低、货源充足。

2010年春天,王斌到广东、广西考察桉木基地。通过考察,发现广西的桉木量最多,木质最好。于是,他拿出广西地图,以南宁市为中心,画了一个辐射周边50公里的圈,对周边县市工业区进行考察,决定投资办厂。当时广西的桉木产业主要是对桉木进行旋切,旋切出1到2毫米厚的面板,卖给全国各地的家具厂或制板厂。十几厘米粗的桉木旋切到3厘米粗的时候就无法再旋切,而这3厘米粗的桉木芯圆棍只好当废品处理。王斌心中暗想,这也太可惜了,能不能用于加工成相框呢? 在他亲自参与研发,多次调整工艺后,这个大胆的想法,果然变成了现实。为此,他还独创了桉木芯拼板技术,把原本废弃的桉木芯变成了一个大宝贝,开创了行业先河。此后,相框行业使用桉木芯代替杉木做相框的工艺至今广为沿用,这一项工艺发明可谓是变废为宝、利国利民的伟大创举。

王斌以身作则,做创新的榜样,更以一系列制度创新确保企业站立于行业之峰巅，具有其他企业难以企及的核心竞争力。

内部交流学习机制。王斌集团产业链长，内部有许多不同的生产企业，王斌亲自制订了不同类别企业之间的交流学习机制。在下属企业生产淡季的时候，除了安排管理人员外出交流学习外，集团还有序组织管理人员进行内部交流学习。王斌认为，如果一个管理人员长期只在自己的企业里任职，他的眼界就受到局限。眼界狭窄，就打不开思路，难有创新的突破。进一步说，内部交流学习加强了集团管理干部之间的接触，有利于营造集团的文化氛围。

多层次综合评估机制。企业每年派百分之二十的管理干部外出，带回来很多重要信息与建议，王斌要求集团各个层次主要负责干部"认真研究这些信息与建议，选出一些重要内容，召开综合评估会议，以便有针对性地改进自身工作"。比如，差不多的产品，有人卖得比集团便宜，就需要认真对待，一起来琢磨原因。又如，别人某种产品销得很好，就需要反复研究其原因，以改进工作，实现超越。在集团中，很多综合评估会议由王斌亲自主持。他说："我在集团的主要工作之一是召开综合评估会议。"

全员监督机制。王斌在组织生产的过程中创造了以"下道工序监督上道工序"为特点的全员监督机制。在这种制度中，每一个员工都是监督员，他有机会监督上道工序；他同时是受到监督的人，他自己的工作会被下道工序的员工监督。企业通过这样一种"监督与被监督"的机制来更好的确保产品的品质。

王斌创造了一系列制度，试图激励每一个管理干部与职工都为极致的追求添砖加瓦。在这种企业文化中，王斌不仅推动了各种制度的有效执行，更让自己成为集团中"人人争相创新"的动力源泉。王斌每年至少有三分之一的时间到全国各地集团所属的工厂考察，看人辨物，发现问题，研究改进措施。他特别提倡"人人提建议"，被采纳的建议，王斌发奖励；没有被采纳的建议，即使错误的建议，绝不批评。在义乌的时候，王斌每天都像其他管理干部、职工一样按时上下班。近几年里，王斌很多时间都坐在办公室"玩着微信"。在王斌手里，手机上这小小的屏幕成了思想激荡的舞台。管理干部们把自己的建议发到王斌手机上，王斌则第一时间在微信上点评、转发，组织小群讨论，给出新的思路……

这是具有本土风格的创新；恰恰是地道的本土，却让王斌相框走向了全世界！

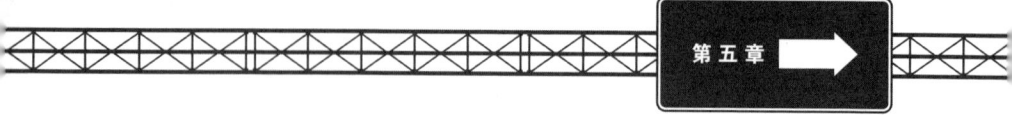

第五章

帽子的工艺术想象

让人人都有一顶适合的帽子。
朱智慧

时隔两年，2021年7月7日，我们又一次在义乌访问了浙江高普服饰有限公司董事长朱智慧。他刚刚带着公司二十多位管理人员从甘肃敦煌团建回来，脸上还露着疲惫，声音还有点儿嘶哑，但仍思维清晰，娓娓道来。

朱智慧略带磁性的声音在静谧的空气中飘荡，每每讲到帽子业务"上一个台阶"的时候，他总轻描淡写地用一个"很义乌"的词——"运气"，但"运气"一词却引起我们深深的思考：为什么朱智慧常常是那个"有准备的人"？

义乌福田乡的家与学校生活

今天的福田是义乌国际商贸城所在地,是全球小商品集散的核心区;几十年前的福田是义乌县的一个乡,是义乌农民辛苦劳作的一片贫瘠土地。

1971年,朱智慧就出生在这片贫瘠的土地上。

这里是朱家世代谋生的地方。朱智慧的爷爷是抗美援朝的老兵,回国以后,到云南参加工作。奶奶一直生活在福田,在朱智慧回忆中,奶奶是"一个非常宽容、非常慈悲的老太太,对我们整个家族影响非常大。本家的孩子转来转去玩,都喜欢转到我们家来。我奶奶但凡有饭、有可吃的东西,都会给孩子们吃。困难的时节,她自己有一碗饭,肯定大半碗会给到孩子们。这种情况我从小都看在眼里。"

朱家是农民，生活艰难。朱智慧的爸爸在农闲时去江西"鸡毛换糖"，是村里最早的几人之一。朱智慧的妈妈来自义乌小商品市场的发源地廿三里，从小生活在"三人行，必言商"的环境里，从小就跟着父母尝到过经商的甜头，对经商有着偏好。由于她的影响与支持，朱智慧的爸爸成为义乌最早的小商品经营者，是义乌第一批拿到正式小商品经营执照的人。❶ 小商品经营改善了朱家的生活，但令朱智慧难忘的却是经商带来的莫大荣誉。

在朱智慧上初中的时候，家中的一件事让他对"经商"这一行业有了更深刻的认识。那是1985年暑假的一天，朱智慧在家时听到远处敲锣打鼓的声音，还在纳闷谁家办喜事，闹这么大的动静。不曾想，锣鼓声慢慢的近了，越近，鼓点越急，锣声越脆，很快就到了朱智慧家的门口。

朱智慧有点兴奋，有点好奇，有点紧张，赶紧问爸爸妈妈，"这是怎么一回事？"原来，上一年年终时，乡里评万元户，村委会推荐朱智慧家做万元户代表。现在，乡里把万元户荣誉奖状送到家里。爸爸妈妈笑得合不拢嘴，乡领导亲自把奖状授给爸爸，还给爸爸别上一朵大红花。朱智慧说："这个奖状很有价值，我家是义乌市第一批万元户。"

---

❶ 可惜的是，他们家的执照找不到了。根据朱智慧妈妈的回忆，在义乌，他们家的执照肯定是前一百号的。

万元户奖状的价值不在于钱的多少，而在于劳动精神的弘扬。朱智慧说："我们义乌文化中，义乌人的日常生活中，人人都看重荣誉，讲究面子。"在村里，朱智慧的爸爸又是一个特别看重家族荣誉的人。1980年，朱智慧所在的村刚刚实行联产承包责任制，村里人对种田抱着巨大热情，大家相互比拼，不甘落后。朱家有八口人❷，分到了十多亩土地。他的爸爸平时几乎每天都要到廿三里做小商品买卖，冬天还到江西一带去"鸡毛换糖"，爸爸妈妈一定还要做到"田里的活不能干得比别人家差"，这就使全家都干得特别辛苦。

朱智慧才满十岁，就不得不下田种地。他每天从学校回家，放下书包就去干活，在他的记忆中，那时候，"读书回家就干活，没日没夜、暗无天日地干。而且永远有干不完的活，夏天有夏天的活，雨天有雨天的活……"

他最难忘的是秋天跟着大人们在番薯地干活的情景。

番薯适应性强，可以种植在各种不同的旱地里；病虫害较少，对肥料的要求低；容易种植，产量稳定，深受义乌农民的欢迎。番薯一般在5月中旬前后扦插，11月中下旬收获。收获的时候，先用镰刀割去番薯藤，再用铁耙翻出地里的番薯。朱智慧家的大人用铁耙翻番薯，小孩子在后面，把翻出来的番薯一个

---

❷ 父母、奶奶、朱智慧与一个弟弟、两个妹妹，以及未出嫁的姑姑，全家共八人。

个捡起来，用双手拨掉粘着的泥，再放到箩筐里。朱智慧他们捡番薯的时候，人站着，腰弯下去，双手去捡，拨泥。手边的番薯捡完了，双脚向前移动。一直做这个动作会感到很累，朱智慧就会蹲下去一会儿，特别是手边的番薯较多时，蹲着干一会儿，人轻松多了。但是，蹲着捡番薯效率低，到晚上收工时可能会"留下尾巴"。所以，只要朱智慧一蹲下去，爸爸就呵斥："不准蹲着！"朱智慧一听见呵斥，只得赶紧站起来。"不准蹲着"！爸爸的这句呵斥让朱智慧记了一辈子。

在番薯地里干活的时候，有时候干半个小时，朱智慧他们会不由自主地站起来，伸一下腰，说："腰真酸，腰都要直不起来了。"爸爸听见了，马上会说："小孩子哪里有腰？小孩子没有腰的。"从此以后，朱智慧也永远记住了爸爸的话："小孩子没有腰。"

小学毕业以后，朱智慧进了福田中学。初一学期结束，由于父母忙于生意和农活，难有空闲的时间顾及孩子的教育，所以把朱智慧转学到其姑母任教的后宅中学读初二，"让姑姑管管他"。然而，寄宿在学校，缺少家长的约束，又正是天性爱玩的年龄，转学后的朱智慧开始沉迷于玩乐，没有把心思放在学习上，学习成绩不但没有提升，反而下降得厉害。

朱智慧的爸爸妈妈眼看他"跟不上班级里的同学们"，于是决定还是把朱智慧带回身边照顾。回到福田中学重读初中二年级的朱智慧，在班里调整座位的时候，和隔壁村的一位男同学共用一张桌子，同桌天天带着当时最流行的金庸小说到学校。很快，金庸小说吸引了朱智慧。他说："我因为坐他隔壁，看几页就知道，这些是多好看的书啊……他课间可以看一下，我只能课中看，争分夺秒在上课的时候（看小说），基本上没什么心思放在学习上。他基本上天天带，我基本上天天看，所以学习成绩一直都不理想。这种状况，直到上了初三以后，才开始慢慢改变。"

朱智慧七岁上小学，一直读到职业高中毕业，十多年的学习生涯，从学习情况看，"二头好，中间一般"。刚上小学的时候，他怀着对学校生活的渴望，对知识的好奇走进学校，学习用功，积极参加各种活动，被评为三好学生。后来，随着好奇心的消失，更因为家里劳动太忙、太累，慢慢"落在后面"。在初中阶段他一直没有用功读书，在老师、家长眼里，朱智慧的表现"一般"。

表现一般并不是没有收获，恰恰相反，朱智慧初中时期的"所得"影响了他大半辈子。那时候，他才十三四岁，却对"交朋友心中有数"。他交过不同的朋友，其中有好几个"玩的朋友"，如看小说的朋友。交"玩友"时，在"玩"的时候还蛮兴奋的，但是，他渐渐意识到，"玩的朋友"很难成为自己"真正的朋友"。

初中三年级的时候，全校重新分班，在新的班级里，朱智慧"碰到几个同学，印象蛮好的"。其中，一位姓王的同学是班长，文采很好，每写一篇文章，班主任就一定在上课时读他的文章，作为范文让全班同学学习。他喜欢毛笔字，字写得特别漂亮。朱智慧和黄同学交往很多，慢慢成为好朋友。另一个同学更让朱智慧佩服。这个同学家庭特别困难，是班级里仅有的几个特困生，学费、书费都是全免的。但他不像很多特困生那样，自卑、自惭，遇事总是"缩在后面"，他坦坦荡荡地去学习，去努力，坚韧不拔，积极奋进。他成绩一直很好，还喜欢写诗，写那种特别有激情的流行诗。这个同学的精神让朱智慧十分感动，成为朱智慧"最要好的朋友"。这两个初中时期的朋友影响了朱智慧"大半辈子"。

朱智慧在初中三年级的时候"交了两个好朋友"，人的精神状态也完全改变了。朱智慧努力了，进步很大。但是，他的学习成绩"一下子拉不上来"，没能考上义乌普通高中，进了义乌城镇职业技术学校。近朱者赤，在两个好朋友的影响下，朱智慧开始成为学校里的佼佼者，每一年都是"三好学生"。

朱智慧想象人生的方向，向往着能够考大学。但根据当时的有关政策，职业高中没有资格报考正规大学。于是，职业高中毕业的时候，他选择了参军。

军人与企业家

1990年,朱智慧体检合格,参军当兵,成为一名海军航空兵战士。新兵分配,他来到青岛海军航空技术学院,学习修理飞机。在青岛,他经历了七个月艰苦的学习和严格的军事训练。

青岛军校的部队训练,每一个小动作都严格得令人难以置信。这里的班长、区队长严格要求把被子叠得方方正正,不允许一个角有一点点"脱"。班长、区队长要求十分严格,检查不合格,就会严厉批评,甚至处罚。朱智慧看在眼里,紧张在心里,努力在行动上。多少个夜晚,别的战士睡了,他悄悄起来练习。为了使被子的角保持着"笔挺"状态,他尝试着用点水擦一擦,甚至试过用口水抹一抹。朱智慧的努力卓有成效,他很少被班长、区队长批评。后来,他当了区队副班长,继承着原来的传统，他仍严格要求战士们"叠好被子"。他说："我会严肃教育战士们好好练习，但从来没有处罚他们。我可没有那么'狠'！"

与紧急集合相比，叠被子只是"小菜一碟"。青岛时期的紧急集合训练让朱智慧刻骨铭心。朱智慧他们住在三楼，一个哨声响起，必须在17秒内到楼下操场上整齐列队。17秒，多短的时间啊！每个人要穿好衣服，跑下三楼。特别天冷的时候，如果脱掉衣服，只穿内衣睡觉，根本就来不及。战士们只得时刻做好准备。他们晚上睡觉的时候，裤子不全脱掉，一半裤管套在身上。无论什么时候，只要听到集合哨声响起，裤子一拉，鞋一套，一边系皮带一边跑。所有战士们哗啦啦向楼下涌去，每一个人似乎都是顺着人流直接"架"下去的。

朱智慧说："复员以后回忆起来，每次紧急集合时，人都不是从三楼跑下去的，总恍惚觉得脚从来都不沾地，就到楼下了。"这样的紧急集合不是一次两次，而是半年多时间，几乎天天如此，怎么不让朱智慧记忆犹新。

七个月的学习之后，朱智慧被分配到肥东进行进一步的军事训练，肥东的生活条件是非常艰苦的，当地说法叫肥东不肥，他到了那里才真正知道什么叫做苦。肥东地区缺水，整个营区只有一口水井。老兵们知道什么时候水井会有水，新兵不知道，等到新兵去打水的时候，井里没有水，连洗把脸的水都打不到。

秋天更是干旱，常常是一盆水，洗脸、洗脚，省着用。朱智慧他们到达肥东时已经是秋季了，正是枯水季节。多少次，他半夜里起来去打水，才勉强打到一脸盆浑浊的、带点儿涩味的水，而这盆水要用上整整一天。

在肥东的时候，军事训练的艰苦、飞机维修要求的严格远远超出了朱智慧的想象。"艰苦生活磨炼了我的意志力，部队严格的训练磨炼了我的纪律性。"朱智慧连续说了两遍，似乎要我们领悟点什么。

尽管条件艰苦，但朱智慧仍然克服了各种各样的困难，在部队中取得了突出的成绩。一般来说，新兵参军，第一年适应，第二年努力，第三年才可能入党。在整个师里，朱智慧通过优秀的表现，成为唯一一个在入伍第二年就入党的积极分子，他还被树立为大家学习的标兵，获得了各种荣誉。

如果一切像往常一样，朱智慧会提干，正式考进部队军事院校的概率比较大。他自己也很盼望在部队里有所作为。但是，1992年全国大裁军，朱智慧所在的部队整个番号全部撤销，朱智慧于1993年底退伍回家。

他在家里待了整整半年多时间，无所事事。他参军时是农村户口，1992年，他爸爸以每个户口两万元的价格，把四个子女的户口全部从农村户口转成了城镇户口。根据退伍政策，城镇户口应该由政府安排工作，令朱智慧难以理解的是，"买来的城镇户口与原来的城镇户口不一样"。城镇户口的退伍兵有相对较好的工作,农村户口的退伍兵却没有这样的待遇。朱智慧不接受这样的安排。

路漫漫,夜茫茫,正值青春年华,朱智慧正苦苦寻找生命的方向。

爸爸妈妈仍在义乌小商品市场经商,他们建议儿子到小商品市场学习做生意。朱智慧去了没有几天,就"逃"回家了,他说:"我从小脸皮就薄,现在从部队回来,脸皮特别薄,站在摊位前都难为情,怕丢脸,哪里还能讨价还价?我根本做不了生意。"怎么办?此时,义乌不少工商经营者纷纷自己办厂,以最大限度降低小商品成本。朱智慧对爸爸妈妈说,"我来办厂吧!"

爸爸妈妈同意了儿子的建议,经过反复比较,最后在经营的商品中选择了帽子。

帽子是朱智慧家经销数量较多的商品。爸爸妈妈从上海的工厂采购压仓帽子、处理帽子、次品帽子,几毛钱一个,十分便宜。上海的帽子运到义乌,经过简单整理,好的可以卖几元钱一个,差的卖几毛钱,每个帽子赚几毛到一元多的差价。爸爸妈妈与上海一家帽厂关系比较好,经联系,朱智慧与大妹妹一起到厂里学习制作帽子的技术。

1994年7月,他们去上海学习。厂长安排他们从帽子的剪样开始,所有的工序都学一遍。他俩白天跟着师傅学,晚上继续温习白天学到的东西，每个星期日都在工厂宿舍里用功。当年11月，他们已经基本掌握了制帽技术，回到义乌。

在爸爸的帮助下，朱智慧开始筹办帽子工厂。

当时，爸爸的一个初中同学在义乌有一家衬衫厂，办了一年，经营情况不好，准备处理掉。朱家听到这个消息就开始主动联系，因为服装厂的许多设备稍做改造就可以用来生产帽子，部分设备直接就可以使用。爸爸出面与老同学谈工厂的转让，老同学"蛮客气，好说话"，转让的价格上也给了很多优惠，于是朱家就把整个工厂盘了下来。

朱智慧是幸运的，他轻易解决了厂房、设备等问题。朱智慧是幸运的，他在正式招工的时候，找到了一位战友，马上可以上手协助管理。朱智慧是幸运的，他招到了几位从衢州和江西赣州来的老实又能干的员工，人员很快稳定下来。朱智慧是幸运的，帽子工厂投产所需要的资金，全部由爸爸提供，不向银行贷一分钱；朱智慧他们生产出来的帽子，只要达到质量标准，全部由爸爸妈妈包销。

万事俱备，开工了！朱智慧到义乌纺织品专业街上选择、购买了生产帽子所需的面料及各种辅料，他的妹妹从上海的那家帽厂选来了一批帽子模板，哥妹俩"真刀真枪地干了起来"。随之，屋子里的几台缝纫机也迅速转动着，把一片片布料缝制成帽子。他们最初做的是六片布料构成的棒球帽，一种当时市场上流行的"大众帽"。当他们生产的第一顶帽子的最后一根线头剪断，朱智慧想象中的帽子做成了！

他拿着刚刚做好的帽子，心里甜滋滋的。手托着帽子，左看右看，他想，是不是需要给帽子绣点装饰？他与妹妹一商量，一致认为，市场上最受大家欢迎的是一种绣着牛头的棒球帽，他们出品的帽子上也可以绣个牛头。朱智慧说："当年大家都没有什么品牌意识，也没去多想知识产权问题，想在帽子上绣点什么花纹都可以。"

朱智慧工厂生产出来的牛头棒球帽出厂了，质量还可以。他把帽子送到爸爸在义乌小商品城里的摊位上出售，十分畅销，"做出多少，就销掉多少"。

"不怕销不掉，就怕做不出。"朱智慧的帽子工厂一开工就进入了企业经营的佳境。一年以后，朱智慧与家人商量着扩大生产，他们决定把农村家里三百多平方米的房子改造成厂房，添置了新的设备，建设了两条帽子生产线，新招收了三十多名工人。朱智慧在妹妹、战友的协助下培训新工人。新厂很快开工，一批批新的棒球帽不断投放到义乌小商品市场中。朱智慧与爸爸合作，形成了典型的义乌式"前店后厂"的经营格局，只不过他们的厂规模大，他们的店销路好。两年以后，朱智慧帽子厂的厂房又显得十分紧张。他经过考察、选择，决定在义乌稠城工业区租下一幢六间四层的房子，添置设备，招收新工人。

1995年初，朱智慧开始生产帽子的时候，像义乌的很多企业主一样，没有工商登记，生产出来的帽子都是无厂名、无厂址、无商标的"三无产品"。1998年春，朱智慧的工厂搬进义乌稠城工业区以后，他正式到义乌工商局登记注册，取名"义乌市金顶帽厂"。朱智慧有了属于自己的企业名字。

帽子生产形势依然很好。1999年，义乌市政府实行以商促工、以工兴商、工商联动的经济发展战略，鼓励从商者投资办厂。当时北苑区块腾出土地招商，朱智慧希望扩大生产规模，第一时间报了名。但是，报名的企业多，朱智慧自感中标的可能性不大。

为了防止北苑审批不到，他请丈人在上溪镇也想想办法。丈人在上溪镇人脉关系不错，镇里正好置换一块地理区位不错的土地。上溪镇综合考察了各方面的条件，决定把十亩土地出让给朱智慧。朱智慧正高兴着呢，想不到他运气太好，北苑区块的用地经过严格的审批程序，也获得了通过。这本是件喜上加喜的好事，却让朱智慧"愁白了头"。他第一次感受到资金的压力。

最终，他先于2001年将上溪厂房建造完成，随后开始筹建北苑的厂房，一下子，问题迎刃而解。此时，他已经有一百几十个工人，企业全年产值达到千万元级。他在义乌帽子界"小有名气"了。

外贸：生意节节高

1999年，朱智慧扩大了产能，但是，由于帽子生产门槛相对较低，销售竞争激烈，导致帽子生产利润很低。

企业发展面临着挑战，有没有新的可能？他马上想到了外贸。当时，外贸仍受到国家管制，小企业根本不可能拿到出口配额，有没有办法？

他的丈人又一次帮了他的忙。

朱智慧与妻子之间是"生意结的缘"。他办帽子厂之初，来到义乌纺织品专业街购买布料。他一家家门店看过去，选花色，看质量，谈价格。他反复衡量了专业街上的各家店铺，选中了其中的一家，品种多，价格合适，店主热情。经过多次交往相处，朱智慧对"在店里安静坐着"的店主的女儿有好感，两个年轻人谈起了恋爱,并于 1996 年结婚。两家本来就是生意的伙伴,结亲以后,双方关系更加密切,有事都相互帮忙。1999 年,丈人听说朱智慧想做外贸生意,但苦于拿不到配额,就把女婿介绍给浙江衢州国营帽子厂负责人。衢州厂负责人看到朱智慧工厂生产的帽子质量过关,感觉朱智慧人也不错,就同意把衢州国营帽子厂的部分国家外贸订单转交给朱智慧生产。

外贸生意并不好做,帽子的帽型、面料的色差、做工的线头、帽子的洁净等都有严格的标准。每一个标准,每一个细节,做内销的时候,只要达到百分之八十或者六七十的合格率就可以过关了,但是,外贸要达到百分之九十九以上的合格率。这就是说,帽子的各个方面不能有一点儿瑕疵、一点儿毛糙。朱智慧他们花了极大的精力把外贸产品做好,但还是碰到过一次问题。

最初,衢州帽子厂为他们提供面料,朱智慧的工厂只负责"来料加工"。经过一段时间的合作,衢州帽子厂觉得朱智慧的工厂"十分靠谱,做得很好",就放心让他们采购帽子面料。

一次,朱智慧他们采购了一批帽子面料,至少有 3000 米。面料的颜色与客人提供的样品的颜色之间有一点儿细微的色差,根据朱智慧的经验,他认为,即使按外贸公司的标准来说,这点色差也应该没有问题。但是,这批订单的客户要求十分严格,坚持不能接受这样的色差。朱智慧十分清楚,内销的帽子面料一般只有六元一米,外销的面料价格达九元一米,这批面料如果从外销换成内销，他将承担较大的损失。但是，朱智慧从建厂之初，一直坚持以"优先满足客人需求"为原则。由于客户坚持，他二话不说，把现有的面料改成内销，重新采购面料，做外销的帽子。

除了经济损失以外，这样的变动还带来生产加工周期的困难。对朱智慧来说，做企业，做生意，诚信为本，信誉第一；做外贸，信誉更加重要，因为其中不仅涉及企业，甚至涉及民族、国家。信誉包含多方面的内容，严格遵守合同规定的交货时间是一个重要方面。由于换了一批面料，浪费了不少时间，朱智慧面临着难以及时交货的难题。

再难，朱智慧也将用最大的努力去克服。

那些日子里，朱智慧带着全厂干部、职工，每天从早上七点半开始干，中间轮流吃饭，"停人不停机"，一直干到第二天凌晨两点。大家稍微打一个盹，又开始干活。这样连轴转干了一个星期，到最后一个晚上，朱智慧与全厂所有干部、职工一起干了通宵，把这批帽子全部生产出来。那一天，卡车拉着这批帽子送到衢州，车刚开出，朱智慧就睡着了。当朱智慧亲手把这批货送给衢州厂长的时候，厂长啧啧称赞，连说"想不到你们还能及时完成"。

这是一次挫折，更是一次成功，给朱智慧留下极其深刻的印象。

外贸在发展中，朱智慧的工厂在发展中，国家的外贸政策在变化中。在跨进 21 世纪以后，朱智慧成为义乌发展全球贸易的积极践行者，成为义乌"买全球，卖全球"的重要推手。

2004 年，朱智慧在义乌北苑工业区建设了规模更大的新厂房，到义乌工商局申请注册了"浙江高普服饰有限公司"，根据外贸发展的需要，高普公司成立了专门的对外贸易部。很快，朱智慧打通并建立了自己的外贸渠道。他找到一个在南非做生意的华人，建立起与南非的帽子买卖，通过一个温州商人打开了西班牙的贸易通道。与此同时，绍兴外贸公司为朱智慧带来了中东的生意。

当时，帽子外贸的基本模式是订单模式，外方拿来样式，提出订货要求，高普公司根据要求完成订单。绍兴外贸公司是国有公司，主要做中东中高端市场，帽子价格高，质量要求十分严格，操作规范。西班牙商人自己在西班牙有经营场所，他从高普拿货以后，部分在自己的商铺销售，部分批发给西班牙各地的商人销售。南非那边市场化程度较高，商人就直接把帽子给各个商店。

在国际市场上，帽子品牌意识仍不够强，南非、西班牙、中东各自都主打自己具有的公共性的特色文化图案，如马德里的城市图案、一些地方图腾以及象征性符号，等等。朱智慧根据客户的要求把各种地方性图案绣在帽子上，和当时很多的外贸企业一样，重装饰轻品牌发展。

竞争仍然激烈，主要取决于帽子的质量与"客户端的销售能力"。

朱智慧一边与各方客户合作，一边不断地在寻找新的外贸机会。2007年初，朱智慧接触到温州海螺集团，双方谈得投机，较快达成了合作意向。海螺集团主要做南美生意，特别在巴西市场，海螺集团帽子的销售量非常大，订单下得"特别猛"。

令朱智慧没有想到的是，合作意向达成以后，海螺集团派来的业务代表一下子给了高普一个大单，朱智慧说："没谈多久，就说可以给我们一个十八万顶帽子的大单，两个高柜，近两百万的货款。如果没有足够的'底子'，肯定给她吓住了，根本没有能力拿下这个大单。但我们公司已经拿到相关资质，管理比较规范，上下齐心协力。我们充满信心，完全可以接下这个大单。"第一个大单顺利交货以后，2007年，温州海螺集团又给高普做了四个高柜的帽子订单。高普与海螺集团相互配合，合作顺畅，2008年初，海螺集团告诉朱智慧，集团希望包下高普工厂，更多地把巴西的帽子订单交给高普生产。

一切似乎顺风顺水，天空却突然雷声大作。2008年晚些时候，国际金融危机突如其来，令人猝不及防。为了应对金融危机，巴西实行地方保护政策，对每一个进口的帽子加征相当于五元人民币的关税！帽子本来就便宜，利润率很低，加征那么高的关税，生意根本没法做了。朱智慧面临着前所未有的挑战。更雪上加霜的是，由于棒球帽的竞争太过激烈，竞争对手们竞相降价，只做棒球帽难以维持公司的生存。

朱智慧开始慢慢减少棒球帽的生产，改做"花式帽"，或叫"时装帽"。他率领公司的设计团队到市场调研，看市场上各种现成的样式，更从市场与人们的行为中寻找灵感。高普的设计团队竭尽全力，推出各种花式帽子，"去测试市场，去倾听人们的反映，及时进行各种调整，或者重新设计新的产品"。

迭代是缓慢的，从2008年到2012年，公司的生意一直在低水平上徘徊，公司上下辛苦折腾着，每年也只能做三四千万销售额。但是，这种折腾却给公司许多"积累"。在这一过程中，朱智慧及其团队更好地理解了人们对于帽子的需求，理解了满足帽子需求的各种可能性，理解了帽子的审美及其艺术的体现方式。更重要的是，朱智慧善于把"折腾中的积累"巧妙地运用到花式帽的设计中，创造出款式缤纷的花式帽。

2012年，法国迪卡侬集团需要在中国找一家生产户外运动帽子的代工企业，市场调研发现，义乌高普服饰有限公司与迪卡侬的匹配度高，是最适合做代工的一家企业。法国迪卡侬集团派出人员赴义乌高普服饰公司考察，他们对于高普公司的设计团队、公司管理、生产流程以及质量管控都十分满意。很快，迪卡侬集团与高普公司签订了合作协议。从这一年开始，高普公司正式成为迪卡侬品牌帽子的代工企业。此后，高普公司的业绩一年上一个台阶，年销售很快超过了一亿元人民币。

2016年，迪卡侬派人来找朱智慧，与他讨论进一步拓展合作空间的可能性。当时，义乌，包括整个浙江省，人力成本都比较高，招工困难，假如到外地投资建厂，有利于降低成本，可以创造更好的利润空间。迪卡侬来的人问朱智慧，有没有兴趣到外地去投资建设一个专门的代工厂。迪卡侬的建议正符合朱智慧的心愿，他心里暗暗高兴。

几年以前，由于拿到的帽子订单越来越多，义乌工厂的生产能力有限，他就在湖北黄冈找了一个工厂加工。湖北工厂代加工半年以后，他收购了湖北的工厂，一方面招收了新工人，工厂规模从七十多人增加到一百多人；另一方面，他从义乌派出了一批企业管理人员，以便进一步做好质量管理。

高普的湖北工厂转为替迪卡侬代工，与义乌相比这里具有得天独厚的优势。湖北武汉铁路站是中欧铁路的一个枢纽站，湖北工厂生产的帽子，可以通过武汉中欧列车直接运往欧洲，时间只需要15天，原来义乌出发的中欧列车需要30天，海运起码需要45天。物流时间大大缩短，库存成本自然就降低了。与此同时，与义乌、浙江这边相比，湖北的人力成本也降低不少，这就留下较多的盈利空间。更进一步说，物流时间的缩短对于应对市场挑战也具有意义，朱智慧与高普的管理者可以比较从容地处理合作中遇到的各种困难与问题。

"运气"：偶然中的必然

用朱智慧自己的话来说，他的脸皮很薄，生意场上跟客人为了一元、两元去讨价还价，都觉得难为情，不适合做生意。但就是这样一个脸皮很薄，"不适合做生意"的人，却办成了一个年产值超两亿元人民币、帽子远销世界各地的高普服饰有限公司。

真的只是运气吗？

如果说，"运气"指任何事情的成功常常取决于不以个人意志转移的多种要素的因缘巧合，回答或许可以是肯定的。但这种回答忽略了人作为主体的主观能动性，显然有些片面。俗话说，谋事在人，成事在天。在纷繁复杂的现实世界中，个人的许多理想可能永远封存在祈福和许愿中，很难真正实现。另一方面，人们每天都在谋事，都在进行着各种各样的努力，经济社会发展本身为人们的谋事成功创造了更多的可能性。

每一个人的谋事都充满着偶然性，举手投足之间处处映现着个人的独特风格。

看多了工商业实践中失败者与成功者的故事，我们发现，成功者总有些共同的品格、共同的做事方式，偶然性中包含着必然的东西。

朱智慧的帽子故事提供了一个有趣的案例，我们看看他为什么这么有运气，想想从中可能获得的启迪。

追寻他的童年生活、青少年故事，可以发现他身上那些来自那片土地、那个人群中的文化基因，勤劳、坚韧、荣誉感、诚信，等等，这一切都是他可能在工商业实践中成功的前提。

当年，爷爷看着长孙，笑得乐开了花，翻着字典说："这个男孩看上去就聪明灵巧，就叫智慧吧！"❶真是"人如其名"，我们从高普的发展轨迹中看到了智慧，这种智慧在工商业实践中表达为在坚忍不拔的努力中攀登高峰，在审时度势的创新中追求卓越。

其一，清晰明确的目标定位。

合适的目标让企业步履坚实，高尚的目标引导企业走向卓

---

❶ 朱智慧讲到自己的名字时说，"小时候也不知道'智慧'二字是什么意思，慢慢长大了，自己想想，真不敢取这样的名字，但爷爷取的名，改也不好，就这样叫吧。时间一长，觉得还挺好的。"

越。朱智慧经营企业的目标定位,最初是"合适",而在适合的时间又自觉地把目标定位到"高尚"。

1994年,朱智慧与父母商量后决定办帽子厂。父母先派朱智慧与他的妹妹一起到上海的帽厂学习,朱智慧学习模板裁剪,俗称"翻板",即根据帽子的模板进行裁剪的技术;妹妹学习缝制技术。朱智慧与妹妹一起住在帽厂的职工宿舍里,利用一切可能的时间认真学习帽子制作技术。他们重任在肩,因为他们到上海以前就定下了一个目标:一定要做出质量一流的帽子。

朱智慧说:"我当时决定做帽子的时候,与义乌其他企业家不一样,其他企业家决定做什么,就着手做了,但是,我跟爸爸妈妈商量下来,一致认为,既然要做帽子,就要把帽子真正做好;要做最好的帽子,先要学习。我的这种想法可能与自己部队的经历有点关系,也跟父母的提醒有关系。我们要么不做,要做,起点一定要高。有了高的起点,就有了努力方向,我自己带头,大家一起努力,所以,我们的企业从开始就质量不错,一直以来对于质量的管控也都是高度重视。"

朱智慧他们从上海学习结束回到义乌,怀着"做质量一流帽子"的目标,开始了艰苦的创业。帽子看上去小小的,制作却相当困难。服装是平面裁剪、缝制,但帽子却是立体的。帽子要求做到对称度均匀、弧度和谐、线脚细密、色泽美丽,才是上乘的产品。对于刚刚学会帽子制作的朱智慧他们来说,挑战是严峻的。

最初的岁月十分艰难,他们共 12 个人,只有朱智慧与妹妹刚刚学会帽子制作。朱智慧和妹妹"整天、整晚扑在厂里,自己直接操作,同时要手把手地教新招进来的职工。每道工序都做到一丝不苟,发现问题,宁可返工重做,也不留下一点儿质量瑕疵"。朱智慧负责根据从上海的帽厂拿来的板子剪料,手上磨出了血,贴一张"创可贴"继续干,几个月下来,满手老茧。

功夫不负有心人,他们出厂的第一批棒球帽就在市场上赢得了声誉,正是这种声誉,促成了朱智慧的帽子生产迅速发展,成就了"一年一个样"的骄人成绩。

2008 年,朱智慧审时度势,果断决定把企业的重心从棒球帽转向"花式帽"。这个转向不只涉及帽子的式样,更涉及对于帽子与人的关系的理解。棒球帽是样式雷同的大众消费品,而"花式帽"则追求个体的偏爱、喜好、舒适等因素,是个性化特征鲜明的多元化产品。

生产重心的转向要求企业目标的重新定位。办厂初期,朱智慧确立的企业目标是生产出高质量的帽子,这是初创企业的"合适目标"。在企业从"大众型帽子"转向"花式型帽子"以后,企业目标就必须有新的思考。

朱智慧思考着企业转型前后所生产的帽子对于消费者的含义,越想,企业的目标越清晰起来。他意识到,此前,企业给民众提供的帽子是"雪中送炭",是为无数没有帽子的人们提供帽子,以御寒遮光、挡风避雨,企业的责任是"让人人有顶合格的帽子"。现在,人们都有帽子了,企业应当引领新的更高层次的帽子消费需求。

朱智慧说:"我们做帽子的,期望着能给大家带来生活的美,带来美的感悟与享受,带来健康,比如防紫外线,那是我们的价值,我们帽子行业的价值、帽子企业的价值。我们企业应当去追求精神性的价值,有责任为社会创造精神价值。"过去,有一顶帽子不容易;现在,有一顶帽子很容易,但是,有顶适合气质、打扮、身份的帽子其实还是挺难的。

面对社会的、企业的新情况,2008年,朱智慧提出了高普公司追求的新目标:"让人人有顶适合的帽子。"这个目标成为高普公司的使命。为了实现这个新的目标,他们从全球招聘设计人员,以极大的努力开发无数个性化产品。朱智慧说:"高普的愿景是,成为全球帽子个性化的引领者。"

其二,恰如其分的品牌战略。

在朱智慧看来,品牌是大家一个美丽的梦,但要让梦想成真,真正重要的是日常的精心培育。就如同种植一枝花,盛开的花朵是最后的精彩。唯有专心致志于培育幼苗的人,才可能欣赏到花朵的灿烂。朱智慧正是那个培育幼苗的人,他采取了恰当的品牌战略,一步一个脚印地往前走。

直到现在，高普公司仍做着迪卡侬的产品，是迪卡侬帽子类目的重要合作伙伴，用朱智慧的话来说，"我们就是帽子行业的富士康，我们的性质与富士康一样。"他清醒意识到，国际市场早就被几个大的帽子品牌占领，目前根本不可能以自己的品牌进入。但是，代工可能是未来打开国际帽子市场的"训练"。代工可以熟悉国际市场的态势，了解国际市场的运行规则。更重要的是，高普公司的代工已经超越了"按样做产品"的阶段，而是直接介入了帽子的设计开发环节。换句话说，现在世界上销售的很多迪卡侬帽子，打着迪卡侬的牌子，实际上就是高普的产品。既然从设计、选料到制作都由高普公司完成，那也就意味着，高普公司已经有能力做出国际流行的帽子，一旦国际市场发生某种变化，高普就有机会打出自己的品牌。

在义乌，双童集团的吸管非常著名，已经成为立足于国际市场的品牌。面对着"双童"品牌成功的压力，朱智慧十分冷静。他说："不同的行业有不同的特性，不同的企业有不同的个性，只有从共性、个性两个方面掌握了自己所从事的行业、自己企业的特点，从实际情况出发，品牌战略才可能真正落地。"对比了"双童"吸管与"高普"的帽子，他提出"他做标准，我做时尚"。

朱智慧认为，吸管作为流行时间较短、一次性消费的小众产品，国际消费市场关注度很低，相关的国际标准迟迟没有真正建立起来；另一方面，吸管作为"与吃相关"的产品，质量要求十分严格。楼仲平敏锐地抓住了这个机会，更注意到"做标准"对于吸管销售、企业发展的意义。他看准目标，大胆投入，创造了奇迹。帽子的情况与吸管不同。帽子生产历史悠久，国际、国内市场早已被几个国际著名品牌占领，新的品牌很难插入。另一方面，在消费市场上，帽子流行的关键与质量相关，但更重要的是时尚。

针对这种情况，朱智慧先给国际知名品牌"贴牌"，以增强能力、训练队伍、培育市场、等待时机，并在"有机会的时候再发力"。他说："我们走着，看着……我不能太早去做品牌，如果国内帽子消费市场没起来，我做品牌，代价太大。在市场慢慢起来时，在一个时间点上，我可能先做国内品牌，再做国际品牌。我先培养队伍，到合适的时候发力。太迟了，可能没机会；太早了，烧钱要烧死人。"

朱智慧首先成功打造了公司的形象品牌，然后才逐渐开启了帽子品牌的探索之路。浙江高普服饰有限公司管理规范，产品质量好，企业信誉好，得到国内外同行的高度认同，企业的品牌在行业里名列前茅。高普的品牌与朱智慧直接相关，他谦虚，"不敢说自己有品牌"，其实在帽子行业中，说起朱智慧，个个都跷起大拇指！

其三，与时俱进的管理创新。

朱智慧认为，最初的企业管理属于粗放型的，后来，由于他的亲力亲为、与时俱进，他的人格魅力、坚韧不拔，在他的管理下，企业取得了骄人的成绩。

2005年，他报名参加了上海交通大学EMBA学习，整整两年时间，收获颇丰，并在管理优先、文化自觉两个方面形成了高普管理的特色。这是高普公司从传统粗放型管理向现代科学管理的转折点。以此起步，朱智慧思考、创新、大胆实践，不是就企业的问题"头疼医头、脚痛医脚"，而是管理先行，管理为企业发展开路。

2007年，朱智慧完成EMBA学习，立即着手规范高普公司的每一个运行环节，制订一系列具体管理规则。

2009年，正当高普公司经营遇到困难的时候，朱智慧反而倾全力去创新管理。他报名参加了鲁柏祥老师开设的"鲁班"课程，从中学到许多新的管理学知识，对企业管理有了更深刻的领悟。一开始，他每次听课回来，都把自己的理解和总结分享给团队成员，后来，又直接选派优秀的高管去参加学习。高普的高管，几乎都是"鲁班"的学员。他意识到，信息化管理、系统化运行一定将成为企业管理的新方向。他专门聘请相关专家到公司，上线了专为公司量身打造的ERP系统，之后不断按照工业4.0的标准对工厂进行迭代升级，用数字化打通了生产的全部流程。这一年，为了更好地开展产品创新的开发，他开始广泛招收帽子设计方面的人才。

2012年,朱智慧高薪聘请了一位总经理。他与朱智慧同岁,有丰富的企业管理经验,进入企业以后,与朱智慧一起重新梳理了企业管理的每一个条款,进一步以现代企业管理的理念创新管理模式,"使公司管理上了一个新台阶"。

当时,义乌有些人不理解朱智慧的做法,想不通他在企业规模不大、运行困难的时候,"还在瞎折腾什么"。令朱智慧也没有料到的是,他的这些似乎与企业生产没有直接关系的努力,成了吸引迪卡侬的关键。

2012年下半年,高普正式与迪卡侬合作。管理创新借着与国际品牌公司合作的机会上了一个新台阶。2013年,高普引进了信息化管理团队,并很快建设起全过程、全领域的信息管理系统,成为义乌现代管理的领头羊。更重要的是,朱智慧在创新管理的过程中,越来越有文化自觉,越来越深入思考"什么是真正的民族自信,或者什么是真正的民族的'根'"。

朱智慧把理想付诸企业运行的实践,他提出了企业中处理人际关系的原则:"事业中我们是同事,生活中我们是家人,学习中我们是同学"。他特别强调价值观、企业精神的重要性,他说:"责任、尊重、创新、协作,这是我们的企业精神,也是我们的价值导向。我们招聘的人员,我们首先会要求有责任感,交代你什么事情,你有责任做到、做好。我们希望对每一个员工都能一视同仁，我们不会因为他是总经理，他是清洁工，就会不一样。我们大家都互相尊重，没有哪个人的人格是低人一等的。互相尊重是协作的前提，是激励创新的文化沃土。"

艺术工厂

朱智慧艺术工厂的想象与实践可以称之为水到渠成。

在朱智慧的工商业实践中，1999年，艺术成果的不经意出现给朱智慧带来欢快与惊喜。那时候，朱智慧拿下两块地，其中义乌北苑这边的那块地将成为他未来的"大本营"，他有意"好好规划，希望把工厂造得漂亮一些"。

他请了稠城设计院帮助设计，正巧稠城设计院院长的朋友在给义乌市工商学院做设计方案，此位设计师是清华大学土木工程系硕士毕业，在宁波设计院工作。稠城设计院院长对朱智慧说，可以请这位清华毕业的设计师在业余时间帮助设计，给他两万元辛苦费就可以了。朱智慧觉得，两万元挺便宜的，一口答应。这位设计师出了一张设计图，朱智慧很满意。他很快找了义乌一个工程队施工，厂房建成后，获得了金华双龙杯建筑奖。这是工厂与艺术之间的"第一次相遇"。

2004年，又一次偶然的机会把朱智慧直接带入艺术的殿堂。当时，义乌一位喜欢收藏字、画等艺术品的朋友想把藏品卖掉，筹钱到义乌城里买一套房子。他托了几个朋友找买主，后来找到了朱智慧。朱智慧一方面顾及"朋友的面子"，最重要的是他"自己心里也喜欢"。他厂房造得差不多了，有点积蓄。钱不算多，也就几十万元，"我们可以出得起，就整批把那位朋友的收藏品全部盘了下来"。艺术品拿回来，朱智慧开始欣赏，突然发现了美的殿堂。他说："艺术品盘下来以后，我挤时间不断地欣赏，一天又一天，我突然感觉整个人都不一样了。我们说躬身入局，局中人与局外人是不一样的。我们现在对一些专家有微词，有的还是博物院的专家，因为他们只看不买，他们看的深刻程度就不一样。所以，在艺术圈里，大家公认眼光最厉害的人，一定是自己会买又会看的人。光看不买的人，肯定玩不过又买又看的人。你想一想，一个买几十万、上百万、上千万元艺术品的人，他会做多少功课？！这样修炼出来的艺术品位，自然是最高层次的。"

此后，朱智慧直接涉足艺术品收藏，主打收藏近现代以来的作品，努力成为"能买又能看"的鉴赏家。他与中学同学一起参加拍卖会，不时买入一些好的东西。经过七八年的努力，他的收藏已经达到一定的水准，正好工厂刚刚建成新的宿舍，几个朋友提议建立一个美术馆。2013年，朱智慧艺术品博物馆——"春及草庐美术馆"正式对外开放。

此时，艺术与企业仍是"两股道上跑的车，并不直接相交"。人的精力是有限的，朱智慧的做法自然会引来企业内外质疑的目光，进一步说，朱智慧内心也难以平静。他想了很多很多，他特别感慨"科技发展，文化滞后"的现实，希望自己可能尽微薄之力。终于，一个重要概念出现了："艺术工厂"。他决心让工厂艺术化，成为传承文明的场所，养育道德的土壤，激发美感的快乐空间；他决心让艺术渗透到帽子中去，使帽子成为向全世界传播中华优秀文化的载体，给每一个人带来舒适，带来美的体验。

艺术工厂从工厂环境的艺术化着手。朱智慧请了艺术家、建筑设计师共同改造工厂的布局，让职工一到工厂，就感受到艺术之美。细节是丰富的，渗透到每一个角落。最令人震撼的是沿着主阶梯走进办公楼后一眼望见的"高普帽业"，四个大字分别出自宋代四个著名书法家之手。朱智慧讲到这些时，几乎陶醉于其中。他说："一个人走进工厂，眼前都是赏心悦目的美，心情一定愉快，他就一定更会快乐地去工作。"在工作中，朱智慧也常常抽出时间，为公司的员工带来艺术的熏陶。每当美术馆举办展览，他会请员工在下班后参观展览，并亲自讲解作品当中蕴含的艺术之美，提升员工对艺术的审美能力。一个企业学会了如何欣赏"美"，才能真正做到创造"美"。

艺术工厂建设中最重要的一项工作是帽子设计的艺术化，经过几年思考与实践，此项工作的"道路已经开通，方向已经指明"。

中国艺术具有难以想象的审美高度。一般来说，艺术作品不适合直接应用到帽子设计中，而需要首先做一个解构工作，提炼出艺术作品中的元素，把结构元素分解到最小单位。然后，需要艺术家与设计师相互结合，共同探索如何去做。

2020年，中国美术学院博导、中国书法研究中心副主任鲁大东教授领衔，把传统的篆刻艺术元素有机融入帽子形态中，为高普公司设计出了一顶风格独特的艺术帽子。在艺术展览期间，高普公司把设计的帽子作为礼品发给观众，受到了广泛的好评。"这是一个成功的案例。"

"让帽子成为艺术品。"这是艺术工厂的追求。

继通过美术展做出尝试之后，高普将艺术帽子的理念进一步发扬光大，推向市场。在近期上海举办的一场展览上，一组无缝系列的户外运动帽样品亮相。这一系列的运动帽，是高普与义乌市文化旅游局联合开发的，其中融入了义乌四大名人：禅宗傅大士、武宗宗泽、医宗朱丹溪、文宗骆宾王的代表性元素。一顶顶承载着中国民族文化艺术气息的帽子陆续从高普的产线上出品，飞入寻常百姓家。"高普帽业，创造美的事业"正努力从理念变为现实。

朱智慧艺术工厂的想象还有更高的境界，他说："我想象着艺术生活化、生活艺术化；或者艺术工作化、工作艺术化。我想象着未来的工作、生活、艺术是相互渗透、相互融合的，未来的社会是工作、生活与艺术浑然一体的。我这么理解未来，这么理解人类学、未来学想象中的未来。我的艺术工厂迈出了美好未来的第一步。"

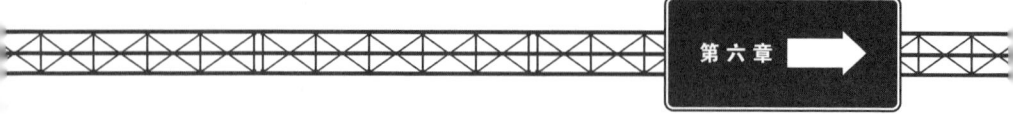

第六章

文具：以诚信走向世界

重情的我，不忘初心。
黄昌潮

就文具生意来说，黄昌潮的企业一年也就几千万销售额，在义乌只能算中等规模，但他却被众人推荐为义乌市文化用品行业协会会长，并经过几年努力，与大家一起把中国义乌文具礼品展览会办成了一个亚太地区规模大、知名度高的展销平台。

他的诚信、无私、胸怀让人难忘。

一个农民家的孩子，怎么可能成为这样的人？黄昌潮回答说："我认为与父母的基因非常有关系。"

一个农民家庭的基因

1970年,黄昌潮出生在义乌县东河人民公社新江大队一个普通农民家中❶。他的爷爷、奶奶一辈子与土地打交道,生活十分贫困,

1942年5月21日,日本兵侵占义乌县城。在中国共产党的领导下,义乌以义西为中心成立了抗日游击第八大队,开辟了金(金华)义(义乌)浦(浦江)兰(兰溪)抗日根据地。爷爷曾参加过第八大队,为抗日战争做过贡献。1945年8月日本投降,第八大队解散,爷爷回家务农。解放初期,爷爷积极参加土地改革,后来担任过生产大队会计。爷爷勤劳刻苦、憨厚

---

❶ 义乌东河位于义乌城区的西面,1983年,东河人民公社改为东河乡,2001年,撤乡建镇,归属城西镇;2003年12月,城西镇改名为城西街道。

真诚，受到村里人的尊重，也在黄昌潮的脑海里烙下深刻的印象。

黄昌潮的父亲出生于 1935 年。1955 年，义乌东部苏溪镇建起了国营砖瓦厂，父亲到苏溪砖瓦厂工作，成为国营企业的职工。1958 年，在"大跃进"浪潮中，义乌新办国营水泥厂，父亲从苏溪砖瓦厂调到义乌水泥厂工作。1959 年 4 月，在组织动员下，他告别家乡，支援宁夏。一年多以后，与许多浙江支援宁夏的人们一样，他放弃了国营单位职工的身份，回到义乌农村家中。

1961 年，父亲与同村姑娘喜结良缘。那时的义乌和全国其他地区农村一样，农民们正经受着三年困难时期，在饥肠辘辘中挣扎，常常只能以萝卜、芋艿代餐，有的地方甚至只能逃荒。但是，再苦，也要结婚；再苦，也要有点喜庆。村里的农民自己带上米和菜，聚到一起，为新人带来祝福和见证。

村里人的祝愿给新婚夫妻带来喜悦，也平添了压力。他们是幸运的，结婚后不久，新娘子就怀孕了。但他们的心仍悬着，不时揣摩着"肚子里的孩子是男还是女"。1962 年春天，在全家人的等待中，第一胎生了一个女儿。其实，黄昌潮的父亲挺喜欢女儿的，但是，家族的压力、村里人的闲话逼迫他们"必须"生一个儿子。母亲再次怀孕，又生下一个女儿。母亲只能叹气。在母亲第三胎生下女儿以后，父母面临着严峻的选择。

一方面，计划生育已经开始，过多生育会受到批评。另一方面，母亲已经三十多岁了，在农村，这样"高龄"似乎不适合再生育。

他们当时在生产队里，粮食紧张，相当比例的粮食按劳分配，家里小孩越多，"越没有饭吃"。面临选择的父母却极难"自己做主"。他们肩负着"香火绵延"的人生使命，承受着来自宗族的巨大压力，不得不争取生一个儿子。1970年，黄昌潮呱呱坠地，父母松了一口气，爷爷奶奶笑开了眼，更有来自宗族的、村里人的祝福。黄昌潮的父亲，特别是他的母亲觉得"从此可以抬起头过日子了"。

话分两头。

1964年，爷爷觉得两个儿子都结婚成家，有了自己的小孩，可以独立过日子了。他们分家了。全家共三间旧的两层木结构楼房，两个儿子各分一间，爷爷奶奶自己留一间。房子里只有最起码的家具，粮食很少，黄昌潮父母只分到20斤白米。

黄昌潮的父母将独自支撑起这个家。夫妻俩再加上几个孩子，仅有一间破旧的楼房，楼上一个房间，全家挤在一起。楼下是厨房，也腾出些空间放置东西。父亲原来一直在外工作，回家务农时间较短，劳动能力差，开始只能拿较低工分。经过几年努力，他已经成为名副其实的全劳力。但生产队收益差，他干一天活也仅能得到0.4元左右的报酬。母亲每天劳动所得更低了。由于家里小孩多，生产队粮食以按劳分配为主，他家每年都粮食紧缺。

父亲作为一家之主，默默承担起家的重担。他千方百计到外面去赚点钱，以让家里的几个小孩都能吃饱饭。那时候，义乌城西一带有人外出"鸡毛换糖"，有几年秋收以后，趁着生产队农闲，父亲曾到生产大队打了证明，与周边的几个人一起，挑着"换糖担"，到义乌周边的永康、江山、衢州等地区"做鸡毛换糖生意"。通常春节前回家，父亲把换来鸡毛作价给生产队，生产队给一定数量的劳动工分。父亲曾拜师学习杀猪。他很聪明，"手把子好"，只有大约半年时间，他就能单独去给人杀猪。他把猪放倒，肚子、后腿、脖部等几个部位一摸，立刻就能报出"出白肉的比例"，"就能知道一头猪'是不是及格'"❶。

"鸡毛换糖"苦，收入也有限；杀猪主要集中在春节前的几天里，赚钱机会不多。从60年代末到80年代初，父亲曾找到过一个较好的机会。那时候，木材供应紧缺，尤其在70年代中期，农村经济情况向好，农民建房需求增加，但建房所需木材却极难买到，价格非常昂贵。一根质量较好的木头大梁会价格高

---

❶ 人民公社时期，国家规定农户养猪必须达到净肉75斤左右才算"及格"，可以宰杀或者出售，从国家那里获得饲料票等物资，从生产队里获得相应的工分、粮食补贴。没有达到"及格"标准的猪不能私自宰杀，如果杀了，没有相应的物资与补贴。

达五十元。于是,黄昌潮父亲做起了木材运输的生意,一做就是十年。由于所运输的木材中,有些是别人偷偷采伐的,因此游走在违法的边缘,充满惊险。

改革开放初期,父亲在一个朋友的帮助下,1984年开始在家里饲养一头奶牛。这是一头年纪较老的奶牛,父亲低价买来,隔天挤牛奶。下午,黄昌潮放学回家,用自行车驮着二个小桶,装上牛奶,运到供销社出售。经过大半年的精心饲养,奶牛状态良好,后来这头"大家都不看好"的老牛竟然为黄家生了一头小奶牛,卖了700元钱。这是黄家第一次赚得"一笔大钱"。1986年11月,黄昌潮父亲在义乌小商品城租了一个柜台,开始做服装生意。

在黄昌潮心中,妈妈永远都是那么勤劳、节俭、无私。在很多年里,家里吃不饱饭,妈妈饥饿、消瘦,一米六十多的高个子,只有八九十斤重。但每天凌晨,妈妈"脚尖一着地,就开始忙这忙那,一直到夜里,灯下,仍戴着'顶针'纳鞋底、补衣服"。那时候,有人拿着几个梨、苹果上门来换米,黄昌潮记得:"我们几个小孩子直流口水,妈妈以温和带着严厉的口气训斥说,外面的东西再好吃也是外面的,家里的米最珍贵。决不能拿家里的米换东西。"

那时候,揭开锅盖,常常只有萝卜、青菜、韭菜、菠菜等各种菜的混杂,令黄昌潮永远难忘的是,妈妈给他这个最小的独生儿子盛饭的时候，总会悄悄在他的碗里"多放几筷子米粉、面条"。妈妈宁可自己不吃，也要让儿子吃饱！一碗杂菜，一些米粉、面条，这些普通的食物在昌潮脑海里铭刻成为永久的记忆，黄昌潮说："我永远记在心里，这个场景永远激励我做一个无私的人，因为母亲用她的生命告诉我，无私才是伟大的。"

农民家庭与知识分子家庭不同，父母一般都是身教重于言传，黄昌潮家也一样。

父母话少，却有一句话成了黄昌潮铭记终身的人生格言："前半夜想想自己，后半夜想想别人。"他从此懂得，任何人，做生意也罢，与人交往也罢，起码要做到互利，最好做到有利于人，绝不可眼睛只看着自己的利益，不能"把别人的好处都拿到自己身上来"。

这是"做人唯一重要的信条"。

初入商场

80年代初期，义乌弥漫着经商的空气。人人谈生意，处处说赚钱。黄昌潮正是这时进入初级中学，离开中学不远的地方，有一个著名的草帽市场。许多农民把家里编织的草帽拿来出售，万元户的传说与神话诱惑着无数"脸朝黄土背朝天"的农民，更吸引着那一群天真烂漫的中学生。

这是一个充满着选择机会的年代，黄昌潮家的二姐极大影响着父亲及全家的选择。80年代初，二姐拜师学裁缝。她不到二十岁，可"小小年纪，聪明机灵，勤劳刻苦"，只花了半年左右时间，就出师了。在父亲的支持下，二姐开起了裁缝铺，给周围的农民做衣服。一年以后，二姐已远近闻名，做的服装质量好，样式新颖，受到大家的欢迎。父亲看到这种情况，决定趁势做服装生意。

做服装生意需要更多的人手。这时候,父亲打起了小儿子黄昌潮的主意。自从黄昌潮考进初中以后,父亲就发现,儿子对学校这边的草帽市场充满了兴趣。他不时从学校里溜出来,游荡在草帽市场上,听着商人们大声地吆喝,好奇地看着商人与买家之间的讨价与还价。1986年的一天,父亲问黄昌潮:"你是不是愿意做服装生意?"黄昌潮毫不犹豫地告诉父亲,自己乐意与家里人一起做生意。

黄昌潮开始跟着父亲跑市场。他们到义乌城里、新昌、永康、温州等浙江省内的各个地方,也跑到江苏的盛泽、吴江等地。每到一处,他们穿行于大大小小的服装市场中,观察各种服装样式,选择可能复制的款式。他们把可复制的服装拿回义乌,一方面画"版式",或做点小的修改;另一方面外出采购布料。然后,由姐姐负责制作。

父亲在义乌小商品城租下了一个摊位,"前店后厂",姐姐负责生产出来的衬衣,全部拿到小商品城里的摊上去销售。当时,中国仍处在短缺经济时代,式样好一点的服装做出来,义乌市场销得很快。

最初的服装生意是家庭生意,黄昌潮只是配角。重要的是,黄昌潮在与父亲、姐姐共同创业的过程中,家庭优秀文化基因进一步植入到他的血液中。除了勤劳、不畏艰苦这些美德外,父亲坚守的诚信深深地影响了他。

义乌服装市场竞争一直非常激烈。竞争导致加工企业的利润非常薄，以衬衫为例，做一件衬衫有时只能赚三毛多钱，真正是薄利。有些商家为了赚多一点，就想办法偷工减料，最典型的做法是把衬衫的袖口做得小一点。有些商家不仅袖口做得很小，衬衣的整个尺码都"往下掉"，以至于客人稍微胖一点，买去的衬衫就没法穿了。有的顾客说："从小商品城买回家的衬衣太小了，试穿的时候，手都伸不出来；硬伸手，竟然会把袖子都撑破！"父亲、二姐坚持保证衬衫的质量。这种坚持给家里的商铺带来了好声誉，人们会说："老黄家的服装，质量好。"

另一种情况是服装的交货时间。由于有些服装的生意较好，利润空间大。有些商家为了拿到订单，盲目承诺客人。只要客人提出交货时间，他们都会答应。其实，他们的生产能力完全跟不上。结果，截止时间到了，货交不出来。产生纠纷以后，这些商家也不会遵守合同约定赔偿。

父亲、二姐对于服装的交货时间一直严格把关。父亲根据每天可能生产的服装数量，专门做交货登记，绝不拖延。在这个过程中，如果顾客因特殊原因提出提前取货，或者生产中遇到没有预测到的困难，父亲、二姐一定会组织所有职工加班加点，为客户提供最优质的服务。

父亲的诚信给了老黄家声誉，也让老黄家赚了钱。1995

年，他们家在义乌宾王市场买了一个摊位，花费八万元人民币。很多义乌商人都觉得他们疯了，一个小小摊位，花那么多钱。然而令人难以想象的是，十几年以后，这个摊位竟然值一百七八十万人民币。

黄昌潮跟着父亲期间，一直在默默学习。1994年，他遇到人生第一次突破。那一年，他一个人到福建石狮，在一家服装店里看到许多真皮马甲，上面有各种各样的图案。这些马甲当时十分流行。黄昌潮看着这些马甲，暗暗地想，是否可能把这些图案做些修改，创造出更特别的样式。他购买了一批样品，回家以后，反复琢磨皮件上的图案。他尝试着把这些图案拼接、重组，例如，他把香港与北京连起来，在某个城市的景点里加上一个孙悟空，等等。他设想着能否在加工方面有所创新，例如，在有些图案中想法做几个镂空，在有些图案上设计出凹的条纹，等等。经过几天的努力，黄昌潮终于设计出一些新的图案，经过姐姐的挑选，部分图案做在新缝制的真皮马甲上。

令黄昌潮没有想到的是，他设计的马甲一挂出来，就被抢购一空。他们紧接着生产了几千件马甲，由于怕"挤坏了柜台"，他们都没有挂出来，而是放在柜台后面房间里悄悄卖。由于设计新颖，卖的价格就高，他们靠这批马甲赚了一些钱。

从创新中尝到了甜头，从此以后，黄昌潮出去看服装样式，脑子里总想着新"花头"。1996年，他到广州市场去，发现有一种似乎"做旧了面料"的服装风靡起来。回到义乌,他又有了创新的想法。他竟然把布料拿到沙滩上去,和着沙子搓一下,让布料看上去有点儿旧,却显现出特殊的质感。黄昌潮又一次成功了,他的"沙洗布服装"一度成为义乌服装市场的时尚。

1998年,黄家做服装生意已经有了十多个年头。

这是全家人异常辛苦的十多年。问题在于,父母亲的年纪慢慢大起来,母亲在生产流程中负责熨平服装,长期吸炭火煤气,对身体产生了不良的影响。

黄昌潮父母决定退出。黄昌潮独自挑起重担,不再做服装,改行做其他生意。

做什么呢?黄昌潮的大姐姐就在小商品城做文具生意,已经好多年了,做得不错。他就在姐姐的旁边租了一个小小的文具摊位。他感慨地说:"我做文具第一天接待的第一个客人就是姐姐给我的。这是姐姐的一个老客人,姐姐告诉这个客人,以后你的生意就交给弟弟,我给你什么价,弟弟也一定给你什么价。弟弟所有的货,都可以从我这里取。"

以诚信走向世界

黄昌潮做文具生意，姐姐给他提供了客户、供销渠道，但是，在义乌小商品市场里的信誉还得靠自己。自从他独自走进文具市场那一天起，他孜孜以求的就是两个字——

诚信。

义乌小商品市场在开业以后相当长的一段时间内，由于整个市场销售形势看好，许多企业与商家谈付款时间的时候往往处于劣势，商家更乐意等产品销售以后再付款。

图钉的交易也同样如此。

那时候，义乌是全国最大的图钉交易市场。图钉的生产企业主要在浙江武义、永康一带。那里的人一早拉着一车图钉到义乌，通常，谁出价高，图钉就卖给谁。但在很多时候，图钉拉到义乌的某个仓库，义乌老板不会全部付款，而会与生产商就付款问题讨价还价。黄昌潮开始从事文具生意以后，他每次都亲力亲为去检查图钉的质量，从整车图钉中抽出几包，如果质量可以，他就让生产商把图钉拉到自己仓库里。图钉入库，他马上付清全部款项。黄昌潮销售渠道较广，有能力"吃下"整车图钉，所以，有一段时间，武义、永康的生产商到义乌以后，都优先把图钉卖给黄昌潮。

更进一步，黄昌潮还会帮生产商优化产品。图钉结构包括铁钉与塑料板柱，他在检查质量时发现，有些生产商做的塑料板柱直径有0.5厘米，较厚，外观不够美。另一些生产商把板柱的直径做成0.3厘米，薄一点，价格与0.5厘米的一样，材料省了，性价比高了，销路还更好。他把自己的这个发现告诉生产企业，让企业节约成本，增加利润，得到了生产厂商们的好评。

生意之道，有一些普适的道理。2000年以后，随着中国加入世界贸易组织，越来越多的外商到义乌来，黄昌潮看到了外贸的机会，把眼光投向了世界。就如黄昌潮以诚信建立了国内贸易的声誉，他也以诚信走向了世界。

黄昌潮最早的外贸客户之一来自罗马尼亚，名叫阿里，由北京一个公司介绍。图钉是小东西，每一百颗图钉装一个塑料袋，一百甚至几百个装满图钉的塑料袋打成一个大包装袋。在图钉交易中，图钉的数量确认是关键步骤。很多义乌商人贪小便宜，在客人验货时，从大包装袋中拿出上面放着的几袋图钉，给客人数图钉的数字，正好一百颗。但是，在包装袋中间、下面，每个塑料袋里的图钉可能只有九十多颗，甚至不到九十颗。面对交易中存在的这种情况，客户十分头痛。由于订货数量大，根本无法查核图钉的数量，所以，很多客户往往宁可麻烦一些，每次订货的数量也少一点。

罗马尼亚客人开始时也是如此。做了几次交易以后，客人发现，在黄昌潮这里采购图钉，不管数量小还是大，图钉一颗都不会少。凡在此类生意中摸爬滚打过的人都知道，黄昌潮要抵挡住诱惑，长期坚持诚信，是非常不容易的。在做完最初几批数量较小的生意以后，罗马尼亚客户每笔生意采购的图钉数量越来越大，生意的过程一直都十分顺畅。二十多年过去了，罗马尼亚客人在本国内的销售商已经换了六七代，他们却一直在黄昌潮这里拿货。

黄昌潮自己没有办企业，所有贸易产品都来自不同的生产商。他本人无法控制生产商的产品质量，面临这种情况，他如何向客户保障质量？又如何做到诚信？

他的做法是，始终坦诚相对，坚持明确告诉客户真实的情况。黄昌潮经营的一个重要产品是订书机，一直在当时一个知名品牌的订书机厂进货。后来，该订书机厂改制，此后厂长每次到义乌来，拿一壶酒跟商户喝，谁给的价格高就给谁，出品的订书机却越做越差。后来为了销售，价格不断下降，电镀开始做得马虎，表面都不平整。

黄昌潮他们眼看着这款订书机从好货慢慢变成垃圾货，销售的价格不断下降。但是，国外的客户却不知道这种情况，该产品以往留下的口碑仍在。所以，当国外客户到义乌来采购订书机，看到同样的品牌，价格比以前还低了，一般都会选择采购。在这种情况下，黄昌潮不仅自己一定向客人讲清楚价格降低的原因，还特别关照自己的妻子，任何一个客人来询问这个牌子的订书机，首先要讲清楚质量上的问题。如果讲清楚了，客人还硬要采购，出现任何问题，都由他们自己负责。

黄昌潮说："如果我不讲清楚，质量差的东西被客人拿走了，以次充好，我心里会难过的。自从经商以来，我能够坚持到今天，靠的就是自己的信誉，就是自己的牌子。"

义乌做外贸，把控商品质量一直是极大的挑战。义乌市场本身并不是高端市场，最好的东西必然价格高，在义乌卖不掉。商家常常到企业拿"有一点点瑕疵的产品"，实用，价格低很多。但是，这里的"度"很难把握。黄昌潮坚持"有问题一定认真处理"的原则，在国际市场赢得了声誉。

大约在 2000 年的时候，一个伊朗客人到黄昌潮这里订购四万多元订书机、打孔机。当年，订书机一半结构是塑料的，由于国内企业"没有经常走出去，眼界不够宽广，部分产品没有考虑到世界不同地方的温度差别，采用的塑料只适合于温度较低的地方。这些产品如果卖到温度较高的地方，一旦使用，底盘塑料可能会裂开"。一天，伊朗客人打电话来告诉黄昌潮，从他那里采购的订书机底盘塑料出现了裂开的现象。听到这个情况，黄昌潮立刻调出出货记录，重新核查了企业的货物，发现确实存在这个问题。

情况清楚以后，黄昌潮马上就与伊朗客人协商，虽然底盘开裂，但不影响正常使用，是否可以适当赔些钱？经过协商，黄昌潮最后赔了伊朗客人每一台订书机两元人民币，即货价一半的钱。伊朗客人十分感动。遇到同样的情况，其他商人都不理不睬，而黄昌潮却赔了一半的钱，整整两万元人民币。从此，这个伊朗客人一直到黄昌潮这里进货；更重要的是，黄昌潮说："伊朗有那么多城市，这个客人让每个城市都到我家来拿货，给我的帮助远远超过两万元！"

黄昌潮给我们讲了很多诚信的故事。诚信是他的招牌，是他行走于世界的底气，是他日常商业活动的信条；这种信条推动他努力为客户提供最优质的服务。

义乌文具礼品展览会

2015年11月28日,义乌市文化用品行业协会换届,黄昌潮被推举为协会会长。

此前,他没有担任过任何与协会相关的职务,与政府各级部门没有特殊的关联,他的生意规模在文化用品行业中只是中等偏上,他平时活动的圈子较小,所以,他出任会长似乎不符合"常规"。

这种"非常规"给黄昌潮带来了压力,也带来了动力。他一定要好好干,以报答举荐之恩。他说:"还好我自己做的是贸易企业,可以抽出更多时间去做协会的事。"

责任是沉甸甸的。截至2019年,义乌从事文化用品行业的企业有三千多家,产量占全国18%、全球9.8%,如何让这个行业健康前行？他陷入了沉思。

他决定先走出去看看，听听别人的意见。2016年3月，他组织协会三十多位成员赴珠三角考察调研，第一站到了广州一个文具市场，该市场对义乌文化用品的反应是"产品低端，只做外销"。同年4月，他到山东临沂市访问，当地文具用品行业协会副会长接待了他，在那位副会长眼里，义乌的文具产品可以用一个词表达："低端"。

"低端"二字深深刺激了黄昌潮。作为"局中人"，他深知义乌文具从新世纪以来，就在努力朝中高端方向走，为什么大家的印象仍停留在20世纪的义乌？

看看义乌的实际情况吧！黄昌潮发现，外界对于义乌的刻板印象是可以理解的。在小商品城，三千多家经营文化用品的企业中，只有三百多家经营的产品达到中、高档层次。他说："一个人到义乌来，从三千多家企业里怎么去发现中、高档产品，像大海捞针一样，眼睛看到的，都还是低档的。"

如何才能改变这一形象？黄昌潮参加过太多国内外的展览会，非常清楚展览会"可以把最新款、最潮流、刚刚做出来的好产品展示给大家，不仅可能改变大家对义乌的'低端'看法，更能促进义乌商人们都向着中、高端走"。

义乌一直有一些地方政府主办的展览会，如义博会、文博会、旅交会、进口展览会，等等，但还没有行业协会办的展览会。黄昌潮越想越觉得，文化用品行业办展览会有两大优势。一方面，文化用品行业里的商人整天、整年都在这个行业里，了解这个行业里每一种产品的状况，知道这个行业里随时可能出现的新的动向，包括新产品的设计与流行、产品的质量与价格、各类产品产出地与流向等等。另一方面，文化用品行业协会有广泛的国内外联系，与国内外六七十家文化用品行业协会有很好的关系，义乌文化用品行业的商人经常到不同地方参加文化用品展销会。黄昌潮发现，义乌文化用品行业协会的会长、副会长们与国内外协会的会长、副会长已经形成了一个朋友圈，假如义乌举办文化用品展销会，国内外的同行一定会积极参加。

黄昌潮想明白了这个道理，2016年7月24日，他主持召开文化用品协会第三届第三次理事扩大会议，在会上与大家分享了"抱团发展，构建文具王国"的想法与思路，最终确定以文化用品行业协会名义创办中国义乌文具礼品展览会。当天会议上，有十位副会长、数十位理事报名参展，共报了五百多个展位。

不过，后来的工作却并不顺利。

义乌从来没有行业协会办过展览会，没有办会的工作人员，更缺乏办会的专业人员。黄昌潮与行业协会骨干会员只能亲自上马，一方面策划展览会的计划，更重要的是"推销展览会"，争取更多商人参加。

黄昌潮一次次走访义乌的重点企业、商家，一遍遍向他们分析行业发展趋势、抱团办展的优势以及展览会的未来,听了黄昌潮的介绍,少数人加入进来,更多的人却一口回绝。黄昌潮物色了几个工作人员组成展览会的筹备小组,筹备的经费最初由黄昌潮自己提供。工作人员模仿其他展览会筹备的办法,从黄昌潮他们以前参展的资料里找出各种联系电话,一个个打电话邀请全国各地的企业商人来义乌参加展览会。绝大多数人一听是推销展览会,而这个展览会从来没有听到过,马上挂掉了电话。

怎么办?黄昌潮陷入了苦恼之中。经过与协会其他核心人员的反复交流,他们想出了"借势"的办法。

"借势"之一,是借义乌小商品市场规模宏大之势。黄昌潮亲自带领团队一次次到国内其他地方的文具协会、文具批发市场去"推销"义乌展览会,一次次带队参加国内的各种文具礼品展销会,以便要求对方也参加义乌的会。据黄昌潮估计,从 2015 年至 2020 年五年期间,义乌文化用品协会的会长、副会长及骨干成员为"推销展览"而走过的地方总里程数超过 40 万公里,真是"用脚步丈量世界,用汗水浇灌土地"。

"借势"之二,是借上海全国文化产品交易会之势。上海全国文化产品交易会是一个有着一百多年历史的老牌交易会,影响极大,每年 6 月中下旬召开,吸引着全国的文化产品企业与商家,许多义乌的商人参加这个交易会,黄昌潮也是常客。黄昌潮想,义乌离上海较近,如果义乌赶在上海办展前举办义乌文具礼品展览会，邀请时就可以告诉客人说，他们先到义乌看一看，完了再去上海。义乌文化用品协会包揽他们到义乌的三天住宿、用餐的所有费用。这个"借势"的办法十分有效。到2017年年初，义乌第一届文具礼品展览会共招揽到1478个展位；义乌文化用品行业协会办文具礼品展览会的条件成熟了。

2017年新年过后，展览会越来越接近了，黄昌潮和团队都缺乏经验，自然容易产生意见分歧。当时，黄昌潮和行业协会的骨干们为了协调各种不同意见、建议，研究采购商招待政策、争取办展资源、商议有效举措，常常讨论到凌晨。这一段时间，黄昌潮为了办展身心疲惫。

经过紧张的筹备，2017年6月4日到6日，义乌文具礼品展览会在义乌国际博览中心正式开幕。出乎黄昌潮预料的是，这届以"创新思维、整合资源、抱团发展、合作共赢"为主题的展览会，竟然有六千多人从全国各地匆匆赶来，此外还有部分参展客商来自欧洲、美洲、中东、亚太地区与非洲。黄昌潮是义乌文具礼品展览会的建议人、筹划人与总负责人，当六千多人涌进义乌这小地方，他亢奋了，他怎么也想象不到自己"一不小心"做成了一件"别人想都不敢去想的大事"。

他惊讶地发现，自己"一夜之间"成了义乌的名人。

在展览会的第三天晚上，他们在义乌国际博览中心东一楼隆重举办了五千人共同参与的"全球文具人之夜"晚宴。义乌市政府市场发展委员会主任、义乌商城集团公司总经理等有关领导参加了晚宴，义乌市四个最好的星级酒店的厨师全部出动，以精湛的手艺为来宾们提供义乌美食。这是多么难忘的晚宴啊！当黄昌潮举杯，五千人共同祝贺义乌第一届文具礼品展览会成功举办，整个晚宴大厅沸腾了！

这是义乌历史上第一次由行业协会举办的展览会，这是义乌小商品市场开张以来第一次让行业协会誉满全球，这次盛会注定将记入义乌小商品市场发展的史册。

2017年义乌文具礼品展览会的成功很快引起了文具人的高度关注，招商不再困难，后来甚至"一位难求"。2018年6月，义乌文具礼品展览会共设1925个国际标准展位，参展商人超过八千人，现场成交额比前一年翻了一倍还多，达到5.37亿元人民币。由于场地限制，展览会最后一天的"全球文具人之夜"共6800人参与，这是又一个激情燃烧的义乌文具人之夜。

黄昌潮是一个追求把事情做到极致的人，两届展览会成功了，还有向上的空间吗？这个问题引导他设想一种可能性，即让展览会成为"义乌的一张城市名片"。于是，在义乌市政府的大力支持下，2019年，他组织了义乌文具礼品嘉年华。❶

---

❶ 嘉年华(Carnival)是早在欧洲兴起的一种传统。嘉年华的前身是欧美"狂欢节"，相当于中国的"庙会"，最早起源于古埃及，后来成为古罗马农神节的庆祝活动。经过数千年的演绎，逐渐从一个传统的节日，发展成为包括大型游乐设施在内，辅以各种文化艺术活动形式的公众娱乐盛会。全世界各地有着花样繁多的嘉年华盛会，并成为很多城市的标志。

2019年，义乌嘉年华于6月1日到6月5日举行。第一天是儿童的节日，设计团队策划了形式多样的儿童活动，从亲子互动、儿童乐园一直到儿童演唱会等，协会专门为嘉年华搭建的三个舞台提供了良好的活动条件。第二天是专为来自义乌及周边地区的青年人准备的摇滚专场。第三、第四天是文具人专属的日子，来自中国与世界各地的商人多达12000人，共设2336个国际标准展位，现场成交额6.75亿元。第五天是带着浪漫色彩的轻音乐、流行歌曲专场，除了专业人士，这个晚上更鼓励年轻人上台自唱自演。

黄昌潮其实只是义乌一个行业协会的会长，可调动的资源有限，却成为义乌文具礼品嘉年华的主角，真是太不容易了。

2019年6月3日，展会新闻直播间采访黄昌潮，主持人问到家庭问题时，他终于绷不住了，几度哽咽。家永远是一个男人的软肋，由于黄昌潮把所有的工作重心都放在了协会和展会上，特别是2019年嘉年华占用了他绝大多数时间，导致家里的生意都靠妻子和女儿支撑。展会期间，黄昌潮家500平方米展位的装修、布置、接单，都由妻子一力承担。他觉得愧对家人。

从2020年年初开始，新冠疫情的传播范围、持续时间以及对世界的影响都远远超出了人们的预期。很多商业活动都"移"到了线上，在虚拟空间中展开。黄昌潮面临着选择：还要不要办线下的义乌文具礼品展览会。他的回答是肯定的。

为了在不利形势下做好义乌文具礼品展览会，黄昌潮带领团队事先做了大量"线上的工作"，如文具线上展、文具大联播、文具大直播，等等。

2020年7月，在义乌市政府及相关部门的大力支持、有力配合下，展览会井然有序地正常进行。出乎所有人的预料，义乌第四届文具礼品展览会共有国际标准展位2512个，吸引客商人数多达7.7万人次，现场成交额高达6.13亿元人民币。在世界其他地区的展会急速衰退的情况下，义乌文具礼品展览会一枝独秀，受到全世界的瞩目。看着企业负责人们满意的笑容，黄昌潮心里甜味十足。他说：我的学习榜样是德国的法兰克福展会，这条路注定艰辛，但这就像辣椒只有经过红油的浸泡，才更能炼出它的香味。

会长的情怀

2012年以前,黄昌潮从来没有想到过当什么会长。他出生的村子小,在村里也就跟几个堂兄弟有来往;出来做生意以后,活动的圈子只局限在"几个要好的生意朋友"中。他为人正直、有信誉、乐于助人,但这个"来自村落里的年轻人"没有任何头衔。

2012年的一次偶然事件改变了黄昌潮的生命历程。

义乌是浙江省"双拥"模范城,黄昌潮家的商铺开张不久,就与驻义乌某部队结成"双拥"对子,商铺成为"巾帼文明岗"。通常,他的妻子会组织"到部队慰问"。

2012年是建军85周年,黄昌潮夫妻都想好好庆祝一下,赞助约十万元举办了一场隆重的军民联欢会,庆祝建军节。联欢会那一天，义乌小商品城的总经理到会场助兴。他听说联欢会由黄昌潮独家赞助后，高兴地站起来说："我隆重向大家介绍一个人，黄昌潮。是他独家资助了这次庆祝活动，是他创造了机会让大家共聚一堂。我们欢迎黄昌潮上台唱一首歌，好不好！"

黄昌潮一听，真是慌了。他从小参加劳动，可分五谷，却难辨五音，从来没有在公开场合唱过歌。他赶紧举起双手表示感谢，示意唱不了。会场上一阵接一阵"黄昌潮，唱一首；黄昌潮，唱一首"的声浪逼得他无法抵挡，最后，一位驻军首长站起来拉他，他不得不走上台去。

这次事件成为黄昌潮人生的转折点。

联欢会结束了。生活、生意一切如常。一年多以后，义乌小商品城总经理找到黄昌潮，正式提出请黄昌潮出任义乌文具礼品协会会长。

黄昌潮一愣，没有马上答应，而是说要回家想一想。总经理反复强调"义乌文具礼品协会已经好几年没有换届了，找不到合适的人选，没办法，你现在是大家都认为合适的人选，希望不要'辜负大家'"。作为一个党员，黄昌潮十分看重"领导的意见"，最终决定出任协会会长一职。❶ 黄昌潮说："我出来当会

---

❶ 此后，黄昌潮又有了许多头衔，如亚太文具协会联盟主席、中国文教体育用品协会副理事长、义乌市中国小商品城商会副会长、义乌市办公学习用品行业商会会长。

长，第一是感恩，感谢领导对我的提携，提拔我。第二仍是感恩，感谢我当会长这件事情上，协会很多朋友、同事们的支持、鼓励。"

黄昌潮重情感、重感恩，决心当好义乌文化用品行业协会会长，宁可自己家里的生意少做一点，也要把协会的事情办好。他说自己"是一个有情怀的人"，他"心里永远记住为大家服务"。

具体该怎么做？

黄昌潮经过一系列的调研，广泛征求各位副会长、广大会员的意见，黄昌潮越来越清晰地意识到，展览会可能是推动义乌文化用品行业从低端、中端走向高端，实现跨跃式发展的好办法。于是，他与协会的副会长们决心共同推动义乌文化用品行业协会创办中国义乌文具礼品展览会。同时，为了真正办好展览会，他们还提出了"抱团发展"或者说"抱团取暖"的理念。

想法很好，现实充满挑战。

传统展览会仅仅是商品展示会，参展商与参观商之间没有直接关联，很多参观商只来参观，不一定做生意，往往成为"无效商人"。黄昌潮注意到传统展览会已经"日落西山"，决心创办一个"以商招商"的展览会。所谓"以商招商"，就是展览会的参观商直接由义乌的商人邀请，义乌商人邀请的所有参观商应该一直就是自己的"客户"，并长期保持着活跃的生意往来。这样的话，展览会邀请的参观商都是"有效商人"，展览会的效果一定倍增。

但问题出现了，假如某商人有 200 个采购商，他把这些采购商都邀请过来参加展览会，这些采购商到展览会参观以后，是不是会被其他义乌（包括非义乌）的商人吸引，从而改变采购目标？这种情况一旦发生，这位商人不是吃大亏了吗？所以，如果展览会上仅仅只有几个参展商邀请自己的采购商参加展览会，情况就会比较严重，而展览会一定难以成功。这就是说，只有展览会上所有的参展商都认真邀请自己的采购商参加，才可能在总体上推动整个义乌文具礼品行业的发展，从而有利于广大商户。

黄昌潮深深懂得这个道理，他更意识到，想解决这个问题，真正做到"全行业的以商招商"，唯有自己作为行业协会会长做出表率，以诚信、无私的精神身体力行，以宽广的胸怀容纳他人。所以，从 2017 年第一届义乌文具礼品展览会开始，他都先从自己做起，几乎每天都频繁地与自己的采购商们联系，邀请他们到义乌来。与此同时，他也说服了协会的副会长、理事，请他们各自邀请采购商。

于是，有趣的事情发生了。由于外地采购商，特别是大的采购商，在义乌常常有许多固定的合作关系户。大家对第一届展览会的邀请缺乏兴趣，因为谁也不知道能有什么结果，跑一次义乌有意义吗？但是，因为许多人同时接到许多义乌合作关系户的邀请电话,那些人就想,"义乌那么多电话打来,大概真的有重要的事发生,得去一下。"于是,他们就跑来参展了。

黄昌潮积极带头,"以商招商"第一年就成果满满。黄昌潮的诚信与无私精神深深感染了义乌文化用品协会的会员们。在他与协会的会员们共同努力下,"抱团取暖"成为义乌文化用品行业的行业文化,并促成了此后几年中国义乌文具礼品展览会的成功。

黄昌潮担任协会会长以后,义乌文具礼品展览会是协会的辉煌业绩,但黄昌潮的胸怀更加宽阔,他关心国家战略,心中装着国家与人民大众。他与义乌文具礼品协会的骨干们反复商讨后达成共识,做生意要关注国家的政策,把握发展的契机,国家正大力推进"一带一路"国家的合作,做文具礼品生意"跟着这个方向走,一定不会错"。黄昌潮说:"我们做生意最终是要靠强大的国家支撑,是不是?如果国与国之间的关系没有处理好,我们做生意一定是被动的;只有国家与国家关系搞好了,我们去做生意才方便。我们做生意的人,一定要有这方面的灵敏度,一定要跟着国家的宏观政策走。"

2019年3月,黄昌潮带领着义乌文具礼品协会14名成员访问印度,擘画义乌文具走向世界的大格局。他们在印度访问约十天,走访了新德里以及一些重要的城市,特别是一些港口城市。黄昌潮认为,印度由于人口基数大,是一个具有巨大商业潜力的国家。义乌本来与印度商人就有生意往来，可以进一步建立一站式合作，强强联合；还可以建立高度统一的物流，争取创新中印商品流通快速通道。这次考察还改变了印度似乎只能销售低端产品的刻板印象，根据印度的实际情况，他们共同研究着"以中端为主，辅之以高端，拓展印度市场，占领印度发展的先机"的发展战略。

黄昌潮热心公益，带动大家扶危济困，并积极组织社会力量为企业排忧解难，体现了一名公民的责任担当。

2016 年，他发动协会会员帮助义乌雅端脑溢血老人购买甘蔗并捐款 5000 元。2017 年 5 月，他组织协会会员帮助银川贫困县，捐赠 10 万元物资。一个月以后，协会又对接宁夏贫困山区学生，开展"千万文具捐赠行动"，第一批百万文具捐赠很快落实。2019 年 6 月，他带领协会启动爱心公益俱乐部，向汶川学子捐赠价值 30 万元的文具……

2020 年的新冠病毒突如其来，黄昌潮看着社区志愿者"跑进跑出，忙里忙外"，召集义乌文具礼品协会副会长们开了一个视频会议，提议协会"做一次二十四小时的紧急捐赠"。他的提议得到了大家的积极响应。说到做到，他们通过协会微信群把提议发给协会全体成员，当天晚上七点开始"统一接受捐赠"，到第二天晚上七点终止。二十四小时的捐赠出乎预料的成功，义乌相关慈善机构共收到义乌文化用品协会成员捐赠人民币达

173万元，成为受人称道的事件。

疫情期间，企业复工、复产等遇到了一系列难题，在黄昌潮的组织下，协会积极协助义乌市政府帮助企业复工、复产，共向云南、贵州派出7辆大巴，安全接回复工人员200余名。为恢复市场繁荣，协会响应义乌市政府号召，全力支援商城集团公司招引采购商来义乌，面向市场经营户发布采购商招商倡议书，并发起"百家企业千万促销"活动。协会利用文具展后台大数据共招引安徽采购团两批，河南采购团三批，共计400余人来义乌，发放采购商现金代金券10万余元，免费提供中晚餐共计800余份，价值约3万元。

在讲述这些故事时，黄昌潮语气平静，总是反复强调自己做得还很不够……此时此刻，我的脑海里浮现出他母亲的形象，那个饿着肚子却悄悄把几筷子米粉面条放进孩子碗里的农村老妇人。

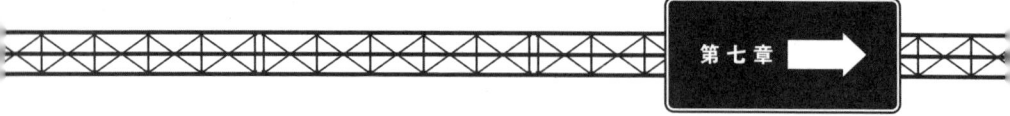

第七章 →

饰品，中的
梦丽
美

我是一个有信仰的人。
周洋霞

2020年1月14日，2021年7月12日，我们曾两度访谈周洋霞，曾经在她的非遗工作室与她合影，她站在中间，手里拿着2008年奥运会火炬。她可是当年的火炬手。

一天下午，我收到周洋霞寄来的《中华文化名家艺术成就明信片》。明信片一面有她设计的精美绝伦的饰品图片，写着"龙凤呈祥：著名珠宝设计师周洋霞作品"；另一面是她精妙入神的作品"平安兽面""龙凤祥和"，还印着她的照片和介绍：非遗工作室创始人、著名珠宝设计师、浙江省非物质文化遗产传承人。

看着照片上的文字和那漂亮的义乌姑娘，我想，很多人会惊讶、好奇：什么样的力量让她创造了这样骄人的成就？

奥运火炬手，那个义乌女孩

2008年5月17日下午4点，浙江绍兴古城。

蓝天上点缀着朵朵洁白的云，太阳折射出闪闪金色的光，街道上挤满了观看奥运圣火传递的人。醒目的标语"让爱心与圣火一同燃烧，让希望与圣火一同启航"，给人激情，给人爱。

4点10分，在"北京加油、四川加油、奥运加油"的欢呼声中，奥运火炬传递启程。稽山公园、治水广场、大通学堂、迎恩门、中国黄酒城……一路圣火闪闪发光，一路优秀运动员英姿飒爽，其中，一位年轻女孩吸引了无数的目光。她叫周洋霞，一个来自义乌农村的女孩，一位数次荣登世界冠军领奖台的姑娘。

1983年，周洋霞出生于义乌县后宅乡后毛店村。

爷爷奶奶、爸爸妈妈，陈旧的老屋、陈年的家具、贫困的生活,周家似乎与邻里乡亲没有什么区别。翻开历史,周洋霞的家却又并不普通。她的爷爷毕业于黄埔军校,曾经有过难忘的经历,终身保存着一本宋庆龄亲笔签名的日记本。后来,爷爷在淮海战役中投诚,被编入解放军。解放初,爷爷被安排到义乌县政府工作,但他还是选择回到家里做了农民。周洋霞的奶奶是大家闺秀,曾在金华地区著名的中山中学读书。该校由宋庆龄题写校名,秉承孔子教育理念"谨身、节用、知耻、力行"的校训,"以德育人以美立教",培养的学生道德优秀。这样的家庭为周洋霞创造了别样的充溢着文化底蕴的生活环境。

周洋霞的爸爸出生于1959年,70年代末,刚满20岁就当了生产队长。80年代初中期,义乌很多人外出经商,他率先在村里办起私营服装厂,是村里最先富起来的人,那辆气派的本田王摩托车,那手里举着的像砖头一样的"大哥大",吸引着无数村里人羡慕的目光。

周洋霞是一个普通的女孩,像别的女孩一样,她呱呱坠地的哭声也激动着妈妈,让妈妈眼眶里涌出晶莹的泪花。

周洋霞又是一个不普通的女孩。她爸爸说:"我从小就看到她的身体素质比一般人都好。她完全是一个能够打造奥运冠军的料,我从小就想培养她,她身体非常好。"爸爸还说:"女儿六岁的时候,一年秋收,就跟我到田里收稻谷,从早上干到晚上,一口气干了15天。那时我家条件还不好,但我夸下海口,要培养她。"

周洋霞进小学读书了。她个子矮小,在语文、算术等主要课程方面,与其他同学不相上下,开始没有受到多大关注。到二年级下的时候,两门副课的老师开始关注她。体育老师发现这个"小不点"体力超群。在长跑的时候,别的同学跑三四百米就累得直喘气,周洋霞"像没跑一样",再继续跑上千米都不叫一声累。在跳高、跳远的练习中,她的成绩比其他同学高很多。美术老师注意到,她对画图有特别的偏爱,当别的同学在操场上玩的时候,她在沙坑里、在泥地上用树枝画图。更让老师吃惊的是,周洋霞作画的时候,似乎想象力特别丰富,常常画出出人预料的图画。

两种天赋,得到两个老师的关注。周洋霞人还小,很难取舍。这时,父亲的偏好发生了作用。

爸爸很早就注意到女儿的体育潜力,进小学以后,更偏好培养女儿的体育特长,体育老师得到了周洋霞父亲的支持。从小学三年级起,周洋霞全部课余时间几乎都被"体育老师拉去跑步,拉去参加比赛"。她没有时间画图,没有时间参加画图的培训,但她一有点时间,就画几张画。画图老师看到周洋霞画得好,还曾经选出几张拿去参加义乌市小学生绘画比赛,竟然拿到过特等奖、一等奖,周洋霞自豪地称自己在画画方面"无师自通"。

周洋霞长得瘦小,但筋骨好,在中长跑、跳远等方面的成绩长期保持全校第一,留下了好几个后来难以超越的最好成绩。

她小学毕业前夕，义乌市少年体育学校举行了一次全市选拔比赛，希望物色体育尖子。周洋霞参加了跑步比赛与跳远比赛。

1994年初夏，在义乌少体校的操场上，周洋霞受到许多教练、体育老师的关注。她参加的所有项目，成绩都比其他女孩好一大截。老师们一致认为，周洋霞应该进少体校。但奇怪的是，义乌少体校竟然不知道"这个瘦小的女孩来自什么地方"。少体校当年十分热门，是可以脱离农村进入城镇的一条路，很多家庭条件较好的人录取了，但周洋霞没有收到通知，只得去了后宅中学读初中。

周洋霞的父亲不甘心。早在几年以前，他已经花了两万多元为女儿办理了义乌城镇户口，为女儿创造了进义乌少体校的条件。女儿明明成绩优秀，却落榜了，他一定要想办法再做最后的努力。他到处说情、讲理，终于把女儿送进了义乌少体校，开始了住校生活，开始了新的人生。

进入义乌少体校不久，周洋霞在自己的一本笔记本上画了一幅图。她说："当时我画了一条跑道，那时还没有跳远，旁边有一个领奖台，我站在领奖台中间。我那时的梦想就是拿世界冠军。那时候我才11岁，没有人教我，自己知道目标在哪里。我是一个有信仰的人。"

梦想似真似幻，总是不断激励周洋霞的内生动力。她体质极好，但刚进义乌少体校的时候，还是有一个适应的过程。在少体校里，周洋霞年纪最小、个子最小，每天的体质训练是她不得不面临的极大挑战。耐力训练是数万米的长跑，每一次，面对着比她个头高、身体壮的同学们，周洋霞咬紧牙关，"死死跟着跑在前面的几个人，待跑到最后一两圈的时候，再大吸几口气，努力超上去"。半年以后，少体校的老师们说起周洋霞的耐力，会说："从来没有看到过这么好的。"体能训练包括举重、压腿等类型，周洋霞太瘦小了，无法与那些哥哥、姐姐相比，但她仍严格要求自己"做到体能的极限"。

一年以后，周洋霞在田径运动的几个方面都有出色的表现，多次代表义乌少体校参加省内的田径比赛，都得到了较好的成绩。经过学校教练、老师的反复评估，正式把跳远确定为周洋霞"主攻"的运动项目。周洋霞，这个义乌少体校里出名的"小不点"，没有辜负大家的期望，多次为学校争得了荣誉。

周洋霞的名气传到了金华体育学校，金华体校一位教练专程到义乌少体校来选才。那天，周洋霞等几个人分别参与了一百米、一千米、跳高、跳远等选拔比赛，周洋霞表现出色，教练十分满意。当年，许多有条件的家庭都希望小孩走体育这条路，"体育人生的道路"十分拥挤。周洋霞尽管成绩出众，还是被人挤掉了。金华体育学校给了周洋霞一个理由，说她长得太瘦太小，无法判断有没有培养前途。她父亲知道这个情况，马上又开始了"拯救行动"。父亲找到了金华体育学校的相关负责人，详细介绍了周洋霞出生以来的情况，反复强调女儿天生体质好，家里有足够的能力培养她成长，"为国家做出贡献"。

在父亲的努力下，周洋霞终于打着铺盖走进了金华体育学校，从此，她几乎不回家，全身心投入体育事业。父亲的判断是正确的，周洋霞进了金华体育学校以后，不断参加省内比赛、全国比赛，几乎每一次都比出了好成绩，为金华体育学校带来荣耀。

周洋霞成功了，她的成功背后有爸爸妈妈的身影。打从周洋霞进了金华体育学校以后，她每一次重要的比赛，爸爸、妈妈都一定"放下手头的工作，与女儿一起前往比赛的地方，在看台上为女儿鼓劲"。有一次，爸爸、妈妈实在没有空，他们买好车票，叫刚刚 11 岁的弟弟前往助阵。亲人的陪伴带给周洋霞的精神力量难以言表。

进入金华体校一年多以后，周洋霞被选入浙江省田径队，经常在杭州等地进行集训。无论在任何训练场合，她都是最自觉、最刻苦、最坚韧的人；无论在哪一次运动成绩的测试中，她几乎都稳拿第一。教练为她而骄傲，浙江省田径队的领导、教练都看好她。

1999 年，首届世界少年田径锦标赛在波兰小城比得哥什市举行，中国组建了少年田径运动代表队参加比赛，周洋霞顺利被选拔为中国队成员。当时，中国经济比较困难，国家不承担运动员参加少年田径锦标赛的费用，无论是运动员还是教练，想去参加比赛，都必须自己筹资。周洋霞爸爸毫不犹豫拿出两万元人民币，让女儿"做好准备，以最好的姿态参加比赛"。周洋霞十分感动，但不敢说拿奖牌之类的话，她第一次参加国际比赛，不清楚外国运动员的水平到底如何。教练没钱，不能陪同周洋霞参加国际比赛，周洋霞将独自出发。

首届世界少年田径锦标赛在波兰北部维斯瓦河和布尔达河河畔的库亚瓦－滨海省省会比得哥什市举行，该市有人口40万，距波兰首都华沙250公里，每天有飞机往返华沙。比得哥什市是一个小城市，但经济发达，文化教育资源更引人注目。这里有医学院、经济学院、农技学院等大学，市内有七个体育场、十几个室内游泳池、两个射击场、六个帆船中心、十个划船中心和六个皮划艇中心，经常举办欧洲或者世界性体育赛事。

周洋霞第一次出国，听着中国代表团领队介绍比得哥什市的情况，满怀好奇，洋溢着憧憬。浙江田径队的领导教练都没有给她下达拿奖牌的任务，只是说去锻炼锻炼。她的教练说："反正你有机会，有条件出去，去玩一趟吧！"她自己感觉有点儿蒙眬，只有那颗勇争第一的心无意识地跳跃着。

一切准备就绪，爸爸专门送她到杭州火车站。她坐上去北京的火车，到了北京以后，随中国少年田径锦标赛代表团从北京飞波兰首都华沙，再转机到比得哥什市。在华沙机场转机的时候，她看到很多来自美洲、欧洲、非洲国家的运动员，有点惊讶。她说："看看那些白人、黑人运动员，个个长得高大，肌肉类型也跟我们不一样，肌肉特别发达，一看就知道营养很好。"

在比得哥什运动员基地里，别国运动员大都吃着牛排、鸡排，中国运动员则以蔬菜为主，偶尔可以吃上一块红烧肉。国际田径联合会对兴奋剂检测很重视，经常会突击检测。国家对运动员的情况也十分关注，随队医生会根据情况安排检测，以防出现问题。周洋霞非常注意，不随意吃营养品，也不喝任何种类增加身体能量的饮料，无论到哪里，她都只吃普通的饭菜，只喝白水。但她一直属于那种特别兴奋型的运动员，睡得少，吃得少，体重会掉三五公斤，但一上场，全身细胞都被激活。她说："我这个人的性格就是这样的。我从来不怯场，我不怕的，对面是只老虎，我都不怕，一定跟它干。对手越强大，我的内心一定越强大。"

那天下午，体育场的喇叭里响起周洋霞的名字，轮到她出场参加跳远比赛了。她站起来，与代表团的领队和其他运动员挥了挥手，转身向跳远的场地走去。跳远是田径运动中的常规项目，参加的运动员比较多，起码有五六十人参赛。随着运动员陆续到达，周洋霞发现，其他的运动员都长得比她高大，肌肉坚实，自己是全部参赛运动员中最矮、最瘦小的一个。运动员全部到齐以后，裁判把大家集中起来，简单介绍了比赛规则与比赛次序。解散以后，运动员们各自放松着手脚，做着比赛前的准备。

比赛开始了，周洋霞想好了，第一次试跳先熟悉场地，第二次争取拿到最好成绩。

裁判点名，周洋霞出列，站到起跑的位置。裁判哨声起，手势落下，周洋霞轻捷起步，随着跑步速度加快，很快，脚踏起跳位置，跃身一跳，成绩不错。她心里有底了。在第二跳的时候，周洋霞鼓足勇气。哨声落，脚步起，快步跑到起跳点。她纵身一跳，身体奋力向前，双脚在平整的沙面上踩出两个相连的坑。中国代表团那边传来一阵欢呼声，裁判跷起大拇指，一量，周洋霞露出了欣慰的微笑。她创造了属于自己的最好成绩，超越了国内所有比赛、训练的纪录。她成功了，能拿奖牌吗？答案基本肯定，但多少名次，还得等所有运动员全部跳完最后一轮。

当硕大的屏幕上打出成绩、排名，周洋霞赫然排在第一。这个矮小的女孩得了冠军！很多人难以想象，中国队欢呼雀跃。此时，周洋霞反倒冷静下来，她觉得"这是应该的"。

颁奖仪式开始了，周洋霞自豪地站到了领奖台上，向观众致意。她聆听着庄严的国歌声响彻场馆，注视着五星红旗在异国小城徐徐升起，顿时觉得，以往的所有辛劳都值了。

夺冠以后……

1999年初秋，周洋霞拿到了人生第一块国际赛事的金牌，时年16周岁。此事对她后来的日子产生了极大的影响。

周洋霞小小年纪就成了名人。国际田联后来编过一本书，全面介绍全世界所有田径运动的后起之秀，她不仅是中国少数几个上榜人，而且是全书中年龄最小的田径运动新苗。

中国田径运动长期落后，在世纪之交，义乌这片土地上飞出只金凤凰，让全国田径界大吃一惊，意识到这是可遇不可求的好苗子。于是，几个有潜在可能性的运动队都派人来"挖"她。先是浙江田径队内部，周洋霞原属于跳远的小组，省队撑竿跳高的小组觉得，她具有"比跳远更好的撑竿跳潜力"，撑竿跳小组想把周洋霞"挖"到那里搞撑竿跳。上海田径队队长等几个人来了，他们想利用上海的"城市优势"把周洋霞"挖"到上海去。北京的解放军八一田径队队长来了，几次从北京飞来杭州，通过浙江田径队的领导直接找周洋霞。

面对突如其来的各种机会，周洋霞一度对解放军八一队"动心"。八一田径队队长找到周洋霞，向她介绍情况。根据政策，周洋霞已经拿了国际赛事的金牌，带着这个成绩参加八一田径队，她可以穿上军装，并授予一定的军衔。进入八一田径队以后，在国际比赛中获得奖牌，解放军田径队与运动员属地省份的田径队都有荣誉，运动员原来的教练同样可以受到奖励。

去，还是留？周洋霞犹豫了。她想了很多。她想起进义乌少体校后那些艰苦的训练场景；想起被教练选中开始跳远项目时的犹豫与憧憬；更想起朝霞里、夕阳下，教练全神贯注地观察她的每一个动作，不厌其烦地纠正她的每一个缺点……她意识到正是教练成就了自己，教练的这份情，这份义，她永生难忘。她觉得，如果去了八一队，她获得的金牌虽然仍可算成教练的成果，但教练的情无法用金牌替换，她告诉自己："我不能走，走了，教练会感到孤独的。"

这是周洋霞人生中的第一次选择，这个选择成为生命的转折点。

周洋霞留在了浙江省田径队。她先后获得了亚洲青年田径锦标赛跳远冠军、三级跳冠军，获得了其他一些区域、国际赛事的好成绩，被评为世界优秀田径运动员。就如她第一次拿世界冠军一样，她每次都以平常心对待，觉得"是应该的"。唯有一次，周洋霞流泪了。

2000年，第八届世界青年田径锦标赛在智利首都圣地亚哥举行。与一年多以前的情况不同，周洋霞已经多次参加国际赛事，屡屡获奖，对拿奖牌充满信心。在参加世界青年田径锦标赛的时候，她比许多运动员都要小一岁，个子仍比较矮小，但她仍然满怀信心，"应该拿世界青年田径锦标赛冠军"。国家田径运动队的领导与教练早就看清了周洋霞的潜力，也把"跳远金牌计算在国家可能获得金牌的总数内"。

经过二十多小时的辛苦奔波，中国田径比赛代表团到达圣地亚哥，经过短时间休整，就要开始比赛。时不凑巧，周洋霞来例假了。在比赛前的那一天，她吃不下东西，吃什么吐什么，连吃进去的药都全部吐了出来。她肚子痛，痛得全身发冷，冒着冷汗，就地打滚，差点休克。不要说赛前运动，她走路都难，要别人扶着。恰恰在这个时候，队医竟然不在！周洋霞等呀等，等队医来配些有效的药，以便参加第二天的比赛；其他的队员帮着找呀找，就是没有队医的身影。

第二天，周洋霞要参加跳远比赛了，但她的身体状况仍然那么坏，队医仍然没有出现。她没有办法，只得吃几片止痛药上场。在这种情况下，她尽了最大努力，只拿了个亚军。周洋霞非常委屈。此前,她参加的重要赛事,几乎都拿冠军。她目标已经确定,从少年、青年到成年,她要拿遍所有的世界冠军。她相信一定能够实现这个目标。这次世界青年田径锦标赛是她实现人生目标的一个环节,她有十二分把握可以夺冠。可是,关键时刻,队医怎么能不出现?!哪里能想到碰到这样的事情,让她只拿了个第二名。

她正在生病,脸色发白,纸一样白;全身痛,痛得身上湿透了,全是冷汗。她听到第二名的消息时,当场哭了,觉得自己太委屈了。所有的运动员都过来拥抱她,安慰她。当她站到领奖台上时,全场人都站起来,为她热烈鼓掌,不断鼓掌,整整半个多小时。半个多小时,在领奖台上,她一直在哭,在流泪。

掌声是给她的激励,泪花让她更看清了方向。她已经拿了各种世界冠军,最后一定要拿下奥运会的金牌,才能实现"大满贯"。所谓"大满贯",指拿到从少年、青年一直到成年所有国际比赛的金牌,中国此前没有人达到这个境界,周洋霞的梦想是做"中国第一人"!

奥林匹克运动会是世界最高等级的赛事,分为夏季奥运会与冬季奥运会。一个国家能否争取到办奥运会的机会,代表着国家的荣誉。经过多年努力,2001年7月13日,国际奥委会投票选定北京获得2008年奥运会主办权。这可是中国开天辟地以来第一次举办世界最高级别的体育盛会,自然受到国家各个方面的高度重视。在举办权确定以后，国家立即就在全国范围内选拔优秀运动员，备战奥运会。

中国传统的优势体育项目包括乒乓、游泳、羽毛球、射击等，田径一直是弱项，难得冒出一个田径优秀运动员，会受到特别关注。周洋霞就是不经意中冒出来的。她还不到20岁，个人最好成绩为6.59米。当时，国家田径队教练、浙江省田径队教练都认为，周洋霞经过几年训练，完全有可能为国家拿下历史上第一块跳远奥运会金牌。周洋霞自己也充满信心。

2001年下半年，周洋霞被正式确定为奥运会参赛选手，开始投入备战2008年奥运会的训练中。

自从进入义乌少体校以后，她就把训练看成是自己的生活，把拿奖牌看成是自己的使命。她自觉进行训练，曾自嘲说，"我属于沙漠里的仙人掌，扔在那里，不用管，照样长得很好。在运动队里，我不用管，照样有这个能力，去拿奖牌。"她对自己要求极高，根本不需要领导、教练来操心。其他人生怕练得太多，人太累，能偷懒就偷懒；她只怕练得不够，只怕比别人练得少，落在别人后面。很多时候，教练出门，就把所有训练任务都交给周洋霞，让周洋霞去监督其他运动员训练。尽管如此，她被确定为浙江省最有希望拿田径金牌的运动员以后，省田径队的领导仍把她看得"像大熊猫一样"。有一段时间，省田径队大队长经常来看她的训练，隔一天一定来一次。

领导的关心是激励,更是压力,周洋霞对自己更狠了。那一段时间,周洋霞的成绩一直在稳步上升,大家都觉得情况不错。但是,人的体力受自然的限制,过度的体力消耗可能造成伤害。那时候,运动队的伙食比较一般,周洋霞又从来不吃增强体质的补品或药物,体力全靠食物补充。她训练得太投入了,对自己的要求太高了,以致可能有些疲劳过度。

那一天,她跑完5000米体能训练以后,来到熟悉的跳远训练场。做好准备动作以后,她连续跳了几次,成绩比较一般。她决心再多练练。她双眼紧盯着跳远踏板,憋气,起步,加速,猛地一跳。或许起跳时脚下被一颗小石子"别"了一下,或许起跳的姿势稍稍偏了一点,在落地的时候,她突然感到大腿"刺心般地痛"。当她从沙坑里站起来的时候,清楚意识到腿受伤了,走路都有点困难,一条腿抬起来、落下去都痛。

她的队友把田径队队医叫了过来。队医看后,说周洋霞的腿没有什么问题,是拉伤,只不过比普通的拉伤严重一些而已。队医配了一些消炎、止痛的药,让周洋霞停止训练,"多休息几天,就会好的"。

其实,她的腿不是拉伤,是折断了靠近骨头的一半肌腱,血渗出来,外面看不见,里面都发炎了。第二天,她的腿"肿得像水桶一样",无法抬起来。她请队友扶着,去看队医,队医仍坚持说"普通拉伤"。周洋霞没有多说什么,也没有提出到杭州大医院去做进一步检查，她只是遵照队医的吩咐，在宿舍里多休息。

时间一天一天过去了，腿仍然肿着。一个月以后，周洋霞受伤的腿仍无法弯曲，走路都是僵直的，连走路都有点困难。这时，她开始怀疑队医了。实际上，她可以说"残废"了。令人感叹的是，在这种情况下，浙江省田径队的领导，包括周洋霞自己，都没有提出来到浙江最好的医院去做检查、诊断。周洋霞似乎仍相信，靠自己的毅力能恢复腿的功能，能够为国争光。

她开始自我康复。她着意让那条受伤的腿动起来。开始的时候，动作幅度稍大一些，腿就痛；她坚持着，慢慢地，受伤的腿能弯曲了。她做了专门的沙包，绑在受伤的腿上，平时走路的时候绑着沙包，到训练场上，腿上绑着沙包，回到宿舍里休息的时候，腿上仍绑着沙包。过了一段时间，她竟然又在受伤的腿上绑上哑铃，开展腿部力量训练。很难想象她在康复过程中所经历的痛苦，但康复训练的效果十分显著，她说："我完全靠自己的意志，靠坚强的品质，把我那条腿救回来了。"

2003年春，所有北京奥运会的候选代表到北京集训。周洋霞来到北京。在集训过程中，她的腿一直影响着训练，国家田径队安排她去国内相关医疗技术最好的积水潭医院检查。不查不知道，一查吓一跳。周洋霞在积水潭医院做了核磁共振，结论是，受伤的肌肉已经纤维化了，基本上没有恢复的可能。原来，她受伤的时候，腿上的一股肌腱断了一半，大量出血。由于没有及时处理，血没有吸干净，积在里面，影响愈合。时间一长，断裂的腱周肌肉纤维化，变成了死肌肉，就没有弹性，行动时难以正常收缩。医生没有多说，但周洋霞明白，她的运动生涯结束了。

一纸核磁共振的诊断书像晴天霹雳，轰得周洋霞晕头转向，好几天没有"醒过来"。

自从11岁开始，她从来没有让大家失望过，让国家失望过。她总是给大家带来惊喜，带来奇迹，成为那么多哥哥、姐姐的学习榜样。很多领导、教练说："看看这个小姑娘，带着方便面，带着豆腐乳出去，带着榨菜出去，拿着奖牌回来，多么不容易！"

此时的她才刚满20岁呀！20岁，很多人的人生还没有起步，周洋霞却从人生的巅峰跌落到了谷底。

退役与选择

此后几年的生活是平淡的,周洋霞仍在国家田径队里,一边做着康复,一边在北京体育大学读书。这是难得的安稳日子。平淡的生活中,她仍执着地追求着梦想。她受伤了,但只要有百分之一的希望,还是会付出百分之百的努力。

她以顽强的毅力一边在体院读书,一边坚持康复与训练。她的腿基本上恢复了,可以正常行走,但经医生最后检查,她已经不再适合参加田径竞技比赛。

2006年,她退役了,怀着深深的眷恋,带着依依的不舍。

此前,在中国体育界,这个瘦小的姑娘是神一样的存在,凡是她出场,不管什么级别的比赛,跳远冠军几乎非她莫属;此前,在这个瘦小姑娘的心中,自己也是神一样的存在,她坚信能战胜所有的人。十几年以后，回忆当年的心境，她仍坚定地认为："我一定能拿'全满贯'的，从少年一直到奥运会的各种世界冠军。"

周洋霞离开了心爱的体育事业。国家有关部门、中国田联考虑到周洋霞曾经为中国体育事业做的贡献，安排她进入北京第二外国语学院读本科。这是浙江省唯一的指标，当国家田径队领导把录取通知书送到她手里时，所有人都向她表示祝贺。

在一片热烈的祝贺声中，周洋霞显得特别冷静，她感谢多年以来领导的关怀，感谢队友、同学的支持与帮助，但脑子里似乎空落落的。此后几天，她抽空在城里逛大街。长安街的车水马龙，王府井的接踵摩肩，反给周洋霞带来了烦恼。她转到较清静的小巷，走着，看着老北京城里的旧房子，思绪万千。

她感叹着太小就离开了父母，11岁就离开了家，连奶奶去世都没有机会回家。她体会着父母期待更多见到亲生女儿的渴望，由于平时训练不能探望，父母利用女儿一切外出比赛的机会，赶赴参与比赛的地方与她见面。自从她到北京以后，三年多几乎没有见到父母。十多年了，她的全部生活就是训练，拿奖牌；拿奖牌，训练。而当这一切渐行渐远的时候，她猛然反问，那些被成功、奖牌支配的生活是真正的生活吗？这样的反问使她越来越思念父母，思念亲人，思念家乡义乌。

于是，周洋霞决定放弃北京第二外国语学院的机会，回到义乌老家去。

北京体育大学的大班主任、小班主任与周洋霞关系很好，他们一听到周洋霞的选择，都急了。他们相约来到周洋霞的宿舍，劝周洋霞绝对不能放弃读大学回义乌。周洋霞谢谢老师们的关心，坚定地回答："后悔我也认，我已经决定回去。"为了表示决心，她竟然当着老师们的面把录取通知书撕成了碎片！❶

周洋霞回义乌的消息很快传到了家乡。父亲感到女儿的决定太唐突，过于轻率，但像之前一样，父亲没有多说什么，既然女儿已经下定决心，父亲就尊重女儿的选择。义乌市委书记对周洋霞的情况早有所闻，听说她准备回义乌老家，十分高兴，决定"以引进人才待遇给周洋霞安排合适工作"。

2008年2月，周洋霞回到义乌家里。她1994年离开家，此时已经过了整整14年。全家人都为团圆而庆祝，父母更为女儿回到身边而高兴。

周洋霞回到义乌，本来准备去义乌市体育局工作。义乌体育局有个编制指标，但被2007年6月转业回义乌的一个部队干部用了。另外，体育局要招本科毕业生，周洋霞只有中国体育大学大专的学历，不符合岗位的基本要求。

---

❶ 今天，周洋霞在饰品行业已经十分成功，但是讲起此事，仍会说："这是我最后悔的事。"我们与周洋霞爸爸交流，问他，今天洋霞已经取得那样大的成就，你如何看洋霞当年的选择？他毫不犹豫地回答，他认为洋霞当年应该去读书。

周洋霞是引进人才，她有要求，可以直接找市委书记特批。她想了想，觉得不进体育局也无所谓。义乌政府给她一些选择的机会。她挑选了义乌宾王中学，担任中学少年体育特色班教师。

按理说，周洋霞是那么优秀的运动员，还带中学生运动队参加过一些体育比赛，她担任中学体育教师，可以做到得心应手，游刃有余。但情况并非如此。

自从她成为田径运动员以后，她有精神上的追求，有对人生的信仰。她说："我精神饱满，运动生涯是我的天，是我的所有一切的信仰。"信仰是人生的灯塔、生命的动力。信仰给人百折不挠的勇气与灵活应对复杂环境的智慧。"人活着就要有信仰"，这是十多年体育运动生涯给她留下的真理。那么，在宾王中学里，在体育特色班教学的工作中，在看似收入稳定的日子里，信仰在哪里呢？

与周洋霞时期情况不同，这个体育班上的不少学生仅仅因为学习成绩不好才进"特色班"，他们只想混个毕业证书。她给这些学生上体育课时，发现他们缺少灵气，缺少力争上游的朝气。面对着这样的学生，她根本无法施展才干。宾王中学与其他学校一样，从校长到普通老师，都重视课程教学的质量，重视升学的情况，体育班以及体育班的教师在学校中被边缘化了，甚至被人看不起。

与周洋霞在田径队里时的境况相比，简直是一个天，一个地。她难以忍受这样的生存状态，难以忍受这样的碌碌无为。

出路在哪里？她如何选择？她一下子无法找到答案，情绪低落。她的人生失去了方向，茫然若失，困惑不已。

此时，少年时期的爱好、兴趣为她的郁闷生活带来了难得的快乐。

周洋霞从小展现了体育与画画两大天赋，后来，机缘巧合让她进入了田径队。在紧张、艰苦的训练中，在繁忙的比赛中，她不仅没有放弃画画，画画还给她单调的生活平添了乐趣。谈起画画，她说："田径运动队的人都知道我会画画，画画让我的运动生涯'饱满'。"

宾王中学的教学工作比较轻松，周洋霞开始有了较充裕的时间拿起喜欢的画笔。她画猫，漂亮小猫那活泼可爱的神情跃然纸上；她画晨曦中的青草，那细细草尖上晶莹的露珠映照出斑斓的华光；她画大雄宝殿，那金色屋脊上方的朝霞闪烁着吉祥的佛光……她不断画着，只要拿起画笔，她就陶醉在自己编织的世界中，快乐着。

周洋霞长大后，也对首饰很感兴趣。她说，"那一年，巴西水晶流行，买了很多巴西水晶饰品。"在田径队的时候，首饰开始强烈地诱惑着她那少女的心，但她太忙了，没有时间去逛商店；她训练太紧张了，没有时间佩戴饰品。而在宾王中学，她有了空闲时间，除了画画，她花很多时间流连于义乌小商品城里的珠宝首饰区。她反复端详品种繁多、质量参差不齐的珠串，研究各类珠串的品相，琢磨设计的理念；她审视着琳琅满目、目不暇接的珠宝首饰，赞叹着珠宝首饰的设计竟然可以如此精巧奇特、画意天成……

她寻找着，思考着，慢慢地，当她无意中把两种兴趣融合在一起时，一条全新的生活之路渐渐在她眼前舒展。她隐隐意识到，一旦把画画的天赋投射到禅意珠宝首饰的设计中，一旦两种兴趣中所内含的美的体验相互交织，一定能设计出精美绝伦的珠宝之冠。

周洋霞运动生涯中积淀的至高荣誉感，追求极致的信仰，渐渐被重新唤起。她内心深处有了一种强大的力量，这是一种超越世俗的信仰的力量，是一种追求美的巅峰体验的生命力量。

2010年，周洋霞知道了人生的路该如何走，她做出了选择。

她正式打了辞职报告，主动丢掉铁饭碗，去做珠宝首饰设计与销售。宾王中学的领导一再挽留，义乌教育局、体育局的领导多次做工作，周洋霞没有丝毫动摇。

2011年，她告别了宾王中学，选择了自主创业。

"流血不流泪"

2011年,周洋霞投资十万元,正式开始经营禅心阁珠宝商店。

与1994年、刚刚11岁的她进入义乌少体校的情况完全不同,周洋霞的这一次选择经过了深思熟虑,是在一个平和的心态下经反复权衡做出的决断。

作为一个新人,她最初面临的挑战是能否设计、制作出质量合格的产品。她全身心投入,以期在最短的时间内被珠宝首饰行业的从业者们接纳。她重新一次次走进义乌小商品城里的一个个珠宝首饰商店,专门仔细推敲形式多样的设计图案。她发现有看得中的设计,就到相关的商店去求教;或者直接商讨双方合作,她拿起图纸,帮助"代加工"珠宝首饰商品。她千方百计抽时间参观美术馆、欣赏风格不同的画展……努力提高艺术修养，提升审美情趣。她更费尽心思地设计新的产品，努力在新产品的设计中体现内心的信仰。

俗话说，只要功夫深，铁杵也能磨成针。这句话生动反映了周洋霞在珠宝首饰制作方面的状态。她从来没有加工制作的经验，一切都得从头学起。她没有严格意义上的师傅，几乎所有的事情都靠自己慢慢摸索。但是，靠着不辞辛劳，日夜苦干；靠着聪明机灵，善于从试错中汲取经验与教训；靠着敢于探索，勇于创新，她硬是做出了好的产品。

她非常刻苦，创业以来，几乎没有休息过，除了出差在外，每天的工作安排令人咋舌。她爸爸抱怨说："洋霞常常早上起来，就坐下来工作，不吃饭，一直忙到下午甚至晚上，她太不注意身体了。说她也不听。"她有着顶级运动员最好的体质，几年辛劳下来，却出现腰椎骨突出的现象，碰到阴雨天就会腰痛。

但是，创业之路并非一帆风顺。

她最初到金华的一个饰品店里去拿货，拿回来以后，在原来的基础上做些改进，做出新的产品，再送到那家商店去销售。由于她的饰品无论款式还是手工都比别人好，原先与这家店有业务关系的"老客户"就使坏了。他们在这家店的主人面前说周洋霞的坏话，特别强调，"以后义乌'禅心阁'来拿货，不要给她，饰品不给，图纸也不给。""老客户"与店主合作时间久，周洋霞再上门去谈业务，就碰了冷钉子。

周洋霞无奈，只得放弃，转而到杭州去建立业务关系。她带着自己制作的几件样品来到杭州，在市中心跑了好多家珠宝首饰店，看中了其中两家。她呈上精美的产品，与门店经理谈合作事宜。一家门店没有谈成，但另一家门店对周洋霞设计的几个产品兴趣浓厚。她进一步与经理、技师讨论加工的样式、含金水平、品相等细节问题。周洋霞真诚、认真，经理觉得可以"先合作做少量产品试销"。

单子不大，仅几万元的货。但周洋霞十分高兴，对她来说，这是开业以来承接的最大一笔订单。回到义乌以后，她争分夺秒抓紧工作。产品做出来了，比原计划早了两天。周洋霞送货到杭州的那家珠宝店。经理拿出产品左看右看，觉得加工精细，质量上乘，爽快地支付了百分之七十的金额，余下的钱待销完以后再支付。接着，经理拿出几个新样品给周洋霞，请她根据样品做些改进，设计一个系列进行加工。这单合作的金额比第一单大了许多。

周洋霞很快投入了新产品的设计、加工中。由于单子较大，她一个人来不及做，招收了两个学徒一起工作。他们日夜劳作，以便保质保量完成任务，及时交货。

就在他们做完大部分的时候，杭州合作商店的经理打电话给周洋霞，告诉她一个不幸的消息。经理说，义乌小商品城有一个珠宝商人专程跑到杭州，骂周洋霞阴险狡猾，专门抢别人的生意，要求中断与周洋霞的合作，不能给设计图纸、样品，不能销售她的产品。经理告诉周洋霞，他们店与小商品城是长期合作伙伴，面临这种情况，他们只得中断目前与她的合作，换句话说，在做完这批货以后，周洋霞再没有机会做杭州的生意了。

周洋霞16岁就拿世界冠军，很骄傲，很硬气。既然不给图纸、样品，她也绝不会求着要人家给。她做事光明磊落，看不起暗地里搞阴谋诡计的人。她说："我父母，特别是我父亲从小教育我，因为他把我当个男孩子养，他一直强调说，你虽然是个女孩子，但爸爸对你的要求是流血不流泪。"

杭州不行了，周洋霞继续转战浙江的台州、温州等地。但她没有想到，义乌小商品城里的珠宝商人真还神通广大，她做到哪里，他们追到哪里。面临着甩不掉的"四面围猎"，周洋霞陷入"八面楚歌"。她说："我前几年做生意真的很可怜，到处受到打击。我的性格很倔，我不求人，只求自己。我不让别人为难。我去拿东西，他不给，说你们同一个地方有竞争，你来拿货就不给。我就去别的地方……人家就堵你、拦你，只想搞死你。我真的太难了。"

这时，一位朋友给周洋霞介绍了山西的非遗传承人，一位中国传统金银器制作大师——刘兴东。

刘师傅年近五十，慈祥的脸上刻着严谨与执着。他欢迎周洋霞来到山西，拿出部分传统金银饰品给周洋霞欣赏。看到这些大师亲自制作的宝贝，周洋霞顿时惊呆了，她下意识地赞叹："真是太美了！"她也拿出自己随身带来的最得意的手工制作珠宝。刘师傅肯定了她的眼光、设计与制作技能，表示可以教授周洋霞一些基本的中国传统饰品的设计与制作技法。

周洋霞当即拜师，并决定留在山西几天，聆听大师传授宝贵经验。

几天时间是短暂的，对周洋霞却是重要的。两年多以前，当周洋霞选择以禅意珠宝首饰设计制作为她的人生目标的时候，这个目标本身存在着含糊性；更重要的是，她并没有完全搞清楚这个目标在珠宝首饰界的位置。

通过向刘师傅请教，她重新矫正了自己的人生目标，充满信心地把继承、创新中国传统饰品作为自己的新挑战。她将全身心投入、坚定不移地致力于让中国传统饰品在新的时代发扬光大。另一方面，她从刘师傅那里懂得了一个道理：想让珠宝首饰设计有底蕴，一定要好好学习中国传统文化。从此以后，周洋霞把研习中国传统文化作为自己的日常功课，争分夺秒不放松。她在条件许可的情况下，起初在全国，后来到世界各地，在拍卖会上收购流散于民间的中国古典珠宝珍品。每收购一件宝贝，她都仔细研究其出处、含义与价值，从件件实物中看中华文明的表达与流传。

周洋霞的谦虚好学、直率真诚、执着坚毅感动了刘师傅。几天以后,刘师傅给了周洋霞一些古典珠宝首饰的图纸,提出了制作的要求,让周洋霞试做一批,并要求周洋霞能结合自己的想象设计一些新的珠宝样式。周洋霞怀着满满的信心回到义乌。

回义乌后,周洋霞马上行动起来。她不敢掉以轻心,亲自动手做这批产品。多少天里,她一早起身就坐在工作台边,潜心于古典珠宝的制作中;有时候,她中午饭都忘了吃,从天明一直工作到天黑。手指一次次被划破,仍忍痛坚持着。

她完成了按图制作以后,开始设计新的样式。这项工作具有极大的挑战性。周洋霞像在田径队的时候一样,从来不惧怕挑战,而且越面对大的比赛场面,成绩越出色。自从跨进珠宝行业,她同样如此。那些日子里,她有时呆呆地望着天空中那一朵朵美丽的云彩;有时注视着大地上那每一片树叶、每一棵小草。这一切都美不胜收,都在她脑海里交织融合,等待着一个时机,"跳"出最好的设计。她说:"常常早晨一觉醒来,脑子里突然出来灵感,我赶快起身,画下来!"

第一批产品、图纸完成了,刘师傅十分满意。紧接着有了第二批、第三批,如此持续了大约半年多。一天下午,她接到刘师傅从山西打来的电话。刘师傅告诉她,义乌小商品城有人给他施加压力,不允许他供货,不允许他与周洋霞合作。

周洋霞正行进在实现目标的征途上,突然一个晴天霹雳,又让她晕头转向。接到电话的时候，她正坐在回义乌的车上，电话掀起脑海的波涛。她想着，刘师傅那么好的一个人，也因为自己而被人施压，弄得左右为难；她想着，自己一个完全没有做生意经验的人，这么些年来，到处被同行排挤，真是太累了，太苦了。

她哭了，这是她人生中第二次哭。她坐在车子后排，无声地流泪，静默地哭泣，从金华一直哭到义乌。快到义乌的时候，她擦干了眼泪，脑海里回放着下海创业以来的路，想着未来的路。她回到家里，告诉自己，"在擦干眼泪的那一刻，就下了决心，自己再也不会退却，永远也不会退却了。"

周洋霞懂刘师傅，"他是一个人品特别端庄的人"；山西的刘师傅也对周洋霞的人品、性格有大概的了解，认同周洋霞"做人的道理"。既然如此，周洋霞感觉可以"打赢这场遭遇战"。

她知道刘师傅原先为其他商人提供样品、图纸，或者直接为其他商人加工珠宝饰品，每一次合作都是事后付钱，需要自己垫付现金，那些要挟正是卡住了他的资金链。周洋霞想，她有能力帮助刘师傅，让刘师傅可以全心全意做事。她想通了此间关系，去银行给刘师傅打去30万现金预付款。刘师傅接受了，与周洋霞的合作继续展开。义乌商人继续纠缠刘师傅，想让周洋霞"在这个市场上消失"。刘师傅顶住了压力，明确告诉那个商人，他不能拒绝周洋霞。刘师傅扛住了，周洋霞成功了。

从此以后，周洋霞每年年初一就会给刘师傅打一笔款，她觉得这并不是表达诚意的问题，而是切实想为刘师傅分担一点肩上的担子。与周洋霞作对的人输了，却还想着最后一搏。一次，有个商人给刘师傅打了200万，要刘师傅把周洋霞从这个行业里排除出去。

面对诱惑，刘师傅召开了家庭会议。会后，刘师傅对这个商人说，做人不是这样的，我不是这样的人，不要说给我200万，就是给我2000万，也不能干这种事。人家做人实实在在，反倒是你们，老是生事。以后不要再提这种事了。

至此，纷争偃旗息鼓，周洋霞在珠宝首饰业真正站稳了脚。

树欲静而风不止，当周洋霞想全心投入传统珠宝的设计与制作的时候，新的麻烦又找上门来。在义乌，在浙江，在全国更多地方，有人开始仿冒周洋霞的作品。周洋霞越有名气，仿冒者就越猖獗。

仿冒主要有两种形式。一种是仿冒珠宝首饰产品。每一次，周洋霞推出新设计的古典珠宝产品，推向市场没过多久，就会有商家依样画葫芦，仿冒出一样的产品。令周洋霞十分头疼的是，仿冒者十分狡猾，他们对周洋霞设计的新产品做一点点小的修改，包括在产品形状、产品色彩、产品制作等方面做些改动，就声称是自己设计的新品。有的人甚至倒打一耙，反咬周洋霞抄袭了他们的产品，侵犯了他们的知识产权。

另一种是珠宝产品制作中的仿冒。自从与刘师傅合作开始，周洋霞立志要努力继承刘师傅的事业，把非遗文化传给子孙后代。

中国传统饰品工艺作为非物质文化遗产，顾名思义，更重要的是作品的纯手工制作工艺。手工制作工序复杂，费力费时，代价昂贵。许多珠宝商人为了赚钱，他们用机器部分代替手工制作，再冒充手工制作的非遗产品，以高价到市场销售。他们这样的仿冒，外行人难以发现，导致很多商人争相模仿，传统珠宝市场面临着劣币驱逐良币的巨大风险。

周洋霞被推到了风口浪尖上。

周洋霞别无选择，不得不应对。她每次有新的古典珠宝饰品出来，先做好相关专利的申请等工作，以获得知识产权。几年前，她开始花钱请专业的律师团队，在全国一些主要地方搜集证据，在证据确凿的情况下，向法院提起诉讼。但珠宝首饰行业是一个大行业，从业人员鱼龙混杂，销售渠道五花八门，打假实在非常困难。但是，不管前行多艰难，周洋霞会坚持打击仿冒，坚持做传统饰品行业中"勇于吃螃蟹的人"。

坚守梦中的美丽

打击仿冒难，难在取证。

中国特色社会主义市场起步迟，市场的大门一打开，数以亿计的人轰然涌入，胡冲乱撞，其中大部分是没有任何市场经验的农民。混乱可想而知，秩序的建立难上加难。珠宝首饰行业的情况也是如此。

周洋霞坚持以法律为武器，以规范的方式打击各种恶意仿冒，但她和她的律师团队在取证的过程中，却不得不长年累月与不良商人玩"猫捉老鼠"的游戏。多少次，发现某大型珠宝商店中有仿冒产品时，周洋霞带着公证人员、律师以客户的身份进店，经反复挑选，决定买下那些仿品，最后，商店营业员却拒绝售卖。那些卖仿冒品的商店心虚，警惕性极高，想在商店柜台上抓到证据十分困难。如果他们通过地下渠道售卖，就更加摸不到边了。

"猫捉老鼠"累，与"先告状"的恶人周旋更会心力交瘁。周洋霞的智慧恰恰在于"不纠缠"。她花钱请了专门的律师团队，自己尽可能脱出身来，做真正重要的事情。她想得很明白，"无非少赚一点钱而已"。在商场的狂风暴雨中，周洋霞坚持"过自己的日子，走自己的路，做自己认为正确的事情"；坚持"钱不是最有意义的事情，真的不是最有意义的事情，最有意义的事情是让自己觉得幸福、有满足感、有成就感"。

这是信仰的坚守。在周洋霞那里，这种坚守既给了她自己生活的勇气与力量，更让她满怀着美好的愿望把非遗文化发扬光大，打造禅意通透的中国古典珠宝的瑰宝。

正是坚守着信仰，周洋霞能够抵挡市场经济的诱惑，坚持与刘师傅合作，做真正的非遗作品。以非遗技艺打造的古典珠宝饰品，纯手工是基本的要求。在机器落后、机械加工能力有限的时期，纯手工其实是唯一的选择。后来，随着机器生产的迅速发展，特别是数控机床、智能机床的出现，机器完全能制作出最精致的珠宝饰品。在这种情况下，刘师傅面临挑战，周洋霞更面临着艰难的选择。在机器加工几乎可以做到以假乱真的情况下，假如用机器替代手工，不只效率可以大大提高，更有能力成批生产某个产品，经济效益将成倍增加。其实，即使部分制作工艺由机器替代,经济效益也十分明显。

刘师傅坚守着。周洋霞更坚守着。多少年以来,他们的加工场里没有一台机器,他们从开始加工到制作完成,全靠一双手。在山西,在全国,刘师傅的珠宝饰品是最贵的,周洋霞的珠宝饰品也是最贵的。正是这种坚守,周洋霞终于脱颖而出,2019年,周洋霞正式被义乌市批准为中国传统首饰的非物质文化遗产传承人。正是这种坚守,周洋霞成为名副其实的中国传统首饰非遗作品的全球总经销。

周洋霞年轻,她比师傅更懂得传承不是固守,固守必难传承。传承必须与时俱进、勇于创新;创新才能为传统饰品注入"活水",让非物质文化遗产作品真正成为日常生活中一道美丽的风景线。

为了做一个合格的非遗继承人,她几乎每天都在创作新作品。像曾经当田径运动员时的情况一样,她从来不习惯原地踏步,总想着超越、颠覆、发展。她每天六点多醒来,马上开始在手机上工作,十点多到工作室,忙到晚上九十点钟才回家,继续在手机上工作,有时甚至到凌晨。有趣的是,她常常睡梦里脑子也在工作,"梦中会有最美的意境"。早晨一觉醒来,梦中的意境突然如东方喷薄的朝霞,美妙异常。说时迟,那时快,她赶紧拿起手机,或者拿起画笔,把梦中之美记录下来。2019年那把"五福临门"黄金宫锁的灵感就来自梦境。她说:"那个锁特别有意思，像一个柜子一样可以打开，里面是五个蝙蝠，这是中国传统题材；关上去有一个新月的锁。特别有意思的是，锁里可以放胎毛，可以放沉香，还可以放情书，放你的小秘密、小照片。"

这是梦中的美丽，周洋霞不断把推陈出新，以经典珠宝饰品为载体，让古老的来自晋工金银技艺的非物质文化遗产在全国发扬光大，在世界舞台上绽放异彩。晋工金银技艺以錾刻、高浮雕为特色，錾刻刀工精细，图像厚重大气。人物形象、花鸟虫草都惟妙惟肖、生动活泼，让人流连忘返，驻足欣赏。錾刻工艺是中国古代金工传统的特色工艺，历史悠久，举世闻名。周洋霞继承中国古典錾刻艺术，无论市场如何变化，始终坚守文化内涵、艺术品位，为非遗古法手工工艺注入现代元素，演绎新时代的中国珠宝饰品故事。

周洋霞在中国传统设计方法、手艺的基础上做出创新，提出"非遗古金法"概念。此后，她又进一步提出"非遗国金艺术"概念，突破了"古法"的局限，融入当代中国的许多元素，提升了中国古董珠宝饰品的品位。她说："我提出中国'国金艺术'，觉得这个新概念非常适合我们的创新，它有着比古法更高级的格调，是属于世界的'国金艺术'。"

功夫不负有心人，经过年复一年的艰苦努力，她的作品引起了中国与世界的高度关注。

2018年，周洋霞带着自己的作品两次亮相上海时装周。周洋霞的作品高古奇特、内敛丰盈、低调神秘，引千年之仙气缭绕于现代时装之间，惊艳了中国时尚界，引起了世界时尚人士的关注。

2018年，周洋霞设计的"黄金宫锁"入选国家博物馆中国当代美术工艺双年展。次年，她的作品再次作为当代中国工艺美术精品在国家博物馆展出，赢得世界各地前来观看的人们赞叹不已。

2019年，周洋霞为了给祖国母亲庆生，精心制作了一款喜庆项圈。作品的主要材料是一件明代古董蜜蜡，整体饱满，外壳呈枣色，十分诱人。蜜蜡材质极好，浮雕工艺精湛，周洋霞围绕主材进行延伸设计，再以火彩一抹色的祖母绿来衬托点缀，精彩纷呈，欢快喜庆。

2019年，周洋霞带着她的古典珠宝来到法国巴黎。在勒马鲁瓦公馆金碧辉煌的艺术大厅内，国际名模缓缓穿行，身着高贵浪漫的高级礼服，佩戴周洋霞设计的代表东方艺术美学的古董珠宝，法式知性优雅与东方古典大气的结合，让整场秀流光溢彩。

周洋霞，中国第一个带着古典饰品走上世界顶级舞台的文化名人，受到《欧洲时报》等国际媒体的争相报道。她继续努力着，努力把中国文化带给各国人民，努力在世界舞台上不断展示中国的传统之美。

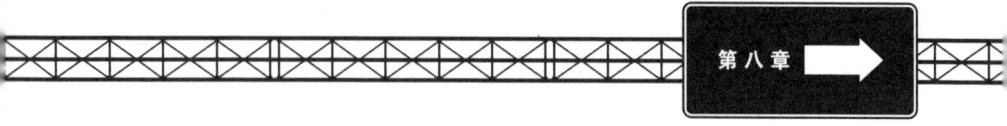

第八章

汲取大地养料的生命之花

创造一个让世界微笑的地方。
俞巧仙

近些日子,我听着俞巧仙的访谈录音,读着介绍俞巧仙的《人间仙草》,思考着这个平凡女人的多重形象:在蒋母堂村,她举手投足间就是一个乡村妇人;在森宇集团,她是备受尊敬的董事长;在学术讲坛上,她的研究成果令院士瞩目❶⋯⋯那么,构成这多重形象的"底色"是什么呢?2021年11月15日晚上,我拨通了俞巧仙的电话,问她,"生命中最内在东西的是什么?"她告诉我:"自从2017年11月27日母亲去世以后,我常常夜里在想:能成为今天的自己,凭什么?自己有什么好?我不能干,不聪明,但是,我做了三十多年生意,没有什么仇人,遇到什么事都往好的方面去想⋯⋯"

---

❶ 俞巧仙是高级农艺师、高级经济师、国家级心理咨询师、多所大学的兼职教授。

第八章 汲取大地养料的生命之花

大地、母亲

1930年代中期，俞巧仙的奶奶嫁到义乌四俞村，爷爷家境富裕，一表人才。嫁过去第二年，奶奶生下一个大胖儿子，皆大欢喜。

天有不测风云。俞巧仙的爷爷垦地时，阴差阳错地把锄头砍到了自己脚上，当场流血不止，疼得钻心。回家后，用尽各种土方治疗，脚伤没有好转，反而化脓腐烂。爷爷躺在床上，整天脚痛，全家无奈。有人好心说弄点鸦片吃，止疼灵。谁料到，好心的提议害了一家人。

爷爷服食鸦片后上瘾，很快败光家财，还"偷偷把老婆与才两岁的儿子卖到蒋母堂村"。后来，据说客死他乡。奶奶哭哭啼啼带着儿子到了一个陌生人的家，嫁给了一个"讨不到老婆的男人",住到了一间破旧的草房里。心中的痛,生活的苦,折磨着年轻的奶奶。

屋漏偏逢连夜雨。一年之后,奶奶二嫁的老公突然生病,没多久就死了。

在传统自然村落里,一年里面两任丈夫先后去世,不管去世的原因是什么,方圆五里十里的农民们都会把"恶"投射到这个女人身上,而且一定越传越夸张。

奶奶,一个普通的农村女人,没有文化,没有手艺,处在一个动乱的年代,一个蒙昧的文化环境里,面临着严峻的生与死的压力。她一次次想到过死,但是,看着眼前才刚刚三岁多一点的儿子,她咬紧牙关,硬是把眼泪吞进肚里,想尽一切办法活下去。

很难想象近二十年、六千多个日日夜夜,奶奶是怎么熬过来的。"熬"仰仗于那脉动着的生命本身的强大力量,主要不是自我个体生命的待续,而是家族香火的绵延;"熬"的过程也不断塑造着精神气质、生活风格,不只是个体的,更是家庭的。"熬"的活法让人想象着两个关键词:大地、母亲。

俞巧仙的奶奶就是大地、母亲。

据俞巧仙母亲回忆,奶奶很少与人说话,每天起早摸黑辛苦劳动;她心灵手巧,家乡的食物,什么都会做。她"良心很好,碰到叫花子上门讨饭,一定会从灶间端出一碗饭给人家,而且她绝对不会给剩饭，剩饭自己吃。村里有几个孤寡老人，奶奶不顾自己年事已高，每天忙完家务，就去照看人家，端汤送饭，还给他们擦身、倒大小便，一直照顾到人家到去世，入土为安"。❶

俞巧仙的母亲同样是苦命人。

母亲嫁到蒋母堂村以后，开始了"一个穷人家庭的生命历程"。母亲回忆说："我们一年四季天天忙个不停的。我生了两个儿子，两个女儿，巧仙排行老三，是我的小女儿。我生巧仙的时候快过年了，天很冷，是十二月廿六，大清早生下来，我刚刚生下来，外面太阳出来了！那个时候吃都吃不饱呀！没东西吃，米都没有，她爸爸只好烧了一锅胡萝卜棒给我吃。"❷

妈妈像奶奶一样，以顽强、智慧应对着贫穷。妈妈的娘家是"草药世家"，妈妈从小就识百草，会采，会种，也会用草药治病。到了俞家以后，家里有人生病，都是妈妈用草药治疗的。为了养家糊口，妈妈还学会了做豆腐。做豆腐是"天下三苦"之一❸，自从学会做豆腐，她常常每天凌晨两三点钟就起床。日复一日，凌晨即起，一直忙到夜深人静，这是什么样的生命的力量！"我久久观察这位老人，她的气质像大地一般，带着泥土的

---

❶ 潘城：《人间仙草》，中央文献出版社 2015 年版，第 37 页。

❷ 潘城：《人间仙草》，中央文献出版社 2015 年版，第 42 页。

❸ 浙北一带农民们说，天下有三苦，摇船、打铁、磨豆腐。

气味，看到她，人心里会安详。"❶

　　俞巧仙的父亲"一辈子扎根在土地上"。他从小就在泥地里摸爬滚打，有时是玩，有时是干活。一年四季，大多数时间，他一双赤脚沾满了泥，一双手与泥土"打交道"。

　　他熟知每一种庄稼的性情，熟悉每一条水路的走向，清楚天上哪一片云将带来雨或者雪。他多年担任生产队长，村民们乐意选他，因为他是村里最痴迷那片土地的农民，"土地就如他的生命"。

　　70年代中期的某一个深夜，母亲醒来，身边的老公怎么没在？半夜了，能去哪里呢？她拖着女儿巧仙一起去找，找遍了家里的每一个角落，没人。母亲想，是不是去了地里？母女俩先到屋边的地方找，没有。他家在村边较远的地方有一小块自留地，母女俩朝那里走去。果然，在月亮、星星的微光下，一个身影正挥动着锄头干活。原来，父亲半夜醒来，突然想起晚上天气预报说第二天有台风、大雨，怕自留地被水淹，赶紧起来去疏通水沟。

　　俞巧仙父亲的心里时刻都装着土地、庄稼。90年代，俞巧仙生意做得风生水起的时候，儿女们反复劝他"到义乌城里去享受晚年"，他却怎么也不愿意离开家，不愿意离开"脚下的那片

---

❶　《人间仙草》作者潘城在访谈俞巧仙母亲后，写下了这一段话。

土地"。

父亲扎根土地,土地的产出却少得可怜。在人民公社时期,土地归集体所有,由生产队组织生产、收获与分配。父亲在生产队里干一天活,记10分工,仅值人民币0.4-0.5元,以0.138元一斤米计算,只能购买三四斤米。母亲干一天只能记6分工,收入更少了。他们全家有七口人,俞巧仙父母辛苦劳动,也只能勉强养活家人。

面对生活的窘境,父亲默默承受,除了他对于土地的那份感情以外,作为生产队长,不得不顺从当年的意识形态对于农民行为的限制。母亲不甘心,她像义乌不少农民一样,想尽办法"到外面去讨饭吃"。义乌农村以红壤为主,土地肥力相对较差,再加上义乌农村人口密度高,仅依靠土地难以确保"香火的绵延"。义乌农村历来有外出经商的传统,义乌的拨浪鼓响遍周边地区,义乌的"鸡毛换糖"名扬四方。

父亲"粘"在土地上,母亲找机会做生意。70年代初期,母亲偶尔会到附近村落里收购红糖、绿豆,然后贩运到杭州去销售。1976年以后,俞巧仙在放假的时候曾随母亲一起外出卖红糖、绿豆。

她清楚记得第一次到杭州的情景。那天早晨,天刚蒙蒙亮,他们就起身了。吃完早饭,俞巧仙的母亲挑起担子,一头挑着三十多斤绿豆,一头挑着巧仙才三岁的弟弟,上路了。俞巧仙紧紧地跟着担子，时而还得跑几步。他们得走十多公里路，赶到义乌火车站坐火车到杭州。

　　义乌火车站到了，俞巧仙被眼前的情景惊呆了。她难以想象世界上有这么大的房子，更难想象大房子里会有那么多人！她看着熙熙攘攘、神态各异的人，竟忘了移动双脚，被妈妈拖了一下才缓过神来。她紧紧拉着母亲的衣角，顺着拥挤的人群走进站台。突然，远方传来一阵轰鸣，一辆黑魆魆的火车正向站台驶来。俞巧仙睁大了双眼，临火车头进站时，她吓得倒退了几步。待火车停下，妈妈双手端起两只箩筐，俞巧仙不知哪里来的力气，竟帮着抱起小弟弟一起上了火车。

　　上了火车，俞巧仙挤到窗口，目不转睛地看着窗外一排排急速向后退去的树木，间隔着一幢幢式样各异的房子。火车到了杭州站，俞巧仙随母亲下了车，眼前的一切让她晕头转向，她只紧紧跟着母亲，来到转角处。

　　妈妈摊开一张塑料薄膜，开始卖绿豆。晚上，他们在车站广场找一个角落，地上铺几张麻袋，捡块砖当枕头，几件破衣当被子。俞巧仙和弟弟偎依在母亲的怀抱里，此时，外部世界的扑朔迷离都烟消云散了。母亲的怀抱让俞巧仙感觉安全、温暖。大地是床，妈妈是世界！几十年后，俞巧仙说："此后，我即使碰到很大的挫折，甚至一败涂地，一无所有，只要想到妈妈，心里就有依托，我什么都不怕。"

穷人的孩子早"出道"

俞巧仙是穷人家的孩子,却又不同于穷人家的孩子:是奶奶,是妈妈,赋予她非同寻常的生命力量,一种来自大地、母亲的伟大力量。她一出场,令所有人都眼前一亮:这个女孩,就是不一般。

1979年,13岁的俞巧仙就与同村的23个妇女一起搭上了外出采茶叶的拖拉机,到金华市一个农场打工。

她第一次作为正式劳动力外出挣钱,不免有些兴奋。一路上,两边青青的山、绿绿的水,随风起伏的庄稼,让拖拉机上的女人们心旷神怡,欣然唱起了歌。大家唱了一首又一首,当大家唱起"采茶歌"的时候❶,俞巧仙沉醉于浪漫的采茶想象中。

---

❶ "采茶歌"的最前面四句歌词:百花开放好春光,采茶姑娘满山岗。手提着篮儿将茶采,片片采来片片香。

但是，采茶叶的活非常辛苦，天一亮就得起床，背着背篓上山，手、脚、眼一起，一刻不停地采啊采啊。背篓越来越重，压得俞巧仙直喘气，但她坚持着，采满一篓才去过秤。她年纪最小，长得也最小，采的茶叶却一点儿都不少。

采茶的日子没有浪漫，只有辛苦。当时茶园里有食堂，伙食还不错，俞巧仙从来舍不得买食堂里的菜。她白天采完茶，晚上到养猪人家帮助切猪草，换取农民家庭的两根莴笋。她拿回农场，叶子摘掉，洗干净，切成一片片，用盐巴腌一腌，第二天做下饭的菜！

当时，与她同去的村里妇女经受不了采茶的辛苦，都陆陆续续跑回了家，只有俞巧仙一个人整整坚持了两个月。

第一次打工，她只用了六毛钱，却赚了整整60元人民币。她口袋里揣着采茶赚来的钱，第一件事就是给家里买了一担米。她说："挑着一担米，走在回家的路上，心里面那个荣耀，那个骄傲啊，简直就是衣锦还乡一样。村里面的人都出来夸我，俞家这个女儿有本事！这么小年纪，米都挑回来了。我努力克制自己，真是激动得心都要跳出来了。"

15岁，俞巧仙初中毕业了。她决定不再继续读书，直接外出打工。她先是找建筑工地打零工，做泥水匠的下手。那一次，她找到了一个大工地，有一个扛水泥、化石灰的活。真是"初生牛犊不怕虎"，她竟然答应"干"。

这完全是男性全劳力的活。50斤重的一袋袋水泥,靠着人的双肩,扛上五楼、六楼、七楼;几百斤重的五孔水泥板,靠着四个人用"杠子"抬到吊机上;洗石灰要花很大的力气搅拌,再把石灰用铁铲送到滤网上,摇动滤网,尽可能把石灰里的渣滓去掉……这一切活儿不仅需要极大的体力支出,而且很脏,特别是搬运水泥,水泥灰尘让人呼吸困难,粉尘把人"搞得像鬼一样,灰头土脸"的。跟俞巧仙一起干活的大多是男青年,仅有几个强壮的女人,唯有她还是个孩子,而且是个女孩子。

但俞巧仙挺过来了。她回忆说:"苦么是苦的,但不觉得。"

俞巧仙采茶叶、做小工,一年复一年。18岁那年夏天,她开始做鸡蛋生意,启动了真正意义上的创业。

创业的起步简单却十分艰苦。俞巧仙到义乌一带农村收购鸡蛋,卖给25里路外的一家诸暨食品厂。每天早晨,她挑着一对箩筐上路,绕着不同的小路,寻访不同的农家,一家家收购土鸡蛋。运气好的话,她走到一大半路程的时候,就可以收到一百多斤鸡蛋。于是,她就径直挑到食品厂,卖掉鸡蛋,走25里路回家。但是,在很多情况下,为了收购到足够的鸡蛋,她不得不多绕路,甚至不得不多翻几个小山头。

半年以后,俞巧仙用"做生意"挣的钱买了一辆28寸的永久牌自行车,车特别结实,可载两百多斤,俗称"老坦克"。俞巧仙人矮小,练了好久才能驾驭"老坦克"。她在自行车书包架左右各捆一个箩筐，上面架一个较浅的箩筐。

有了自行车以后，俞巧仙不再需要挑担子，轻松了不少，收购的鸡蛋也可以更多一些。但是，由于义乌到诸暨多上坡、下坡，她不得不下车推行。她最怕的是下雨，水湿透了泥路，有的路段很滑，一不小心，自行车摔倒，鸡蛋打碎一地。在雨中，多少次，她看着蛋白夹着蛋黄流淌，欲哭无泪。有的路段泥泞，自行车轮子粘起越来越多的泥土，直到车轮完全无法转动。俞巧仙只得停下来，小心地抬起书包架子，在路边找来硬树枝，用力把车轮上的泥刮掉。有时候，这样的情况一路上发生好几次，弄得俞巧仙精疲力竭。

1986年，义乌县下付村办起了皮蛋加工厂，厂长认识俞巧仙，看到她勤快、吃得起苦，托人问她愿不愿意到皮蛋厂工作，学习做皮蛋。一年多来，俞巧仙收购鸡蛋，人累了。而且，好几次，她在诸暨食品厂看师傅做皮蛋，还想过做皮蛋。现在有了机会，她很高兴，一口答应下来。

俞巧仙进了皮蛋厂，被安排给一个从金华那边请来的皮蛋师傅打下手。皮蛋师傅觉得这个才19岁的姑娘很好学，就毫无保留地把做皮蛋的技术教给她。俞巧仙抓住这个难得的机会，白天黑夜全身心学习皮蛋的配方、技艺，把制作皮蛋的每一个细节、每一道工艺、每一点窍门都牢记在心中，逐渐学会了制作过程中用眼睛看成色、用鼻子闻味道的本事。没有多长时间，她已经可以独当一面，指导员工做皮蛋了！

工厂提拔俞巧仙独立负责皮蛋的生产，一切似乎顺风顺水，俞巧仙的收入也会随着提拔而水涨船高。但根据相关的规定，食品生产的负责人需要有健康证明，一张体检单上的"小三阳"把她吓坏了，觉得自己不能做皮蛋了。

她离开工厂回家，到义乌请中医把脉，再结合母亲的建议，认真吃了六十多天中药。当时即使在上海、杭州，"小三阳"也很难转阴，俞巧仙只吃中药，效果如何？她专程到杭州三甲大医院做了检查，结果全部正常。俞巧仙非常高兴，不只身体健康了，更以自己亲身经历证明了中草药的价值。

义乌是个小地方，俞巧仙的情况很快被另一家皮蛋厂知道了，该厂提出以每月80元人民币的高薪聘她。她心动了。就在打算报到的前一天，表哥带来了更具有诱惑力的机会：去义乌标准件厂工作，办理居民户口。

当时，农村户口与城镇户口之间仍存在着一条鸿沟，农民仍渴望着获得城镇户口，义乌标准件厂的户口指标深深吸引着俞巧仙。她去了标准件厂，从学徒做起，本来计划先学冲床，再学车床。她上班不到一个月，居民户口还没有来得及办，遭遇了一次生产事故。她的手受到严重伤害，痛得几乎晕过去。她被送到义乌人民医院，手上缝了很多针。躺在人民医院病床上，看着自己受伤的手，她想起来都觉得后怕。手恢复正常以后，她离开了标准件厂。

能做什么呢？回到家里，俞巧仙思前想后，决定自己做皮蛋。

最初，她自己挑着担子下农村收蛋，这是驾轻就熟的活，只是需要花费时间与精力。白天收购到鸡蛋，晚上回来连夜赶制配方，进行腌制。俞巧仙用传统方法腌制皮蛋，鸡蛋或者鸭蛋涂上特制的黄泥后，需要在缸里放置15至20天才能制作完成。所以，家里就准备了很多腌皮蛋的缸。皮蛋腌制好，俞巧仙自己挑着皮蛋，走十几里路到义乌县城的集市去卖。

赚得不多，但十分稳当。她一点点做起，生意慢慢在扩大。不久，她自己专门收购鸡鸭蛋，制作皮蛋，皮蛋的销售委托廿三里集市里的一些商摊负责。

1987年，她看皮蛋销路不错，在义乌小商品市场中的副食品市场租了一个摊位，雇人帮着在摊位上卖皮蛋，成为义乌小商品市场中的一员。

小商品市场真神奇，俞巧仙的皮蛋摊位开张没有多久，她生产的皮蛋竟然成了抢手货，供不应求。她不得不收购更多的鸡蛋、鸭蛋，购买更多腌制皮蛋的陶瓷缸，最多的时候，她每天要腌制二十多缸皮蛋。小商品市场像磁铁一样吸引着俞巧仙。很多时候，她天还没亮就起床，装上满满一拖车皮蛋进城，把皮蛋搬到摊位上销售。她常常最后一个收摊，然后急匆匆赶到菜市场去买些菜回家做饭。

俞巧仙的皮蛋生意越做越好。每一天,她累着,也快乐着,享受着人们对皮蛋的赞誉声。慢慢地,她的皮蛋被越来越多的义乌人所品尝,所喜欢。因物及人,义乌人也越来越欣赏这个腌制皮蛋的美丽姑娘,大家给俞巧仙一个绰号"皮蛋仙子"。

俞巧仙乐于接受这个美丽的绰号,尽管支撑着这个美丽绰号的是难以想象的苦。

"皮蛋仙子"活跃于义乌小商品市场中,一年又一年。"仙子"仍是"仙子",小商品市场却发生着巨大的变化。小商品市场进、出的商品品种以令人眩目的速度增长着,后来,连老资格的商人都无法讲清楚这个神奇的市场里到底有多少种不同的小商品。

义乌小商品市场的变化刺激着俞巧仙。一天,一个念头突然在她的脑海里闪现:自己这个摊位只卖皮蛋,是不是太单调了?

答案不言而喻,重要的是马上行动起来。

1990年春的一天,她约了几个温州生意人,第一次坐火车去了广州。走进广州市场,她几乎晕头转向。太多的商品,太多的货物,太精巧的包装。她注意到,在义乌小商品市场上整麻袋卖的那些花生、瓜子、青豆,在这里都被分装在一个个漂亮的小袋子里,出售的价格却要高出三四倍。她下定决心,把手里全部的钱都换成广州市场里的新鲜货，如杏仁、腰果、咖啡、等等。这些新鲜货一进入义乌市场，立即被抢购一空。

俞巧仙从此频繁穿梭于义乌和广州之间。为了不耽误时间，她尽量在晚上上车；不舍得买卧铺，上火车就选个地方，报纸一摊，将就着过一个通宵。一下火车，她立刻急匆匆来到广州市场中，采购她看中的各种小商品。

她眼光很准，凡她选择的小商品，"搬到义乌"后就能赚比较多的钱。日复一日的辛苦，年复一年的劳累，到1994年，俞巧仙已经成为义乌小商品市场中知名度较高的"先富起来的人"。

选择带来的成功激励着俞巧仙。她非常清楚，她赚的每一分钱里都满含着辛劳与汗水，如果可能，她要改变这几年"拼命奔波、长途贩运小商品赚钱"的方式。她观察着，审视着。

1994年，她发现，随着市场经济发展、人民生活水平提高，人们对于保健品的需求越来越盛，有些保健品的利润率远远高于其他小商品。

她把目光转向了保健品销售。她在做生意中听说过代理的方式，从某种意义上说，她当年做皮蛋的时候，请专门几个可靠的人销售就是代理。她想，是否可能专门为几个重要保健品品牌做销售代理？此时，她拿起久违了的书本，搜集资料，用心学习。一个重要概念——"品牌"在她的脑海里出现了，她越来越觉得品牌重要,期待可能通过"品牌代理"提高知名度。

1995年3月,成都举行一年一度的"全国糖酒商品交易会"。她一个人赶赴成都,凭着多年小商品经营的经验,凭着多年在广州市场上与各种不同的商人打交道的本领,更凭着义乌小商品市场这块金字招牌,在成都交易会上顺利拿下金日、万基两个保健品品牌的总代理权。接着,她又拿到了当年著名保健品品牌生命一号、东阿阿胶等的代理权。

市场总偏爱潮流的引领者。俞巧仙一发而不可收,发展潜力让人称奇。她的代理销售很快得到小商品市场的认同,做得最好的时候,她一度成为国内外八百多个品牌的总代理,成为义乌启动最早、规模最大、代理品牌最多的保健品代理商。在实践品牌代理销售的第一年,她所代理产品的年销售超过一亿元人民币。那时候,义乌火车站一千多平方米的候车室几乎都成了她的仓库,义乌城里有三十多辆三轮车常年为她送货,来不及的时候,她自己还蹬着三轮车送货!

俞巧仙,这个普通的农家女儿,又一次在义乌小商品市场出尽风头。俞巧仙从曾经的"皮蛋仙子",变成了"保健品女王"!

一波三折的创业之路

高高者易折,皎皎者易污。

一切似乎都是顺势而为,谁能想到却隐藏着灭顶之灾?

在小商品市场中,俞巧仙敏锐地观察着市场的变化。她注意到,很多企业开始自己直销,与之相关的连锁配送中心更挤压着代理之路。代理之路越走越窄,代理之钱越来越难赚。怎么办?适可而止就可以过上安逸的生活,但俞巧仙回答说"不"!经过一段时间思考与观察,她狠下决心,决定自己办企业生产保健品。

深圳是改革开放的前沿,保健品市场成熟,新企业注册方便,俞巧仙决定去深圳闯闯。

根据当年的政策,在深圳办企业,必须由持有深圳户口的居民担任法人。俞巧仙想到了一个深圳的朋友,前几年她做康富来公司总代理时,认识的一位杨经理是深圳人。

俞巧仙打通了杨经理的电话,约好时间,在一间茶室里谈了在深圳注册企业的事。杨经理很快就答应了。

1997年1月,由浙江省工商局相关领导牵线搭桥,深圳工商管理局批准成立了注册资金100万元的深圳安旺股份有限公司。钱是俞巧仙出的,法定代表人却是那位杨经理。法定代表人没出一分钱,占51%的股份,俞只占49%。俞巧仙似乎并不在乎这一切,她简单地相信与朋友间私下的约定:他只是拿一张身份证帮个忙。

她沉浸在顺利成立公司的喜悦中,她可以生产铁皮枫斗保健品了。她张开双手,迎接人生的新起点。

凭着她的资金实力与人脉,企业筹建工作十分顺利,很快,"安旺健儿口服液"的批文拿下来了。借着东风,"安旺铁皮枫斗晶"的保健品批准文件也下达了。俞巧仙有着成熟、庞大的保健品销售网络,因此产品一投入市场,很快受到欢迎。看着每天不断刷新的销售数字,她太高兴了。

然而,福祸相依,浙江工商行政管理部门一纸文件下达,"安旺铁皮枫斗晶"被投诉侵权,禁止在浙江范围内销售。

"侵权"?俞巧仙并不十分明白相关的法律法规,但她隐隐觉得其中有诈。她想搞清楚一件事:"铁皮枫斗"作为传统的中药名,是否可以当作商标独占？她咨询了专业的商标律师,果然,律师认为这样的注册是不合理的。她马上去深圳,用大量资料和法律依据委托工商管理局出示一份《"铁皮"与"铁皮枫斗"为什么不能作为注册商标》的资料文件,送到国家工商管理局,她要到北京去问个明白,争个是非曲直。

她一个人跑到北京,带着内心的煎熬。正当寒冬时节,整天北风呼呼,冷得刺骨。她没有一个熟人,拿着相关材料找一个个部门。等待,冷眼,碰钉子,为了心中的铁皮枫斗,她忍了。整整跑了七天,没有睡过一个安稳觉,没有吃过一顿安稳的饭,感觉实在支撑不住了,就啃一口面包喝一口水。

过几天就过大年了,北京的大街上一派喜庆的场景,大小胡同里更是红灯笼高高挂,一副副对联洋溢着祝福、传递着佳音。俞巧仙的心却是冷冷的,一个人在大街上漫无目的地走着。她躲避那些喜庆的地方,喜庆的景象会莫名地刺痛她的心。

但她是幸运的。苦苦熬到第九天,北京有关部门的意见出来了,北京同意受理撤销对"铁皮"与"铁皮枫斗"的商标注册事宜。

俞巧仙拿到批文的那一刻,手微微地在抖动,看着批文上盖着的红色公章,她知道,她赢了。她太激动了,拿着批文,向北京的干部握手道别。出了机关的大门,她一刻不停赶到北京火车站,想赶最近的一班火车回浙江杭州。

上了火车，俞巧仙的心定了下来。她在火车上美美地睡了一觉。

第二天下午回到杭州，俞巧仙立刻到浙江省工商管理局，要把国家有关部门的批文直接给浙江省工商局局长。事不凑巧，省工商局的主要干部都在开会，她不得不坐在局长办公室门口等着。一个小时过去了，俞巧仙仍静静地等着，省工商局一位干部走上前来劝她回家。俞巧仙说："我不交出这份批文，我的心放不下，我的损失无法计算。我一定等着，等到明天也要等。"

俞巧仙坐在省工商局局长办公室门口，铁了心等着，一步不离。三个多小时以后，她终于等到了局长金德水，亲手把北京的批文交给局长，反复要求局长尽快处理。

浙江省工商局十分重视，第二天就下文，撤销了相关规定与投诉。

俞巧仙成功了。她的"安旺铁皮枫斗晶"又摆满了浙江省市场的货架。❶

1998年春天开始，企业运行又红火起来，产销两旺，形势一片大好。

她没有料到的是，一波刚平一波又起。不到一年，俞巧仙还沉浸在成功的喜悦中，又一次重大打击令她措手不及。

---

❶　俞巧仙讲到这件事情的时候总是万分感慨，"没想到铁皮枫斗真的同我有深厚的缘分，遇到这样的劫难，都没有离开我"。

1999年3月的某一天，俞巧仙接到深圳那位杨经理的电话。杨经理说："俞姐，有件事我想还是必须跟你商量一下。"以前，杨经理讲话很随和，但这次的态度却十分郑重。俞巧仙带着疑惑问："什么事，你只管说吧。"杨经理说："我可能不能在康富来做了，我的老板要开除我。"❶ 俞巧仙说："我还以为什么事呢？我去跟你们董事长说，深圳那家公司跟你一点关系都没有。"杨经理说："没用的，他们都查出来安旺公司的法定代表人是我，我浑身长嘴也说不清。"俞巧仙问："那你说怎么办呢？"杨经理说："安旺现在还是小公司，不如你再投个500万，把公司做大了，我从康富来出来，跟你一起做。照公司现在的情况，只要你再投钱，肯定越做越大。我作为法定代表人，51%的股份就算了，拿50%的股份吧。"俞巧仙很快听明白了，气愤不已地说："你居然连俞姐的钱都要来算计！"

俞巧仙挂了电话，突然心慌起来。她给会计打电话，得知这个所谓的朋友几天前就已经让会计他们称呼他为杨总，只是会计没敢马上跟她说。俞巧仙知道自己被算计了！她几天吃不下饭，睡不着觉。北京的事情还历历在目，维权的事还心有余悸。更何况这次是成立公司时自己没有想周全，让人钻了空子。

俞巧仙征询了律师的意见，维权仍有空间，至少可以少一

---

❶ 这位朋友原来是深圳康富来公司驻杭州的销售负责人，深圳人，他只是让俞巧仙用他的身份注册公司，从来没有参与过公司的任何工作。

些损失。但俞巧仙累了，她忍了。不就是钱嘛！她决定采取快刀斩乱麻的方式，花钱把事情了断。结果，货品连同现金，整整500万，苦心经营的公司就这样拱手送给了别人。当然，俞巧仙是精明的，她知道发财的门道在哪里，她把安旺名下的三个保健品批文号全部转移到自己名下。深圳的企业只剩一个空壳，俞巧仙重新办起工厂生产保健品，很快实现了产销两旺。

俗话说，一二不过三。几年以后，俞巧仙又遭遇了生命中的第三次挫折。

2005年9月初，杭州媒体以通栏标题发表文章《"铁皮枫斗"不姓"铁"》，揭露了浙江省药材、花鸟、保健品批发市场长期存在的以药用价值不高、成本极低的其他各类石斛加工的枫斗冒充"铁皮枫斗"的乱象，引起了强烈的社会反响。此后，以揭假冒铁皮枫斗"画皮"为名的各类文章不断出现，许多生产、加工企业，批发、集散市场的"黑幕"纷纷被"曝光"，俞巧仙的企业也屡遭白眼，产品销售更直线下跌。

两大疑问在大众中间流传着：真正的铁皮枫斗数量有限，怎么可能有那么多产品？铁皮枫斗只是一种普通的中药材，哪能称为"仙草"？越传，人们心中的问号越大。

整个铁皮枫斗产业面临着休克的风险，俞巧仙也难置身事外。

俞巧仙又一次失眠了。

怎么办？她不甘心眼睁睁看着自己花费全部心血培育成功的铁皮枫斗遭受冤枉，她不甘心同伴们多少个日日夜夜的努力白白付诸东流！

她想，既然媒体报道揭露着"假"，那么，我们就以赤诚之心向大家展示铁皮枫斗的"真"！此前，由于技术保密的原因，他们从来没有向公众开放过组培工厂和栽培基地。2005年9月下旬，揭露铁皮枫斗的文章刚刚发表不到一个月，俞巧仙就提出做一件事："给大家看个明白，还我们一个清白。"

2005年9月26日，第一个"杭城消费者铁皮枫斗鉴真团"正式成行。此后，公司不断组织大型公益活动。有一段时间，每天都有几辆大巴车来到基地，慢慢地，"看仙草"成了义乌一项特色旅游项目。

俞巧仙成功了。企业不仅渡过了难关，还提高了知名度，实现了企业的跨越式发展。

让民间智慧插上科技的翅膀

创业如同莽莽荒原中探险，成与败往往取决于重要时刻的判断、选择与坚持。选择似乎具有很大的偶然性，但拉长一段时间看，选择的偶然中包含着必然。

俞巧仙的成功就在于她选择了"仙草"，并执着于攻克"仙草"的培育难关。她之所以如此选择，如此坚持，与她的全部成长经历相关，其中，自觉学习可能有着难以估量的重要作用。

俞巧仙的学习动力来自工商业活动本身的需要。90年代初期，俞巧仙一次次去广州进货，广州市场琳琅满目的商品既使她兴奋，也带给她迷惑。她似乎进入了一个陌生的世界。很多商品不认识，同类的商品很难区分出等级差别。她开始意识到，要想在生意场上做出一番事业，必须学习。但是，在这个杂乱的小商品世界中，她不知道从何学起。

1994年初，她找到了学习的"切入点"——英语。由于当时她从广州进了一批进口商品，为了向客人们介绍，不得不学习英语。义乌有人嘲笑她，"连普通话都说不好，还学什么'洋文'。"但她坚持学习。有一段时间，她几乎每天都花时间背一些英语单词。她随身带着英语小辞典，每当看到商品商标上陌生的英语单词，就认真查辞典。慢慢地，她在生意场上尝到了甜头。

1995年年初，她去中央党校学习私营经济理论，她说："摆摊停了下来，认真学习半个月，感觉很不一样，有机会接触到很多外面的东西，打开了眼界。"

1997年春，俞巧仙参加了浙江大学义乌分校举办的半脱产"厂长经理研修班"，一个月上四次，周六周日上课，整整读了一年。

外出的学习开阔了眼界，俞巧仙关注的目光却更多停留在义乌这片神奇的土地上。她善于从历史中汲取养料，从日常生活中捕捉启迪，从工商业实践的态势中洞察秋毫，这是富有俞巧仙特色的学习方式，一种善于理解并弘扬民间文化的人生智慧。

1996年，当俞巧仙的代理之路越走越窄，决心自己办企业生产保健品的时候，她思绪万千，生活经历中的许多事情像放电影一样在脑海里出现。

她想起小时候跟着奶奶到山里采草药的场景，奶奶拿起一棵棵小草给她解释；她想起妈妈在园子里、屋脚边种植紫苏、何首乌、薄荷等草药，草药收获以后，妈妈还会用各种方法加工草药，出售给供销合作社，增加家庭收入；她想起那时候无论头痛脚痛肚子痛、发热发烧出虚汗，妈妈采些草药，让大家或热敷，或煮汤，或生嚼，竟然都痊愈了。大家都说妈妈有本事。

更神奇的是奶奶的故事。一年夏天，天气特别炎热，村里不少人身上发出密密的红疱，痒、痛、难受，有的人还发低烧。妈妈似乎找不到好的草药，村里仅有的一个医生更束手无策。正当大家焦急万分的时候，奶奶出场了。她让发病的人躺在一张竹榻上，露出发红疱的地方。竹榻前放一只旧脸盆，取一把干净的稻柴，用火柴点着稻草，烧尽，等稻草灰凉透。当有微风吹过，奶奶口含井水，顺着风向，朝病人皮肤的红疱处喷去。这样，稻草灰就粘着在红疱处，约过几个时辰，病人的疼痛就慢慢消失。再过几天，红疱消失，病好了。

义这一切是真、是幻？是虚、是实？或许没有必要追究。但是，这一切对于俞巧仙的影响是真实的。山坡上、溪水边，水田里、旱地中，无数的小草吸引着俞巧仙，但什么样的小草才能够做出最好的保健品？俞巧仙把目光投向一个义乌人——朱丹溪。

朱丹溪（1281—1358）名震亨，字彦修，元朝婺州路义乌人。他出生于义乌蒲墟村，后来，蒲墟改名赤岸，继而又改为丹溪。所以，人们尊称他为"丹溪先生"或"丹溪翁"。朱丹溪的医学成就主要是"相火论""阳有余阴不足论"，并在此基础上，确立"滋阴降火"的治则，并从此原则出发，发展出一套有关养生、健体、辨证、治疗的方法，成为"金元四大医家"之一，对后世有深远的影响。

朱丹溪以"滋阴学说"闻名于世，一直对铁皮石斛能"补五脏虚劳羸瘦，强能益精"的功用推崇备至，认为这是人间最名贵的滋阴良药。义乌民间更把铁皮石斛称为"救命草""还魂草"。

铁皮石斛，别称黑节草，单子叶植物纲，微子目，须叶藤亚目，兰科，石斛属。铁皮石斛是中国传统名贵中药，具有益胃生津、滋阴清热等功效。1000年前的《道藏》把铁皮石斛列为"中华九大仙草"之首。1987年，国务院把其列为国家二级保护植物。由此可见，铁皮石斛与朱丹溪有直接的联系，自然，义乌的朱丹溪也成了俞巧仙的森山铁皮石斛认祖归宗的源头人物。

俞巧仙读着朱丹溪的资料，越读越高兴，作为一个义乌人，她决心沿着朱丹溪开辟的道路继续前行。她信心满满地告诉人们，选择铁皮石斛生产保健品，是延续中华医药的文脉，继承中华文化的传统。她信心满满地告诉自己，铁皮石斛系列保健品将是林林总总的保健品中最受欢迎的产品。

俞巧仙是幸运的，在保健品审批十分严格的情况下，她申报的"安旺铁皮枫斗晶"很快获得了上级有关部门的全部正式批文。

深圳的公司可以正常运行了，加上俞巧仙原有的销售渠道，公司的前景充满阳光。此时此刻，拿着那些沉甸甸的批文，俞巧仙心里却不平静了。几年来，她一直在保健品行业摸爬滚打，不久前又调研过铁皮枫斗的生产情况，深知生产铁皮枫斗系列保健产品存在原料紧缺、真假难分的困境。

她暗暗下决心：自己种植铁皮石斛！

这就是俞巧仙。明明知道此前从来没有人成功种植过铁皮石斛，此事甚至被戏称为药学界的"哥德巴赫猜想"，她还要去啃硬骨头。她说："猜想猜想，只是说这个事情难做，并没说这个事情一定做不成。"

俞巧仙分两条线展开，深圳那边的公司生产铁皮石斛的保健产品，义乌这里着手摸索铁皮石斛的人工种植。

这是一场难以预测的攻坚战，俞巧仙一定得亲自挂帅。

俞巧仙需要找一个地方培育铁皮石斛，她想到了哥哥在义乌城西的砖瓦厂。哥哥的砖瓦厂已经运行好多年了，1990年以来，经营情况较差，一些砖瓦堆场正空着。铁皮石斛人工种植需要极严格的养育、生长环境，这种环境是人工创造的，不依赖原先的自然环境，这有利于培育场所的选择。俞巧仙找哥哥商量,是否可以先借砖瓦厂的地方做试验。哥哥一口答应下来。

场地找到了。这里原来是砖瓦厂制砖的地方,地基被夯实,地上堆满碎砖断瓦与杂物,几乎就是一片被废弃土地。做了简单的地基清理以后,俞巧仙面临一个问题:如何建设一个适合铁皮石斛生长的环境。她清楚地意识到,这个问题的答案不在书本上,而在田野里。

俞巧仙自己亲自上阵,同时组织几个年轻人共同参加,到浙江、云南等深山老林里去搜寻野生铁皮石斛,仔细观察野生铁皮石斛的生长环境。他们首先想到的是浙江省金华大盘山国家级自然保护区,那里是钱塘江、瓯江、灵江、曹娥江四大水系的主要发源地,大气质量和河道水质常年达到国家一类标准。大盘山与天台山相连,据说天台山深处有一百丈岩,人迹罕至,在悬崖阴面仍然有野生铁皮石斛。

俞巧仙他们来到这里考察,在当地采药老农的带领下,仔细地察看岩石、土壤,测量气温、湿度,询问全年春夏秋冬气候的变化,尤其是不同季节的降雨与日照情况。此后,他们还多次前往野生铁皮石斛"偏爱"的浙江省丽水百山祖国家公园、雁荡山世界地质公园、天目山国家级自然保护区等地,数次奔赴云南大象谷的原始森林,在险象环生的热带雨林中体察铁皮石斛的生长环境。

经过一番考察,结合自己原先在农村的经验、体会,俞巧仙心里有点底了。她开始投资建设培育铁皮石斛的现代化组培繁育基地，室内配备一整套计算机控制的自动调节设备，可以根据需要控制室内的温度、湿度、光照度，可以随时进行空气流通，以保持室内空气的纯洁、新鲜。

硬件基本完成以后，俞巧仙并没有马上动手培育铁皮石斛。她知道，单靠自己的经验、民间的说法还不够，想成功，必须借助科学的力量！

俞巧仙匆匆赶到浙江省医学科学院。这个科学院前身是成立于1928年的热带病研究所，经过多次调整，成为浙江省规模最大的公益类综合性医药卫生科研机构。该院研究员张治国被人称为"铁皮石斛之父"，是浙江省最早接触铁皮石斛的科研人员。找到张治国以后，俞巧仙向张治国介绍了与铁皮石斛相关的一些工作。张治国被俞巧仙的热情、爱心、执着与魄力所感动，答应加盟俞巧仙团队，担任铁皮石斛项目的技术总监。

俞巧仙高兴极了，立刻正式注册成立"义乌市铁皮石斛研究所"，铁皮石斛的人工培育正式启动了。

俞巧仙与张治国研究员一起讨论培育工作最初的两件大事：培育模式与培育基质。

石斛的繁殖区分为有性繁殖与无性繁殖。石斛每个蒴果内含约20000粒种子，种子极细，呈现黄色粉状，种子只有在非常特殊的条件下才能发芽，因此，石斛有性繁殖系数极高，但繁殖成功率极低。石斛无性繁殖区分出分株繁殖、扦插繁殖、高芽繁殖与离体组织培养繁殖等方法。石斛培育的基质多种多样，总体说来，主要由两大类物质组成，一是砂石类，二是轻质填料，如稻谷壳、米糠、麦壳、松针、桦树皮，等等。俞巧仙与张治国反复研究，确定以无性繁殖为主，并选择了培育基质，正式开始人工种植的试验。

在义乌城西那间特别的实验室里，俞巧仙带着几个人夜以继日地工作着。那一排排整齐的小型玻璃容器里，放着不同品种、不同比例配制的组培基质，他们试图找出最好的基质配方，室内的温度、湿度随时都做着记录，二十四个小时不间断。他们想弄明白到底什么样的温度、湿度状态才最适合培育铁皮石斛的幼苗。他们不时把这里人工环境与野生的环境进行比较，努力设计出最接近野生环境的室内空间。他们把来自不同地区野生铁皮石斛的种子、枝条、嫩芽小心地植入玻璃容器中，不断变换着与基质的组合方式，以寻找最好的组培结构。

一天又一天，俞巧仙观察着；她与技术总监张治国随时保持联系，讨论着实验室里出现的新情况。一旦他们觉得出现了问题，就请来各种不同的专家，有的专长于土壤与温度，有的对干与湿特别有经验，有的对嫩芽的状态有更好的判断。大家一起判断问题的症结所在，共同讨论解决问题的方案。

时间一点点过去，资金投入不断增加，几个月了，铁皮石斛的培育看不到希望。

1998年春天,俞巧仙面临着严峻的挑战。更让俞巧仙伤感的是,来自企业内外的质疑、反对的声音不绝于耳。亲人、朋友都"带着好心前来相劝",义乌的生意顺风顺水,深圳的公司情况也不错,赚钱赚得好好的,为什么去做这个不着边际的事?有些人早就听说种植铁皮石斛失败的故事,说投入几百万,全部打水漂,连个浪花都不起;投钱去研究种植铁皮石斛,就是没事找事,自找苦吃。有一些人在旁边暗暗窃笑,他们等待着看俞巧仙的笑话,"这个女人,太顺了,都不知道自己在哪里了,疯了,将来摔下来都不知道怎么回事!"

质疑声没有吓退俞巧仙,反而强化了她从小就有的那股韧劲。她就是不相信"这棵草,外面能生,换个地方怎么就不能长",就是对科学培育铁皮石斛怀着痴迷的信赖。她仍不断地投钱,添加设备,改善种植条件,请各种专家前来会诊,尽最大的努力争取试种成功。她自己很忙,仍把主要精力都集中在参与铁皮石斛试种。

静静地等待,静静地观察,不断地测量着温度、湿度,不断地化验着土壤的成分,不断地翻阅各种相关资料,并根据实际情况采取措施。一百万元投下去了,似乎没有任何希望;两百万元投下去了,依然没有任何希望;三百多万元投下去了,时间也过了大半年,他们兴奋地看到,少量铁皮石斛终于有了嫩嫩的尖尖的芽。

一年多过去了,整整五百多万元投下去了,可是,大部分铁皮石斛才长了几厘米。这是成功还是失败？一天,她带着这个疑问,拿着几个玻璃容器走进上海中药研究所的大门。

研究所里的人们忙碌着。俞巧仙,一个村妇模样的人的到来,没人关注。她坐了半天冷板凳,耐不住了,反复告诉遇到的人,自己是种铁皮石斛的,想来寻求技术支持。后来,一位专家随便问了一句:"你说你种铁皮石斛,成活率是多少？"俞巧仙回答说:"98％!"没有半点犹豫,没有半点虚伪,这是真实的情况。这个数字刚出口,就令专家为之一惊。旁边好几个人同时围了上来,问义乌这边铁皮石斛的种植情况,后来,他们要求她留下了电话与地址。❶

一个月以后,上海中药研究所的专家们专程来到义乌铁皮石斛研究所,考察人工培育铁皮石斛的工作。该所早几年前就在浙江磐安建了个基地,搞铁皮石斛的人工栽培,花了五六年时间,前后投入近四百万元人民币,成活率却只有15％左右。看着俞巧仙们种植的嫩嫩的幼枝,上海的专家们充分肯定了义乌的工作。

四百多个日日夜夜,终于第一次有专家明确宣布,铁皮石斛

---

❶ 俞巧仙后来回忆说,当时,上海药物研究所研究人员们态度突然改变,从冷漠到过度热情,着实"把我吓了一跳"。

人工培育成功了，中药界的哥德巴赫猜想找到答案了。俞巧仙心头一块巨大石头终于落地了，此时此刻，俞巧仙激动得心都快要跳出来。

90年代中期，随着人们生活水平的提高，保健品越来越受到关注，其中铁皮石斛因其特殊的滋补效果而被誉为"保健品中的皇冠"。为了获得这个"皇冠"，全国一些技术力量较强的单位先后开始投资培育铁皮石斛。在这种情况下，俞巧仙的成功就特别引起业内外的震惊。参观的人络绎不绝，赞赏的声音响彻于耳。2002年8月，时任全国人大常委会副委员长、中国科学院院长路甬祥带领十多位中科院院士到义乌考察，称赞俞巧仙为中医药的发展做出的贡献。中科院院士们的声音给了俞巧仙极大的安慰与动力。

小草里的辉煌

2000年元旦，新世纪的钟声敲响。有人欢喜有人愁，有人默默遥望星空，有人虔诚地向菩萨叩首；每个人都以不同方式拥抱新的时代，所有人胸中却怀着同一个心愿：祈求着幸运，祈求着福祉。

俞巧仙，时年33岁，还沉浸在试种铁皮石斛成功的喜悦中。如果说艰难与失败会激发起俞巧仙坚忍不拔的犟劲，那么，成功与喜悦点燃了俞巧仙勇往直前的激情。

她组织十多位生物、生命、农学等领域的专家和科研人员，用了近三年时间终于培育出铁皮石斛优良种子"森山一号"，破解了人工栽培铁皮石斛这个世界性难题。此时，她的底气十足，充满信心地把研究成果转化为生产力。

2000年，俞巧仙正式注册成立浙江森宇实业（集团）有限公司，任旗下品牌"森山"董事长；随后又组建浙江森宇药业有限公司。三年后，森宇控股集团有限公司挂牌，俞巧仙任董事局主席。森宇集团以三枚绿叶组成的"森"为标志，从中可以窥见俞巧仙的心中的追求。标志外形为多元共生，深刻阐释了森宇核心文化：人本为先，专业品质，正德载物，厚积薄发。标志寓意为"品质上乘，王者至尊"，表示森宇产品独具天人合一的天然品质，森宇集团争做健康产业领航者的雄心壮志。

2000年，俞巧仙策划、实施森宇集团铁皮石斛产业基地建设。

基地建在哪里？俞巧仙把目光投向义乌的佛堂镇。

俞巧仙在这里看中了500亩土地，准备做铁皮石斛生产基地。征地过程十分麻烦，俞巧仙要求大家一定要仔细做好工作，晓之于理，让之于利。她还常常与当地农民交流，希望得到他们的理解与支持。终于，2001年年初，第一批铁皮石斛移植进了佛堂镇基地的现代化大棚里。

第一批来自公司组培基地的铁皮石斛幼苗种下去了，经过精心护理，这批苗的成活率很高。俞巧仙不时抽时间前来，更日夜关注着铁皮石斛的长势；这是首次大面积人工种植，她不能不时时放在心上！一切似乎都十分顺利。

2001年6月28日，天刚蒙蒙亮，就下起了大雨。大雨一直下着，没有停的迹象。此时，俞巧仙正出差在外地，基地的职工们都尽心尽职地养护绿油油的铁皮石斛幼苗。下午时分,一股浑浊的大水突然冲向基地,职工们紧急拨通了公司有关负责人季福仙的电话。季福仙赶到一看,傻眼了,整个基地全部被大水淹没,幼苗不见了,只见汪洋一片。

怎么回事?这里的农民们说从来不会"发大水"?季福仙还没来得及想下去,就转身与前来的镇党委书记等一批人投入抗洪抢险的队伍中。几分钟后,季福仙拨通了俞巧仙的电话。电话那头,俞巧仙的声音充满焦虑,最后说"我马上赶回来",就挂断了电话。俞巧仙赶回来,与其他人一起抢险。经过众人一整天的共同努力,水排干了,绿油油的铁皮石斛苗重新露出来了。看着一片可爱的新绿,俞巧仙忐忑不安的心稍稍放宽一些,露出了一丝微笑。

但是,石斛实在太娇贵了,由于受到洪水的污染,绿绿的苗不久就慢慢泛黄了,有的甚至枯萎了。俞巧仙第一次大面积人工种植铁皮石斛就这样失败了,损失以千万元计。她没有气馁,"哪里跌倒就从哪里站起来"。他们重新清理了地基,调整了各种设施,种下一批新的组培幼苗。

当第二批铁皮石斛幼苗绿油油一片、长势喜人的时候,喜讯传来。原来,铁皮石斛工厂化栽培技术项目被列为国家"十五"科技攻关项目。浙江省的民营企业被科技部立项,这可是开天辟地头一回!那一年,浙江全省只列了两个项目,一个是浙江著名大型国有企业衢州化工厂负责的项目，另一个就是俞巧仙申报的项目。义乌佛堂镇的领导也十分高兴，希望俞巧仙好好做一个"开题仪式"。

2001年10月8日，科技部项目的"开题仪式"在佛堂镇铁皮石斛基地召开。佛堂镇的领导来了，义乌市四套班子的领导来了，金华市委书记来了，他们的到来意味着国家对民营企业参与科技攻关的大力支持，意味着对俞巧仙铁皮石斛人工种植项目的鼓励与支持。那天早上，下起了倾盆大雨，公司为来宾们准备了1000把雨伞、1000件一次性雨衣。但上午9点，当宣布仪式开始的时候，雨停了，乌云消退了。天上飘着一朵朵淡淡的白云，秋日的艳阳透过稀薄的云射来金色的阳光。突然，天上几架飞机飞过，为仪式平添了热闹的气象。这是让森宇人难忘的时刻。

历经五年奋战，在俞巧仙的带领下，森宇集团主持的科技部"十五"攻关项目圆满完成。2006年4月，科技部委派以中科院院士陈子元、沈允刚为首的专家验收团，对"十五"科技攻关项目进行了鉴定验收。经鉴定，确认该项目有五项重大突破：在名贵珍稀濒危中药材保护和发展领域取得了创新性成果；为生物技术在拯救名贵珍稀濒危中药的应用上提供了宝贵经验；其中，生物防治病虫害、森山一号优质品种选育、MPE种子开花结果与保鲜、适宜原生态生长的有机基质的优配、铁皮石斛有效成分最佳采摘期等五项指标均达到了国际先进水平，并被国家有关部门指定为铁皮石斛紫皮石斛国家行业标准的制定单位。这是小草创造的辉煌，这是国家给俞巧仙的荣誉。

从 2001 年佛堂镇铁皮石斛基地正式启动以后，铁皮石斛人工种植项目的辉煌可圈可点。

2002 年 8 月，森宇集团仿原生态栽培的铁皮石斛系列产品问世，全部荣获浙江省优秀科技新产品奖。2005 年，森山铁皮石斛组培、栽培工厂化基地项目被国家农发办列为国家农业综合开发产业化经营项目，并拨给 1000 万元扶持款。2009 年，森山主导的铁皮石斛人工栽培与开发利用研究项目荣获"国家科技进步二等奖"。

2010 年，第二届"科技新浙商"颁奖典礼暨"CCTV 中国年度经济人物对话新浙商论坛"在杭州举行，俞巧仙被评为"科技新浙商"。俞巧仙，一个初中毕业生，竟然创造了一个名副其实的科技企业。森宇集团与中国科学院、中国医学科学院、中国医科大学、浙江大学、浙江农林大学等多所科研院校建立了长期合作关系，集团每年投入的合作科研经费达上千万元人民币。集团内建立了一百多人的科研团队，前后完成多项国家级、省部级科研项目，成为全国科技企业的引领者。

这是小草的辉煌，这是辉煌中依然风姿飒爽的小草的故事。

仙草：扎根于大地的慈爱

每一个企业的发展进程都是特殊的、具体的、充满个性色彩的。一句话，都是偶然的。但是，如果我们试图进一步透过各种具体表象去揭示发展进程的内生动因，如果我们试图描述那些生动故事的底层文化，我们可能发现偶然性背后有一些必然的东西，恰恰是后者更有助于理解故事本身。

人心相通，人性相共。著名活动家陈香梅女士眼界极高，为什么就"看中"俞巧仙？共和国将军是中华正气的代表，他们为什么对俞巧仙称赞有加？与其说是因为铁皮石斛这种保健品，更是因为投身于铁皮石斛事业的俞巧仙身上所体现的"扎根于大地的慈爱"。这是一种源自于善良人性的对他人、对中华文化（特别是传统中华医药文化）、对自然环境的真诚慈祥的爱，一种不断从大地上汲取养料的慈爱。

直到今天,讲起与陈香梅女士的相遇,俞巧仙仍十分感叹:"我是做一百个、一千个梦也想不到啊!真是太偶然了。我事先根本不知道。这件事真的让我相信人与人之间是有缘分的。"

那是 2003 年 8 月的一天,俞巧仙去杭州会几个老朋友。席间,遇到一位朋友带来的陈先生。大家喝酒闲聊,无意中讲起铁皮石斛的故事。讲者无心,听者有意。陈先生决定改变行程,聚会结束就随俞巧仙来到义乌,说要"认真看看'江南仙子'种出来的'仙草'"。俞巧仙不知道陈先生是谁,却很高兴陈先生对铁皮石斛那么有兴趣。俞巧仙带陈先生回到义乌,一边详细向他介绍自己与"仙草的姻缘故事",一边陪陈先生看"仙草"的培育、种植、采摘、加工、销售的整个流程。

陈先生兴趣盎然,不断询问,时而感叹。陈先生慢慢地看,细细地品,最后,陈先生激动地对俞巧仙说:"俞巧仙,你就是陈香梅女士要找的人,你就是陈香梅精神的生动再现!"俞巧仙一头雾水,却也跟着莫名其妙地激动了。陈先生立即打通越洋电话,告诉陈香梅一个喜讯:找到了一家有实力、有魄力、有精神气质的中医药企业,找到了一个与她精神相通的"江南仙子"。就这样,通过陈香梅在中国的全权代表,陈香梅与俞

巧仙结缘了。❶

俞巧仙与陈香梅的合作进程出乎预料的顺利。仅仅一个月以后，2003年9月，"香梅中药文化研究会"就在朱丹溪故里义乌正式成立，研究会总部设在杭州。又过了一个多月，俞巧仙与陈香梅在杭州见面。

俞巧仙后来回忆说："那一天，79岁高龄的陈香梅走进接待室，我一下子被她高贵而优雅的气质征服了。但几句女人间的'家常话'很快拉近了我们的距离，我与她，就像两个好久不见的老朋友一样，说着姐妹之间的知己话。陈香梅对我、对铁皮枫斗的接受程度远远超出我的想象。当天，我们才第一次见面，她就挥毫写下了'森山铁皮枫斗，光耀中药文化'十二个大字，她还爽快地答应出任森宇集团董事局名誉主席。"

2006年2月26日，央视曝光假铁皮枫斗事件发生，整个行业面临信任危机。陈香梅女士在美国听到这个消息以后，3月10日匆匆赶到义乌，连夜商量，决定召集全国同仁举办首届铁皮石斛研讨会。经过紧张的筹备，研讨会于9月25日在杭州正式举行，年逾八旬的陈香梅女士发表讲话：

---

❶ 后来，俞巧仙才知道，陈香梅早在十多年前就对祖国神奇博大的中医药文化产生浓厚兴趣，一直想找一个国内的合作者。但是，陈香梅选择事业上的合作伙伴非常谨慎甚至有些苛刻。这个人首先要搞中医药，在合作事业上不但要有担当、有实力，更要有好的人品和诚信。陈香梅看不上只知道赚钱的人，她要找一个精神上能够与她接得上的人，要合拍，要投缘。

21世纪是咱们中国人的世纪。在这个世纪里，我们要干的事多得不得了！但一件事不能做：做假。我们一定要真真实实做产品，踏踏实实做企业，诚诚实实做市场，不能急功近利，唯利是图，要对消费者高度负责，这样才能做大做强，为人类的健康事业做出贡献！❶

陈香梅女士的出场是对俞巧仙善良、诚信的充分肯定，更是对弘扬中华医药文化的呼吁。

　　三个多月以后，又一件令俞巧仙惊讶、激动的事情发生了。森宇集团作为唯一受到特别邀请的企业，出席由朱德研究院主办，中共中央文献研究室、中国人民解放军军事科学院联合朱德家属协办的纪念朱德诞辰"百将齐颂总司令"新年茶话活动。2007年1月6日，俞巧仙带着她的森宇铁皮枫斗系列产品，第一次走进全国政协礼堂，与共和国147名将军同堂共叙，怀念朱德总司令。当天，活动主办方授予义乌森宇集团"关注共和国百名将军健康特别贡献奖"。

　　俞巧仙还清晰地记得那天与迟浩田将军见面的场景。迟将军对她说："铁皮石斛是中国的传统中药瑰宝，你们一定要尽自

---

❶ 潘城著《人间仙草》，中央文献出版社2015年版，第289页。

己最大的努力将它发扬光大！"听了迟将军的嘱托，她深受鼓舞，也感到责任重大。❷

"仙草"汲取着大地的精华，在义乌，在浙江，在中华；"仙子"承载着传统文化的美德，来自妈妈，来自奶奶……善良、诚信、慈爱、奉献，正是这一切受到了爱国友人陈香梅的青睐，受到了将军们的点赞。

"无心插柳柳成行"，俞巧仙与他们的交往与金钱无关，却成就了在危急时刻企业的大发展！在铁皮石斛销售一片哀声之际，"森山"系列产品畅销全国。

从此以后，森宇集团经营情况良好。又过了几年，企业品牌价值已经超过百亿。钱是重要的，盈利是企业的生命线，但俞巧仙脑海里有着比钱更重要的东西。

俞巧仙想象着，森宇集团的科研团队未来将从铁皮石斛种植、加工、研究、开发等多个环节开展系统性开发研究，深度开发20个以上科技含量高、功效明确的特色大健康保健食品和化妆品，带动广大农民脱贫致富，实现一万农户户均年增一万元的社会指标，为落实中央关于"共同富裕"的号召添砖加瓦。

她想象着，森宇集团在义乌市义亭镇建设一个4.06平方公里的"森山健康小镇"。小镇将立足于森宇集团的铁皮石斛产业

---

❷ 参考潘城著《人间仙草》，中央文献出版社2015年版，第232页。

优势，以"为大众健康服务"为理念，布局生态农业、智慧工业、康养教育、文化旅游、生活居住五大功能区块，成为一座集生产、生活、生态、生命为一体，一二三产融合发展的特色产业小镇。

她想象着，森山健康小镇将是由1111棵硅化木、1111种中医药、111种热带水果以及111种可食用花卉共同打造而成的古今合一、中西交融的和谐空间，将是中医资源集聚、中医药特色鲜明、中西医合璧共生的特色鲜明的文化街区，将是张开双臂热情欢迎世界各地来客的，"带着义乌人的宽容、真诚、善良、慈爱的生活场所"。

她更想象着，森山健康小镇一定是"一个让世界微笑的地方。"

后记

2019年7月下旬，我与浙江工商大学中外话语研究院院长钱毓芳教授一起，带着来自上海、浙江不同高校的二十多名教师、学生来到浙江省义乌市开展田野调查，对义乌的党政干部、工商业经营者进行深度访谈。

此前，我曾蜻蜓点水式的去过义乌，对义乌有一些粗略的印象。这次，作为浙江工商大学中外话语研究院的特聘教授，我一头扎进义乌，着实惊呆了。难以想象，一批贫困、饥饿的农民竟在短短三十多年的时间里创造了如此惊天动地的奇迹。难以想象，这片原先连饭都吃不饱的土地怎么会变为全国人均收入最高的城市。我被许多普通义乌人不同寻常的故事所吸引，我深信义乌这片土地上深藏着解开中国式现代化之谜的秘密。

感谢钱毓芳教授主持的浙江省文化研究工程重大项目"浙江社会生活话语与浙江精神研究（19WH50053ZD）2019－2022"把我带到义乌。从那个时候起，我开始了义乌研究之旅，本书就是这几年深度访谈、研究的初步成果。

四年多的义乌研究之旅得到了各个方面的帮助，得到了许多人的帮助，回顾往昔，令人感怀。

感谢复旦发展研究院执行副院长张怡教授一直以来对我的研究工作的大力支持，感谢范丽珠教授统筹的复旦大学义乌研究院"全球化与地方市场有效连接的'义乌经验'研究"项目的支持，感谢南京大学双一流卓越研究计划"社会学理论与中国研究"为我的义乌研究提供的帮助。

感谢浙江、上海以及南京一些大学的教师、学生与我一起共享了义乌访谈的快乐时光。他们是南京大学的周晓虹教授，浙江工商大学的钱毓芳教授以及史春雨、杨巧燕、潘文红、赖辉、钟含春等老师，董颖颖、翁青青、徐玉芳、李乐、祁枫林、金悦等学生，浙江省委党校董明教授，浙江省传媒学院的王国勤教授与戴冰洁老师，浙江农林大学的汪雪芬老师，浙江外国语大学的赵春兰老师，上海乡村振兴研究中心的魏澜研究员，上海大学的丰萧教授，南京大学的周海燕教授、刘柳教授以及博士生王余意、张航瑞、常江潇与董方杰。他们在不同的时间与我一起进行了访谈，其中很多同学还花时间认真整理了访谈文字。除了各个高校的教师与同学以外，也要感谢义乌党政办主任邵春洪等当地干部的协力相助，认真安排。

我特别要感谢冯爱倩、楼仲平、王斌、盛亚芳、朱智慧、黄昌潮、周洋霞、俞巧仙八位"书中的人物"。他们都在百忙中抽时间与我分享悲欢交集的童年故事、各有千秋甚至曲折离奇的创业经历；尤其在 2022 年期间，我动手写他们的故事，因疫情无法前往义乌，我只能一次次用微信、电话打扰他们，他们不厌其烦地一次次帮我补充故事的细节。他们几乎成了书的作者！

我要感谢孙晶女士。孙晶女士为本书的选题策划、写作风格、书名确定以及出版社选择等都给出了关键的建议。这本书的成功出版凝聚着她的智慧。在本书成稿以后，为了表达我的感激之情，我打电话给她，说：有你真好！

最后，我要感谢上海文汇出版社的社长兼总编辑周伯军先生、责任编辑陈屹女士，他们对出版的热情、追求以及职业精神令我感佩，也让我在出版了多部学术专著之后，能够有机会出版这样一部鲜活的作品而由衷地感到欣喜。

浙江工商大学中外话语研究院特聘教授
复旦发展研究院当代中国社会生活资料中心主任
张乐天
2023 年 3 月 30 日于上海阳光新景寓所